_____님께

감사하며 드립니다.

교양의 품격

고두현의 황금 서재

3

교양의 품격

고두현 지음

한스미디어

'다산의 3·3·3 독서법'으로 배우는 교양의 품격

1405년 7월 11일, 명나라 환관 정화鄭和가 첫 남해 원정遠征을 떠났다. 길이 150m, 넓이 56m의 대형 선박 62척 등 300척에 이르는 대함대였다. 승선 인원만 2만 8000명이 넘었다. 정화는 7차례에 걸쳐 아프리카 케냐까지 갔다.

그로부터 87년 뒤인 1492년 8월 3일, 이탈리아 탐험가 콜럼버스가 스페인을 출발했다. 배는 고작 3척이었다. 제일 큰 산타마리아호도 길이 27m, 넓이 9m에 불과했다. 인원은 88명. 이렇게 초라한 함대로 그는 신대륙을 발견하고 인류 역사를 바꿔놓았다.

왜 이런 차이가 났을까. 바다를 보는 시각이 근본적으로 달랐기 때문이다. 항해를 떠난 목적도 상이했다. 정화는 황제의 위엄을 과시하며 선진 문물을 전해준다는 명분을 앞세웠고, 콜럼버스는 무역 경쟁에서 살아남기 위해 새 항로를 찾는 실리를 중시했다. 정화는 정부 관료였고, 콜럼버스는 민간 기업가였다.

이후의 행보도 정반대다. 중국은 예산 문제와 유교 이념 때문에 바닷길을 막는 해금海禁 정책으로 돌아섰다. 이는 '지각 개항'으로 이어졌고, 결국 근대화에 뒤져 열강의 먹잇감이 됐다. 반면 서양은 대양을 주름 잡으며 '대항해 시대'를 열었다.

역사의 대전환은 하루아침에 이뤄지지 않는다. 수많은 요인이 켜켜이 쌓인 퇴적 위에서 흥망과 성쇠가 일어난다. 《유럽은 어떻게 세계를 지배했는가?》를 읽다 보면 '근대 유럽의 패권'도 대항해 시대 이후 진행된 국제질서 재편의 결과라는 것을 확인하게 된다.

부의 재편이 이뤄지자 신분 질서가 바뀌었고 시민혁명이 일어났으며 권력의 중심은 왕에서 국민으로 이동했다. 신학적인 사고는 과학적인 사고로 바뀌었다. 이는 산업화를 앞당기는 계기가 됐다.

우리가 역사와 철학 등 인문서를 읽는 이유도 여기에 있다. 독일 저널리스트인 알렉산더 폰 쇤부르크는 "역사에는 일종의 가속 추진제인 빅뱅의 순간이 있지만 그 같은 순간들을 알아채는 때는 오랜 시간이 지난 다음"이라고 말한다.

세계사를 100분짜리 영화에 견준다면 구석기 시대부터 자율주
행차를 발명한 시점까지는 1초가 채 되지 않는다. 농업혁명과 산업
혁명과 디지털혁명 등 결정적인 변화가 이 짧은 순간에 일어났다.

세계사의 맥락으로 볼 때 역사책에 단 몇 줄밖에 안 되는 시기가
지금이다. 그 짧고도 격렬한 변화의 한가운데에 우리가 있다. 이런
격동기일수록 조급해하지 말고, 근본과 이치를 생각해야 한다. 그런
'생각의 기둥'을 세우는 데 가장 중요한 것이 인문학적 감성이다.

인문학의 집을 지탱하는 세 기둥은 창의력과 상상력과 호기심이
다. 이 셋은 삼발이처럼 서로 떨어져 있는 것 같지만 애초부터 한 지
붕을 떠받치는 공동운명체다. 세 식구가 손을 맞잡아야 집이 바로
선다.

이들의 화음에서 반짝이는 아이디어가 탄생한다. 창의력이 부족
하면 생각에 윤기가 없어지고, 상상력이 부족하면 독창적인 사고력
이 떨어진다. 호기심이 부족하면 생각의 밀도와 질량이 확 줄어든
다. 이들이 서로를 북돋우며 싹을 틔우는 과정에서 남다른 사유思惟
의 꽃이 피어난다.

교양의 품격도 마찬가지다. 왜 하버드는 40년 만에 교양 커리큘럼을 바꿨을까? 역사가 우리에게 가르쳐 주는 것과 가르쳐 주지 않는 것은 무엇일까? 인간의 본성은 얼마나 선한 걸까? 우리 속의 '선한 천사'와 그 적들은 누구인가? 혀와 뇌를 사로잡는 음식미학의 이면에는 무엇이 있을까?

이런 질문에 대한 답을 하나씩 찾아가는 여정을 《교양의 품격》에 담았다. 이 책은 '고두현의 황금 서재' 시리즈 중 세 번째 권이다.《생각의 품격》《경영의 품격》과 함께하는 시리즈의 문패를 '황금 서재'로 정한 이유는 따로 있다. 그동안 읽은 책과 그 속에 담긴 선각자들의 지혜 덕분에 생각의 층위를 하나씩 높일 수 있었기 때문이다.

수많은 책 가운데 가려 뽑은 명저의 핵심 메시지와 내용, 내가 읽으면서 느끼고 깨달은 점들을 녹여냈다. 엄선한 책은 각 70권 안팎, 모두 합쳐 200여 권이다.

삼성, 현대, 포스코 등의 경영진이나 중소기업 CEO들이 추천한 책도 포함돼 있다. 문학다방봄봄 공부모임, 숭례문학당 토론 멤버들과 공유한 '공감도서'까지 들어 있다.

다산 정약용의 독서법에서 큰 가르침을 얻었다. 다산은 책의 뜻을 새겨 가며 깊이 읽는 정독精讀을 중시했다. 꼼꼼하게 읽지 않으면 글의 의미와 맛을 제대로 음미하기 어렵기 때문이다.

중요한 부분을 발췌해서 옮겨 쓰는 초서抄書도 귀하게 생각했다. 그걸 항아리에 담아뒀다가 항아리가 가득 차면 하나씩 꺼내 읽곤 했다.

책을 읽다가 떠오르는 생각이나 느낀 점, 깨달은 것들을 기록하는 일도 게을리하지 않았다. 500여 권의 저서를 남길 수 있었던 비결이 여기에 있다.

한마디로 '정독하고, 초서하고, 생각을 기록하는 독서법'이 다산의 공부 스타일이었다. 그는 유배지에서 아들에게 보낸 편지에서도 "책에서 핵심을 잘 잡아내면 일관되게 꿰는 묘미가 있다"고 했다.

다산은 또 부지런히 읽기를 권했다. 제자 황상이 '둔하고, 막혀 있고, 미욱한 점'을 걱정할 때 그 약점을 장점으로 삼을 수 있다며 '부지런하고勤, 부지런하고勤, 또 부지런하라勤'고 조언했다. 이것이 다산의 '삼근계三勤戒'다.

이를 스스로 실천한 그는 책상 앞에 오래 앉아 있느라 발목 복사

뼈䏹骨에 구멍이 세 번이나 났다. '과골삼천䏹骨三穿'의 일화다. 앉을 수가 없자 선 채로 독서를 할 만큼 그는 잠시도 책을 놓지 않았다. 공자가 책의 가죽끈이 세 번이나 끊어질 정도로 독서에 매진했다는 위편삼절韋編三絶의 고사보다 더하다.

나는 이를 '다산의 3·3·3 독서법'이라고 부른다. 그 경지에는 도달하기 어렵지만 책 읽고 글 쓰는 공부의 등불로 삼고 있다. 그래서 책을 읽을 때마다 천천히 뜻을 새기고, 내용을 뽑아 옮기며, 생각을 메모하는 습관을 길렀다. 부지런함이야 '삼근계'를 따르지 못하고 진득하기야 '과골삼천'에 이르지 못하지만, 미욱함을 넘어서는 데에는 큰 도움이 되었다. 나아가 '교양의 품격을 높이는 독서법'까지 발견할 수 있었다.

3장 역사가 우리에게 가르쳐 주는 것들

6장 새들은 바람이 가장 센 날 집을 짓는다

1장

왜 하버드는 40년 만에
교양 커리큘럼을 바꿨을까?

하버드에선 무엇을 가르칠까
《하버드 교양 강의》

|

스티븐 핑커 외 지음, 이창신 옮김, 김영사 펴냄

우리 시대 최고의 지성들이 펼치는 인문학 수업

교양敎養이란 무엇인가. '학문과 지식, 사회생활을 바탕으로 이루어지는 품위. 또는 문화에 대한 폭넓은 지식'이라고 국어사전은 정의하고 있다. 머리로 아는 것뿐만 아니라 몸으로 체득한 품성까지 포함하는 의미다. 단순히 교양이 있다, 없다의 차이에서부터 교양을 두루 쌓다, 교양이 높다 등 단계별 수준까지 아우르는 말. 그래서 대학 1학년의 중점적인 교육 과정이 곧 '교양'인 것이다.

전 세계 수재가 모여드는 하버드대학에서도 마찬가지다. 그곳에서는 무엇을 가르치고 어떻게 배울까. 하버드대학은 제2차 세계대전이 끝난 직후인 1945년 《자유사회의 교양교육》이라는 책을 통해 '앞으로 우리 시민이 될 사람을 가능한 한 많이 교육하여 그들이 미국인이고 자유인이기에 갖는 책임과 혜택을 알게 하는 것'을 교육 목표로 삼았다.

이 교양교육 과정은 1970년대 들어 학생들에게 지식에 접근하는 방법을 소개하는 것으로 한 차례 바뀌었다. 이후 기술 발전과 교육 방향 설정 변화 등의 필요에 따라 2004년 새로운 과정을 준비하게 됐다.

이번에는 "학생들이 하버드대학 강의실에서 배운 내용을 상아탑 밖에서도, 그리고 졸업한 뒤에도 실생활에서 직접 적용하는 것을 목표로 하며, (…) 급변하는 세계에서 살아가는 시민의 자질을 심어 주고, 스스로를 문화의 산물이자 참가자로 인식하게 하며, 윤리의식을 고쳐케 하고자 한다"는 점에서 더 눈길을 끌었다.

스티븐 핑커 등 석학들이 참여한 《하버드 교양 강의》는 바로 이 과정의 핵심 내용을 담은 책이다. 하버드대학 교양교육이 아우르는 예술·인문·과학 분야의 주제를 골라 분야별 최고 석학들이 집필했다. 우리 시대의 쟁점들을 한꺼번에 살펴볼 수 있는 데다 해당 분야의 전문가 생각까지 두루 엿볼 수 있다. 주제별로 저자가 인용한 자료 목록들과 독자들의 이해를 돕는 참고도서 목록도 유용하다.

이 같은 교양 강의 시스템은 하버드 학문 정신의 초석을 이룬다. 이는 하버드가 수많은 석학을 배출할 수 있었던 원동력이기도 하다. 하버드가 교과과정을 개정할 때마다 학계의 폭발적인 관심을 받은 것도 이 때문이다. 21세기를 준비할 기초학문으로 하버드가 선택한 주제들은 과연 무엇일까.

하버드가 선택한 10가지 강의 주제

이 책의 큰 줄기는 인간정신, 도덕, 지구사, 세계인권, 사이버 공간, 진화, 종교, 질병, 에너지 및 환경, 문학 등 10가지다. 이 가운데 '인간정신'을 먼저 다룬 것은 인간의 정신세계가 교양의 기둥축이면서 미지의 영역도 많기 때문이다.

언어심리학과 진화심리학을 강의하는 스티븐 핑커 교수는 인간의 정신에 과학적으로 접근하는 심리학을 중심으로 기억과 착각 등 정신활동의 전반을 하나씩 짚어간다. 정신의 작동방식에 관한 심리 가운데 추론, 감정, 사회관계 등 3가지 사실을 설명한 대목이 특히 관심을 끈다.

"왜 사람들은 그 많은 기관 가운데 유독 뇌에 그토록 매력을 느낄까? 그것은 뇌가 정신의 근원이기 때문이다. 그리고 정신과학은 뇌를 연구할 때 무엇에 집중해야 하는지 알려준다. 신경영상과 유전학의 발전으로 많은 법의 기초가 되는 책임과 고의성이라는 단순한 개념마저 흔들리기 시작하면서 법의 연구와 실행에서도 인간정신에 주목할 필요성이 점점 커질 것이다. 정신 연구와 예술 사이에도 다리가 놓여 음악이 청각을, 미술이 시각을 어떻게 이용하는지 밝혀질 수도 있다. (…) 이외에도 과학은 일상에서 체험하는 평범하고 특별한 일들 밑에 숨은 경이로운 세계, 즉 보고, 움직이고, 추론하고, 이해하는 능력에 숨은 복잡성을 밝혀내며 인간이 얼마나 위대한 작품인가를 깨닫게 하는 도구가 될 수 있다."

두 번째 주제는 '도덕이란 무엇인가'다. 철학과의 T. S. 스캔론 교수는 존 스튜어트 밀의 공리주의와 자신의 계약주의를 비교하며 얘기를 펼쳐간다. 공리주의에서 도덕은 사회 통제체계이며 비공식적 법이라는 인식에서 출발하지만 계약주의에서는 도덕 기준이 사회 통제의 일차적 도구가 아니라고 그는 설명한다.

무엇이 옳은가를 판단할 때 공리주의는 모든 사람을 동등하게 고려하고, 계약주의는 한 사람의 행동이 다른 사람에게 정당화되는 데 관심을 두고 있다는 것이다.

"도덕이 무엇이고, 그것이 왜 중요한가는 사람마다 생각이 다르다는 사실에서 출발해 우리가 흔히 말하는 도덕은 서로 다른 다양한 가치를 통합할 때 가장 정확히 이해할 수 있다."

이는 네 번째 주제인 마티어스 리스 교수의 '세계 인권에 관한 철학적 탐구'와도 맥이 닿아 있다. 그는 "인권은 해방을 뜻하는 가장 흔한 말이 됐다"면서 인권운동을 사회과학이 아니라 철학에 기초한 개념으로 접근한다. 인간의 권리 밑바탕에는 '인간이라는 이유만으로 갖는 권리'가 있고, 이런 권리 실현은 개인이 속한 국가의 관심사일 뿐 아니라 세계적 책임이 된다고 그는 강조한다.

다섯 번째 주제인 해리 루이스 교수의 '사이버 공간에서의 자유'는 우리 사회에도 직결되는 테마다. 그는 "여론몰이에서 두려움은 자유보다 잘 먹힌다. 우리는 일어날 법하지 않은 일이 일어날 가능성을 과장한다"고 꼬집는다.

그러면 어떻게 대응해야 하는가. 그는 "두려움에는 지식이 약이다. 교육은 장기적으로 공포를 이긴다. 말에는 말로 대응해야 옳다는 것이 궁극적인 결론이다. 나쁜 정보에는 올바른 정보로 대응해야 하고, 거짓에는 진실로 대응해야 한다"고 강조한다.

찰스 메이어 교수의 '지구화 시대의 지구사'도 눈길을 끈다. 그는 인간과 지구의 관계를 이렇게 설명한다.

"우리는 지구가 애초에 우리에게 물려준 물리적 제약과 끊임없이 상호작용하고 그것을 끊임없이 수정하며 살아왔다. 기후와 날씨, 우리 공동체를 갈라놓기도 하고 그 사이를 왕래하게도 하는 거대한 물줄기, 우리가 새로 가꿀 수도, 다 써버릴 수도 있는 초목과 숲, (…) 나아가 친구로 삼기도 하는 동물 또는 무관심 속에 멸종되는 동물도 있다. 그리고 주기적으로 인간을 파괴하는 미생물도 있어 인간은 그에 맞서 싸우기도 한다. 이처럼 시간이 흐르며 변화를 거듭한, 지구에 사는 종 전체가 만들어낸 지구의 역사가 있다."

그는 또 "인간은 비교적 최근까지도 여러 공동체에 따로 떨어져 살면서 저마다의 예술과 기술, 종교와 정치체계, 재산 개념과 노동과 교환체계, 여러 세대를 부양하고 문화에 적응토록 하는 제도를 키워왔다"는 점을 일깨운다. 그래서 "공동체에는 저마다 역사가 있고 이 역사는 종종 외부 영향을 크게 받으면서도 내부에서 꾸준히 성장할 수 있었다"고 말한다.

다만 "이처럼 다면적이고 집단적인 경험을 통합된 세계사의 일부로 이해하려면 어떤 점을 고려해야 하는가 하는 문제는 그 경험을 하나로 파악하려는 사학자들이 풀어야 할 근본 과제"라며 후학들에게 숙제를 남기기도 한다.

40여 년 만에 다시 바뀐 하버드 교양교육 강의의 핵심. 이 책은 세계 지성의 흐름을 바꿀 아주 특별한 수업현장으로 우리를 초대한다.

함께 읽으면 좋은 책

• 《하버드 마지막 강의》

　제임스 라이언 지음 | 노지양 옮김 | 비즈니스북스

• 《열린인문학 강의》

　윌리엄 앨런 닐슨 엮음 | 김영범 옮김 | 유유

문명의 흥망은 물이 결정한다
《물의 세계사》

스티븐 솔로몬 지음, 주경철·안민석 옮김, 민음사 펴냄

중국과 유럽의 역사를 바꾼 '물'

로마는 제국의 통합에 실패했지만 중국은 성공했다. 로마와 중국의 대칭성은 역사학자들의 주된 관심사였다. 이들 국가는 같은 시기에 권력과 부, 영향력을 가장 크게 발휘했다. 영토 크기도 비슷했다. 같은 시대에 유라시아 양쪽 끝에서 번영한 데다 북쪽 야만족의 침입으로 쇠퇴했다는 점까지 닮았다. 그런데도 둘의 흥망성쇠가 엇갈린 이유는 무엇일까.

《물의 세계사》의 저자 스티븐 솔로몬은 중국의 대운하 건설에서 결정적인 차이를 발견한다. 저널리스트이자 논픽션 저술가인 그는 "대운하가 중국의 남북을 연결해 자연자원과 인적자원을 통합하게 해줬고, 이 덕분에 화려한 중세 황금기를 열 수 있었지만 로마 제국

에는 이런 통합을 이끌어낼 광범위한 수로가 없었다"고 설명한다. 대운하 건설 이후 중국과 유럽의 역사가 달라진 것이 물길 때문이었다는 말이다.

중국에서는 벼를 재배하는 남부 양쯔 강 유역과 북부 황허강 유역을 연결하는 대운하가 산업의 대동맥 역할을 했다. 6세기에 시작한 1800km의 대운하 건설을 통해 비옥한 남방과 건조한 북방 지역을 통합하는 데 성공했으며, 이후 13세기까지 수송과 농업, 산업 등에서 대규모 경제혁명을 일으킬 수 있었다.

이에 비해 로마 제국의 영토이던 유럽은 경쟁하는 국가들의 분열된 조합으로 부침을 거듭했고, 이 때문에 침체된 암흑기가 오래 계속됐다. 그는 이 같은 인류 문명의 역사를 물의 관점에서 추적하면서 "고대 문명의 발흥과 몰락부터 근대의 대양 항해와 증기기관 개발까지 인류사의 모든 전환점에는 바로 물이 있었다"고 강조한다.

물론 중국의 통합성이 15세기에는 쇠퇴 원인으로 작용하기도 했다. 대운하는 자족적이고 통제적인 시스템을 만들어 명나라의 중앙집권화된 권위를 높여줬는데, 이 토대 위에서 황제와 관료들은 지주계급과 결탁해 상인층을 억눌렀다. 이는 또 다른 변화를 초래했다. 산업적으로 발달하고 과학기술까지 갖췄지만 강력한 중앙집권적 국가가 시장지향적인 정책을 펴지 못했기에 근대 산업주의로는 나아가지 못했던 것이다. 통합사회를 키운 대운하가 결국 쇠퇴의 계기로 작용한 역사의 아이러니를 보여주는 사례다. 그러고 보면 물이란 사용하기에 따라 '양날의 칼'이 되기도 한다.

물을 다스리는 문명이 부와 권력을 확보

　반면 유럽은 전체를 통합하는 내륙 수상 수송체계가 없어 더 작은 국가 단위로 쪼개졌다. 이런 체제 때문에 오히려 자유로운 교역과 시장 환경이 만들어졌다. 이처럼 물을 잘 다스린 문명은 부와 권력을 확보하고 그렇지 못한 문명은 쇠퇴할 수밖에 없다는 것을 보여주는 예는 많다.

　나일 강 수위는 이집트 문명의 번영기와 침체기를 정확히 반영하는 상징이었다. 20세기에 건설된 아스완 댐 때문에 풍요로운 밀 생산지이던 나일 강 삼각주는 황폐해졌다. '비옥한 초승달 지대'의 메소포타미아 문명은 오랜 관개농업으로 땅에 염분이 쌓인 탓에 몰락했다.

　로마 제국이 번영하고 인구가 늘어나던 시기는 수로 건설과 물 공급이 증가한 시기와 일치했다. 16세기에 콘스탄티노플에서 이슬람 세력이 부흥한 것도 1453년 오스만튀르크가 이곳을 정복한 후 수로 확충과 수력 관련 혁신에 성공했기 때문이다.

　그는 "19세기 영국의 세계 제패 뒤에도 물이 있었다"고 말한다. 그 중에서도 핵심은 물에 의한 공공 위생혁명이었다. 영국은 런던 템스 강의 '대악취'를 해결하고 콜레라를 퇴치하기 위해 고군분투했다.

　런던 지하에 정교한 하수도망을 건설해 오수를 멀리 떨어진 하류로 내보냈고, 내구성이 높은 시멘트를 하수구와 지하도 공사에 활용했다. 가장 큰 변화는 저수시설을 이용해 시민에게 위생적인 물을 공급할 수 있었다는 점이다. 불순물을 제거하는 여과시설을 만들고 염소 소독법을 도입하면서 세계 수준의 위생시설과 상수도 체계를 완성했다.

경제 성장을 앞당긴 세계의 운하들

이뿐만이 아니다. 1776년부터 제임스 와트가 판매한 세계 최초의 근대적 증기기관 덕분에 산업혁명에 성공할 수 있었다. 산업혁명은 경제적 번영과 더불어 영국 해군을 세계 최강의 자리에 올려놓은 성장 엔진이기도 했다. 1869년 완공한 수에즈 운하를 통해서는 지중해와 홍해, 인도양을 연결했고 이 덕분에 세계 무역의 4분의 1, 산업 생산량의 30%를 점했다.

20세기 미국도 후버 댐을 발판 삼아 초강대국으로 발돋움할 수 있었다. 미국인은 건조한 서부 개척지를 관개농업과 광산업, 수력발전의 중심으로 바꾸는 과정에서 광범위하고도 집중적인 방법으로 수자원을 개발했다. 후버 댐은 전 세계 다목적 댐의 기술적 원형이 됐고 농업 분야의 녹색혁명과 전 지구적 산업화의 촉진제가 됐다.

동부와 서부를 잇는 이리운하는 통합된 시장을 만들어 미국을 하나의 국가로 결집시켰다. 육로로 32일 걸리던 버펄로~올버니 구간이 8일로 줄었고 화물운송비도 10분의 1로 줄었으니 경제가 활성화될 수밖에 없었다.

대서양과 태평양을 잇는 파나마 운하는 미국 내부의 수로 기능까지 맡으며 경제 성장을 앞당겼다. 물을 효과적으로 통제한 미국이 열강들 사이에서 패권을 잡을 수 있었던 것도 이 덕분이었다.

"파나마 지협 운하는 대서양과 태평양을 가로지르는 고속도로가 됐고, 유럽과 아메리카 대륙과 동아시아 지역을 정치적, 경제적, 군사적으로 긴밀하게 통합된 세계 규모의 글로벌 네트워크로 연결했다."

21세기는 물의 전쟁

오늘날에도 물은 석유 이상으로 중요한 자원이다. "20세기가 석유자원을 둘러싼 갈등의 역사였다면 21세기는 물을 놓고 벌이는 전쟁의 역사가 될 것"이라는 말도 그래서 나온다.

지구의 70%가 물이지만 인간에게 필요한 담수는 2.5%에 불과하다고 한다. 그중에서도 3분의 2는 빙하에 묶여 있고 나머지 3분의 1의 대부분도 지하 호수 형태여서 전체 담수의 0.003%만 지표면에 있다.

전염병과 폭력, 부패로 고통받는 국가의 대부분은 물 부족에 시달리고 있다. 이런 지역에서는 인구 10명 중 2명이 음용수를 충분히 얻지 못하고, 4명은 적절한 위생시설의 혜택을 받지 못하고 있다.

강력한 패권국가가 강 상류를 지배하고 수자원을 통제하면 하류 국가의 농업과 산업은 결정타를 맞게 된다. 이쯤 되면 "가까운 장래에 물을 소유한 계급과 그렇지 못한 계급 간에 엄청난 갈등이 벌어질 것"이라는 경고를 가볍게 넘길 수 없다.

물이라는 자원을 통해 세계 역사를 입체적으로 조명한 저자의 시각이 새롭고 놀랍다. 700쪽 이상의 방대한 내용을 풍부한 사례로 힘 있게 끌어가는 내공도 튼실하다. 해양사 분야의 권위자이자 대중적 글쓰기로 유명한 주경철 서울대학교 서양사학과 교수의 깔끔한 번역도 읽는 재미를 더한다.

함께 읽으면 좋은 책

• 《명대의 운하길을 걷다》 서인범 지음 | 한길사
• 《중국 운하 대장정-운하, 중국 역사를 관통하는 또 하나의 거대한 길》 원종태, 원종선 지음 | 생각나눔 (기획실크)

인류 문명 흐름을 바꾼 50가지 광물
《광물, 역사를 바꾸다》

에릭 샬린 지음, 서종기 옮김, 예경 펴냄

나폴레옹 1세(1769~1821년)의 사인은 무엇일까. 세간에는 그가 위암 때문에 사망했다고 알려져 있다. 그러나 그의 머리카락에서 고농도의 비소가 검출되자 사람들은 독살 가능성에 초점을 맞췄다. 죽기 전에 보인 불면증, 갑작스러운 졸음, 탈모는 비소에 중독됐을 때 나타나는 증상과 같다는 것이다.

하지만 독살설의 근거인 비소의 특성을 찬찬히 살펴보면 얘기가 달라진다. 황제의 거처를 화려하게 장식한 벽지가 주범이라는 것이다. 에메랄드 빛과 금빛의 벽지에는 비소를 함유한 녹색 안료가 들어 있었다. 그가 유배된 세인트헬레나 섬은 기후가 습해서 곰팡이가 많았는데 이것이 안료 속에 포함된 비소를 수소화비소로 바꿨고, 결국 황제를 천천히 중독시켰을 가능성이 크다는 것이다.

그리스의 불, 아스팔트로 만들었다

영국 저널리스트이자 작가인 에릭 샬린은《광물, 역사를 바꾸다》에서 이 같은 사례와 함께 인류 문명의 흐름을 바꾼 50가지 광물 이야기를 들려준다. 물론 광물성 독약인 비소나 코끼리의 상아 등 광물이라고 보기 어려운 물질도 포함돼 있지만, 지구상의 역사를 한 순간에 바꾼 물질들을 재미있는 에피소드와 함께 엮어낸다.

그의 얘기를 하나씩 들어보자. 고대 최강의 화공 무기인 '그리스의 불'은 아스팔트로 만들었다고 한다. 고속도로나 인도를 포장하는 재료가 중세 초까지 가장 강력했던 무기인 '그리스의 불'을 만든 주요 원료였다니 놀랍다. 사실 아스팔트는 인화성 반액체 물질이기 때문에 불꽃이 닿으면 발화하는 특성이 있다.

화약이 등장하기 전까지 서양에서 가장 무시무시한 무기로 이름을 날린 '그리스의 불'은 주로 해전에서 큰 힘을 발휘했다. 꺼지지 않는 불길이 바다 위에서 전함을 휩쓸었기 때문이다. 당대의 원자폭탄과 같던 '그리스의 불'에 대한 정보는 극비 사항으로 다뤄졌다. 이 물질은 500년 동안 비잔틴 제국과 멸망 직전까지 갔던 그리스도교 세계를 지키는 데 결정적인 역할을 했다.

우연히 발견된 은광이 아테네의 번영을 이끌었다는 대목도 눈길을 끈다. 저자는 "기원전 5세기에 그리스 동부의 아티카에서 커다란 은광이 발견되지 않았다면 세상은 지금과 많이 달라졌을 것"이라고 말한다. 기원전 483년 무렵, 그리스의 도시국가 아테네의 시민들은 아티카 동부 해안의 라우리온에서 거대한 은광을 발견했다.

이들은 뜻밖의 횡재인 이 은광의 수익을 조금씩 나눠 가지는 대신 해군전함 200척을 건조하는 데 투자하기로 결정했다. 페르시아가 두 번째로 아테네를 침공했을 때 아테네 함대는 상대편의 절반밖에 안 됐지만 적을 좁은 살라미스 해협으로 유인해 대승을 거뒀다. 이 전쟁에서 동맹군을 이끈 아테네는 이후 에게 해를 지배하며 화려한 제국을 건설할 수 있었다.

강철갑옷 입은 프랑스군, 잉글랜드군에 대패

다음은 강철 얘기다. 1415년 10월 25일 프랑스군과 잉글랜드군이 프랑스 북부의 진흙탕에서 맞붙었다. 이 아쟁쿠르 전투는 양국 간의 백년전쟁 중에 아주 중요한 교전이었다. 이 전투에서 승패를 가른 것은 다름 아닌 판금 갑옷이었다. 프랑스는 이 전투에서 무거운 강철 갑옷을 입고 싸워 영국에 참패하는 바람에 결국 전쟁에서 지고 말았다.

흑연의 경우 3류 국가이던 잉글랜드가 유럽 최강 스페인을 제치고 '해가 지지 않는 나라'로 성장하는 데 지대한 공헌을 했다. 1588년에 잉글랜드 해군은 대서양을 지배하던 스페인의 무적함대를 완전히 무너뜨렸다. 스페인을 패퇴시키는 데 결정적인 역할을 한 무기는 지금의 연필에 사용되는 흑연이었다.

엘리자베스 여왕 시대에 흑연은 철제 포탄을 만드는 틀의 내화

재료로 쓰였다. 그 덕분에 탄환의 표면이 더욱 둥글고 매끄러워졌으며, 사정거리가 늘고 정확도가 높아져 잉글랜드 해군은 경쟁국들보다 포격전에서 우위를 점하게 됐다. 이런 점에서 흑연은 대륙으로부터 독립된 신교도의 땅을 지키고 영국이 20세기까지 뛰어난 해군력을 유지하는 데 확실히 이바지했다고 볼 수 있다.

'앰버로드'와 호박 얘기는 어떤가. 호박은 신석기시대부터 오늘날 '앰버로드'로 알려진 발트 해와 지중해 사이의 교역로를 통해 거래됐다. 중국과 지중해를 잇는 '실크로드'처럼 이 길은 하나로 이어진 게 아니라 북유럽에서 남쪽으로 향하는 각종 육로와 수로의 교역망을 통칭한다.

예를 들어 투탕카멘의 무덤에서 발견된 호박은 발트 해에서 자연석이나 보석 상태로 상인들 사이에 건너건너 팔리면서 복잡한 거래망을 따라 이집트로 실려간 것이라고 한다.

러시아의 예카테리나 궁전에는 한때 세계 제8대 불가사의로 불린 '호박방'이 있다. 천장과 벽면이 황금과 6톤가량의 호박으로 꾸며진 이 방은 제2차 세계대전 당시 독일군에게 파괴됐다가 2003년 푸틴 대통령의 복원으로 다시 빛을 봤다.

방사성 원소인 라듐과 시계 공장 소녀들의 비극을 다룬 부분에서는 가슴이 아릿해진다. 마리 퀴리가 라듐을 발견한 1898년 당시 최고의 석학들조차 방사능을 어떤 식으로 활용해야 할지 잘 몰랐다. 그래서 벌어진 가장 비극적인 사건은 제1차 세계대전 때 미군 병사들의 손목시계를 만든 U.S.라듐사에서 '언다크undark'라는 발광 페인트를 시계 숫자판에 칠하던 어린 여직공들에게 일어났다.

공장에서는 시계의 작은 숫자를 칠하는 붓끝을 입술과 혀로 다듬도록 가르쳤다. 그 바람에 소녀들은 작업 중 대량의 유독성 페인트를 섭취하게 됐다. 자신이 위험한 방사능에 노출된 줄도 모른 채 라듐 페인트를 눈 화장과 손톱 장식용으로 썼고, 이가 밝게 빛나기를 바라며 치아에 바르기도 했다.

수백 명의 노동자가 얼굴이 기형적으로 변하는 끔찍한 고통 속에 죽어간 후에야 그 회사는 유죄를 선고받았지만 이미 소녀들의 운명을 돌이킬 수는 없었다. 이 판례는 미국의 노동안전 기준을 정립하는 계기가 됐다.

19세기 피아노 유행… 코끼리 멸종위기

저자의 말처럼 지구상의 광물은 인류에게 편리하고 나은 삶을 가져다줬다. 아연으로 만든 휴대용 건전지는 전자기술의 발전을 가져왔고, 텅스텐은 어두운 밤거리를 환하게 밝혀줬다. 가솔린 자동차는 인간의 활동범위를 크게 넓혀줬다.

하지만 그 반작용도 만만찮았다. 19세기에 피아노가 유행하면서 상아의 원천인 아프리카코끼리는 멸종위기에 처했다. 가공할 핵에너지를 지닌 플루토늄과 우라늄은 수많은 사람의 목숨을 앗아갔다.

광물자원이란 우리가 쓰기에 따라 축복이 될 수도 있고 재앙이 될 수도 있다는 점을 다시 한 번 깊이 생각하게 하는 책이다.

인간과 자연 아우른 통합 역사서
《빅 히스토리》

신시아 브라운 지음, 이근영 옮김, 프레시안북 펴냄

지구의 138억 년 역사를 한 권에 담아

지구의 나이를 24시간으로 가정할 때 인류의 나이는 고작 2분에 불과하다고 한다. 그럼 나머지 23시간 58분 동안에는 무슨 일이 일어났단 말인가. 미국 도미니칸대학 교육학과 교수 신시아 브라운은 그의 책 《빅 히스토리》에서 지구의 나이테를 이렇게 묘사한다.

"지구의 나이를 하루로 보고 자정에 지구가 시작됐다고 가정해 보자. 최초의 단세포 생물은 새벽 4시쯤 나타났고, 최초의 바다 식물은 저녁 8시 30분쯤 출현했다. 동물과 식물이 육지로 올라온 시각은 밤 10시쯤이다. 그리고 공룡은 밤 11시 직전에 나타나서 밤 11시 39분쯤 멸종했다. 인간이 나타난 것은 밤 11시 58분쯤이다. 농업이 시작되고 도시가 건설된 시각은 자정에서 불과 몇 초 전이다."

그는 138억 년 전의 빅뱅부터 45억 년 전의 태양과 지구 탄생, 불과 500만 년 전에 시작된 인류의 역사를 아우르며 '거대한 역사'의 단층을 책 한 권으로 요약해 보여준다. 그의 표현처럼 인간의 역사는 '기록으로 남아 있는 5000년 전부터 친다면 지구 일생의 100만 분의 1에 못 미치는 시간'이다. 여기에서 "역사는 과연 인류의 탄생에서부터 시작해야 하는가?"라는 질문이 등장한다.

인간사만을 다룬 기존의 역사서술에 대한 보완

20세기 들어서면서 인류의 탄생 이전에 대한 과학적 해독이 진행됐지만 아직도 우리는 아는 것보다 모르는 게 더 많다. 인간사만을 분리해서 기술하는 것이 가능한지는 논외로 치더라도, 지금까지의 역사에는 인간 이외의 다른 생명체와 여타의 영향력에 대한 기술이 빠져 있었다.

저자의 표현을 뒤집어보면 인간만 다룬 역사는 '스몰 히스토리'에 지나지 않았다.

그는 "지난 수백 년 동안 종교학, 심리학, 철학 등은 지구와 인간의 연관성을 경시하고 감추려는 경향이 있었지만, 최근 들어 인간과 다른 모든 생명체의 연관성에 대한 인식이 증대되고 있으며 전 지구적 시야에서 볼 때 우리의 삶이 자연과 인간의 상호작용 위에 존재한다는 사실은 재론의 여지가 없다"고 말한다.

인류는 전 지구적으로 작동하는 생태계의 각종 생물이나 자연환경과 영향을 주고받으며 지속적으로 교류해왔다. 그래서 이 같은 상호의존적 영향관계가 역사 안에 포괄돼야 한다고 그는 강조한다.

그는 "인간사의 기술에서도 그간의 전통적 역사 서술이 시도했던 민족적·국가적·지역적 관점을 넘어서는 작업이 필요하다"고 강조한다. 그가 세계의 여러 지역에 살았던 인간들을 묘사하면서 전 지구적 갈등과 교류, 상호작용의 네트워크로 연결되었던 '더 큰 역사'의 실체를 탐구하는 이유도 여기에 있다.

이는 역사학의 연구 성과를 계승하면서도 그것들을 통섭적 맥락에서 하나의 결과물로 아우르려는 시도이기도 하다. 복잡다단한 전 지구의 역사를 책 한 권으로 압축하려는 시도가 무모하게 보일 수도 있지만, 인간과 역사에 대한 통찰의 깊이가 경외감을 불러일으킨다.

그는 '시간'의 측면에서 인류 탄생 이전의 장구한 시간들을 역사에 포함시켰고, '관점'의 측면에서 인간과 자연의 상호작용을 총체적으로 녹여냈으며, '인간사의 기술' 측면에서는 전 지구적 시민의식을 바탕으로 인류 역사의 지평을 넓혔다.

'빅 히스토리' 연구가 학문으로 정착된 것은 최근의 일이다. 초창기부터 관심을 보인 사람들은 역사교육 관련자였다. 학생들에게 역사를 어떻게 가르칠 것인지 고민하던 이들에게는 자연과학과 인문학의 통합적 관점을 제시하는 연구방식이 필요했던 것이다. 《빅 히스토리》는 현재 영미권의 초·중·고교 역사교사들을 교육하는 주요 교재로 채택되고 있다.

흥미로운 것은 마이크로소프트의 창업자 빌 게이츠가 '빅 히스토리'의 창시자인 데이비드 크리스천 교수에게 특별한 부탁을 했다는 점이다. 게이츠는 이러한 관점의 역사교육이 중요하다며 전 세계 중·고교생을 위한 빅 히스토리 인터넷 교육 프로그램을 개발하는 프로젝트를 제안했다.

미래학자들도 관심을 갖고 있다. 거시적 관점에서 과거를 이해함으로써 미래를 예측할 수 있는 데이터를 풍부하게 얻을 수 있기 때문이다. 원자 크기의 한 점에서 시작해 70억 인간이 사는 현재의 지구에 이르기까지 방대한 이야기를 압축적으로 다루는 시각이 세계 변화의 흐름을 예측하는 데 유리하다고 보는 것이다.

이 책은 1부 '시간과 공간의 깊이'에서 빅뱅과 지구의 탄생, 인류의 출현과 수렵·채집 시기를 다룬다. 138억 년 전 '엄청난 에너지를 지닌 하나의 점'에서 출발한 우주는 지금까지 팽창을 계속하고 있다. 태양계와 지구를 포함한 새로운 항성계의 생성, 최초로 살아 있는 세포인 박테리아가 탄생하기까지의 과정은 인간이 출현하기 이전의 이야기다. 그래서 과학의 힘으로 입증된 사실들을 주로 소개하는 방식으로 기술했다.

하지만 이 과정은 드라마만큼이나 역동적이다. 동시에 인류의 존재조건이 어떻게 형성되었는지를 보여주는 다큐멘터리이기도 하다. 초기 세포가 진화를 거듭하며 침팬지와 영장류로 '발전'하는 과정과 약 3만 년 전 인간이 다른 유인원들을 지배하게 된 사정은 진화론적 관점으로 설명된다.

2부 '1만 년 동안의 따뜻한 시기'에서는 역사서의 서술이 시작되는 농경문화의 탄생 시점부터 현재까지의 상황을 살핀다. 동식물을 사육하고 농경생활을 시작하면서 도시를 만들고 문명을 발전시켜 나간 사람들과 여전히 유목생활을 통해 삶을 꾸려나간 사람들의 이야기를 나눠 서술한다.

콜럼버스가 아메리카 대륙으로 넘어가면서 동반구와 서반구의 교류가 일어나기 전까지의 과정은 아프로-유라시아 대륙과 아메리카 대륙으로 구분해 설명한다.

아프로-유라시아 대륙의 내부 교류에서 누가 주도권을 쥐고 있었는지를 살펴본다면 로마, 이슬람, 몽골족 등을 눈여겨봐야 할 것이다. 그러나 서기 1000년을 기준으로 볼 때 농업 문명의 국가들은 지구의 15% 미만만 지배했을 뿐이다. 그래서 저자는 주도권을 쥐고 있던 이들 외에 이른바 '야만인'으로 불렸던 이들에 대한 이야기에도 많은 지면을 할애한다.

콜럼버스의 항해에 의해 2개의 반구가 이어진 일은 인류 역사에서 중대한 사건이었다. 세계 무역과 세계 시장, 자본의 현대적 역사가 이들 두 반구의 연결과 함께 시작된 것이다. 이 사건을 통해 유럽인들은 세계를 지배할 산업화의 기반을 만들어 냈다.

이는 또한 폭발적 인구 증가와 급격한 경제 발전으로 이어졌다. 이 장구한 역사에 비해 20세기 현대사는 1·2차 세계대전 이후 미국의 패권 시기로 '짧게' 정리된다.

《빅 히스토리》는 인간과 지구의 복잡한 상호작용을 탐색하기 위해 생물학, 사회학, 인류학, 지질학 등 다양한 학문적 결실을 종횡으로 결합한 통합적 역사서다. 한마디로 '세계에 대한 시야와 인간에 대한 이해를 넓히는 광대한 스케일의 지구사 교과서'라 할 수 있다.

함께 읽으면 좋은 책

• 《빅 히스토리》

데이비드 크리스천, 밥 베인 지음 | 조지형 옮김 | 해나무

• 《빅뱅에서 인류의 미래까지 빅 히스토리》

이언 크로프턴, 제러미 블랙 지음 | 이정민 옮김 | 생각정거장

고대사 이면을 흐르는 '무쇠의 힘'
《무쇠를 가진 자, 권력을 잡다》

이영희 지음, 현암사 펴냄

"신라 시조 박혁거세는 제철왕이었다. 그 이름에서 알 수 있다. '박'은 성이다. 《삼국사기》에는 '박혁거세는 알에서 태어났는데 알 모양이 박을 닮았다 하여 박이라는 성을 붙였다'고 나온다. 그러나 사실 그의 성 '박'은 밝다는 뜻의 '밝'을 한자로 표기한 순수 우리말 성씨다."

《무쇠를 가진 자, 권력을 잡다》의 첫 구절이다. 저자인 이영희 전 포스코 인재개발원 교수는 이 책에서 "박혁거세와 고구려 시조 고주몽 등 우리 역사의 시조들은 알에서 태어난 이가 많은데 알은 무쇠를 의미하는 단어"라고 강조한다.

당시의 무쇠는 강모래에서 거른 사철砂鐵로 만들었고, 옛사람들은 이 모래 무쇠를 작은 알갱이처럼 생겼다 하여 '알'이라 불렀으며, 따라서 박혁거세나 고주몽 등은 제철 기술자 혹은 제철 집안 사람을

40

의미한다는 것이다.

그는 박혁거세의 '거세'도 이름이 아니라 관직명으로 '무쇠 거르기'를 뜻한다면서 '거'는 거른다는 뜻의 옛말이고 '세'는 무쇠의 옛소리라고 설명한다. 박혁거세의 왕호 '거서간'도 '거서', '거세'와 같으며 '간'은 왕을 뜻하므로 '거서간'은 '무쇠 거르기 왕', 즉 제철왕을 가리키는 말이라고 덧붙인다.

그는 이를 통해 우리나라의 철기문화와 제철산업이 오래전부터 융성했으며 '무쇠'는 권력의 근원이었다는 것을 일깨워준다.

박혁거세, 무쇠 거르는 제철왕

1300년 전 100만 명의 인구를 자랑하던 신라의 서라벌은 세계 4대 도시에 꼽힐 정도로 큰 도시였으며 그 번영의 바탕은 당시의 최첨단 기술인 무쇠 제조기술이었다는 것이다. 실제로 무쇠는 농업과 생활, 전쟁 등 모든 것을 바꿔놓았다.

그러나 우리 역사서에는 무쇠와 관련된 이야기를 찾아보기 어렵다. 왜 그랬을까.

그는 무쇠 제조술이 국가의 기밀사항이었기 때문이라고 설명한다. 그래서 상세한 기록을 남기지 않고 은유적인 이야기나 설화에 빗대 구전했다는 것이다.

그는 전국 각지에 남아 있는 '솟대'는 제철소를 상징하던 표지였고 단군신화도 부족 간에 제철 기술을 전달하는 이야기라고 말한다. '솟대'가 있던 '소도'는 단순히 제사를 드리던 제사 터가 아니라 제철 작업이 이루어지던 제철 터였고, 여기에 세웠던 솟대는 제철소를 알리는 표지판이었으며, 솟대에 깎아 앉히던 오리는 무쇠와 동일시되던 새였다고 한다.

우리나라 개국신화로 알려져 있는 단군신화와 제철 기술 전달은 어떤 연관이 있는 걸까.

곰과 호랑이는 맥 부족과 예 부족을 의미하는데, 이들이 사람이 되고 싶다고 한 것은 철기 도구를 사용하고자 한 욕망을 빗대어 나타낸 것이다. 무쇠 제조기술이 없던 맥 부족과 예 부족은 환웅에게 기술의 전수를 간청하고 환웅은 백일 동안의 훈련을 제시했는데, 이 훈련을 통과한 맥 부족에게 제철 기술을 전달했다는 이야기다.

그는 또 우리나라의 도깨비와 일본의 '오니'를 연계시킨다. 그에 따르면 우리의 도깨비는 제철 기술자를 의미하는 말이었다. 도깨비의 옛말인 '돗가비'는 거인을 뜻하는 말이었고 신라에서 도깨비를 부르던 '두두리'는 바로 단조 기술자를 이르는 말이다. 일본의 도깨비라 할 수 있는 오니 역시 제철소에서 일하던 이를 상징한다.

특히 포항과 관련된 이야기가 관심을 모은다. 박혁거세의 왕비 이름 '아리영'은 형산강과 알천(현 북천)이 만나는 사량리(옛 사도리)의 제철소 터에서 자란 딸을 뜻한다. 신라 2대 남해왕의 왕비 '운제'가 기우제를 지내던 포항의 운제산과 비학산도 쇠가 많이 나는 산이다.

포항 일월지는 고대 제철 용수지

《삼국유사》에 나오는 '연오랑과 세오녀' 얘기 또한 의미심장하다. 이들이 일본으로 가서 왕과 왕비가 되자 신라에서 해와 달의 광채가 사라졌는데, 사신들이 돌아와줄 것을 청했으나 오지 않고 세오녀가 짠 비단을 줘서 갖고 와 제사를 지냈더니 해와 달이 예전처럼 빛났다는 내용이다.

그 비단으로 제사지낸 곳을 영일현 또는 도기야라 불렀다는 기록이 남아 있다. 영일현은 포항시의 옛 지명으로 '해맞이 고을'이라는 뜻. 도기야는 '달 벌판'이라는 뜻의 포항시 도구동을 가리키는 옛 지명이다. '도기'와 '도구'는 모두 달을 의미한다.

저자는 "연오랑은 무쇠를 갈아 칼을 만드는 단야장이었고 세오녀는 제철 집단의 우두머리였다"며 "해와 달이 빛을 잃었다는 것은 철 제조공정의 불이 꺼졌다는 의미이고, 일월이 예전같이 돌아왔다는 것은 고로에 불이 지펴졌다는 의미"라고 풀이한다. 제철의 불을 지피는 화입火入에 앞서 제사를 지내는 것은 필수적인 절차였으니 더욱 놀라운 일이다. 게다가 포항의 일월지日月池도 고대의 제철 용수지였다고 한다.

일본의 '제철신'도 한반도에서 건너간 사람이었다. 백제 시조 온조왕의 형 비류에 비견되는 일본의 제철신 '스사노오'가 대표적인 예다. 이 이름을 일본인들은 뜻도 모르고 쓴다. 그런데 비류왕의 어머니인 고구려 소서노 왕비의 이름과 흡사하다. 이를 풀이하면 소서노는 '사철砂鐵의 들'이고 스사노오는 '사철 들판의 사나이'라는 뜻이다.

《일본서기》 신화편 첫머리에 나오는 신 '으마시아시가비'의 뜻도 일본인들은 잘 모른다. 왜 그럴까. 일본 신 이름의 태반이 우리 옛말이기 때문이다. '으마시'는 '어머니'라는 신라말로 고위층을 가리키는 뜻도 가졌다. '아시'는 '최고의 무쇠', '가비'는 '칼을 갈다'는 뜻이므로 '으마시아시가비'는 '최고의 무쇠로 칼을 가는 어미(우두머리)'라는 의미다.

저자는 이처럼 흥미진진한 얘기를 펼쳐 보이면서 "무쇠를 빼놓고 우리 고대사를 이해하는 것은 불가능하다"고 말한다. 우리 고대사의 중심에 '무쇠'라는 키워드가 있었고, 그 무쇠를 얼마나 읽어내느냐가 고대사 이해의 관건이라는 것이다.

그는 "한국과 일본의 고대어에 관심을 두고 언어의 변화를 연구하다 보니 자연스럽게 그 중심에 무쇠가 있는 것을 알게 됐다"고 한다. 고대어의 어원을 통해 한국과 일본의 말이 서로 같은 뿌리에서 나왔음을 발견하게 됐고, 그 어원의 유래를 따라가다 양국 고대사의 비밀을 파헤치게 됐다는 것이다.

한국과 일본 말은 같은 뿌리

"무쇠를 통해 보는 우리 고대사는 흥미진진하다. 당시로서는 최첨단 기술인 무쇠 제조기술을 가진 이는 권력의 중심에 설 수 있었다.

이 때문에 무쇠 제조기술은 권력 다툼의 원인이 되기도 했다. 또한 제철 세력들이 일본으로 진출하면서 일본에 제철 기술을 전하기도 했다. 무쇠를 통해 역사를 보면 쉽게 눈에 띄지 않았던 우리 역사의 진실에 한 걸음 다가설 수 있다."

인류 문명과 산업혁명의 원동력인 무쇠. 제 몸을 녹여 새로운 철기로 되살아나는 무쇠는 인간의 행복과도 직결된다. 무쇠 도구를 가리키는 우리의 옛말 '사치'가 일본으로 건너가 행복을 의미하는 단어가 됐다는 저자의 마지막 문장에 밑줄을 긋고 싶다.

함께 읽으면 좋은 책

• 《전쟁과 무기의 세계사》 이내주 지음 | 채륜서
• 《한국 고대사 산책》 한국역사연구회 지음 | 역사비평사

이단의 책 한 권… '르네상스 씨앗' 되다
《1417년, 근대의 탄생》

스티븐 그린블랫 지음, 이혜원 옮김, 까치글방 펴냄

"1417년 겨울, 포조 브라촐리니는 독일 남부의 나무가 울창한 언덕과 계곡을 말을 타고 달리고 있었다. 그의 목적지는 오래된 필사본의 보고로 유명한 수도원이었다. 오두막 문 사이로 그를 본 마을 사람들은 그가 낯선 외지인임을 단번에 알아차렸을 것이다. 마른 체구에 말끔하게 면도를 한 그는 만듦새는 훌륭하지만 간소한 차림새로 단순한 튜닉과 망토만을 걸치고 있었을 것이다. 이 남자가 흔한 촌뜨기가 아님은 분명했다."

신역사주의 문학비평의 주창자인 스티븐 그린블랫 하버드대학 교수의 역작《1417년, 근대의 탄생 – 르네상스와 한 책 사냥꾼 이야기》는 이렇게 시작한다.

윌리엄 셰익스피어 문학 연구의 대가인 그린블랫 교수는 30대 후반의 '책 사냥꾼' 포조 브라촐리니의 일생을 추적하는 과정을 통해 르네상스의 태동과 근대의 전개 과정을 흥미롭게 밝혀낸다. 이 작품으로 그는 퓰리처상(2012년)과 전미도서상(2011년)을 받으며, 인문학 책읽기의 전범을 보여줬다.

그와 함께 포조의 움직임을 따라가 보자. 포조는 초기 르네상스 시대의 뛰어난 이탈리아 인문학자이자 필사가이며 대화체와 서간체 저작의 작가이자 고대 유물 수집가다. 해박한 지식으로 유럽의 수도원 도서관에 묻혔던 라틴 고전 사본을 되살려내는 데 탁월한 능력을 보였다.

그는 1415년 클뤼니에서 그때까지 알려지지 않던 키케로의 연설문 2가지를 찾아냈다. 1416년 생갈에서는 퀸틸리아누스의 《변론술 교본Institutio oratoria》 원문을 발견했다. 키케로 연설문에 대한 아스코니우스 페디아누스의 주석집도 찾아냈다.

신의 존재를 부정한 '이단의 서사시'를 발굴하다

그런 그가 1417년 독일 수도원의 먼지 덮인 서가에서 발견한 것은 놀랍게도 기원전 1세기 로마 시인 루크레티우스가 쓴 장편 서사시 《사물의 본성에 관하여》의 필사본이었다.

《사물의 본성에 관하여》는 당시로서는 신과 인간관계에 대한 회의懷疑, 에피쿠로스의 '원자론' 같은 가장 위험한 사상들을 담고 있는 작품이었다. 첫 장은 사랑과 미의 여신 베누스(비너스)에 대한 찬가로 시작된다. 이어지는 내용에는 우주가 신의 도움 없이도 움직이고, 사후세계에 경험하게 된다는 종교적 공포는 인간생활의 적이며, 쾌락과 미덕은 대립적인 것이 아니라 서로 뒤엉켜 있다는 '불온한 생각'으로 가득하다.

이 시의 핵심은 원자론이다. 우주가 무한 진공 속에 존재하는 원자의 충돌로 형성됐다는 것이다. 기원전 4세기 그리스 철학자 에피쿠로스의 사상을 계승한 루크레티우스는 우주가 무수한 원자로 구성됐다고 보았다.

이 우주는 나 자신도 그 일부인, 나를 구성하는 것과 똑같은 원소로 이뤄진 물질계이므로 여기에는 조물주도, 지적인 설계자도 존재하지 않으며 영원한 것은 오직 원자뿐이라는 것이다.

원자론에 의하면 더 이상 분할될 수 없는 무수한 원자가 무한한 우주 공간에서 영속적으로 서로 충돌하고 결합하여 '일탈'한 결과로서 물질들을 구성한다는 것이다. 이럴 때의 '일탈swerve'은 자유의지의 원천이다. 이 같은 논리적 배경을 가진 원자론은 중세 1000년 동안 금지된 이단의 사상이었다.

루크레티우스는 우리 인간이야말로 한때 우주에 머무는 것이니 우리가 해야 할 일은 살면서 마주치는 모든 것이 덧없는 것임을 인정하면서 세상의 아름다움과 즐거움을 누리는 것이라고 역설했다. 이 시에서 루크레티우스는 자신에 대해서도 이렇게 묘사했다.

"인간의 삶이 무거운 종교에 눌려 모두의 눈앞에서 땅에 비천하게 누워 있을 때, 그 종교는 하늘의 영역으로부터 머리를 보이며 소름끼치는 모습으로 인간들의 위에 서 있었는데, 처음으로 한 희랍인이 필멸의 눈을 감히 맞서 들었고, 처음으로 맞서 대항하였도다.”

그러고는 “만물은 신에 의해 무에서 만들어지는 것이 아니라 자체적인 질료가 있어서 그것에서 만들어지고 그것으로 되돌아간다. 그 어떤 것도 신들의 뜻에 의해 무로부터 생겨나진 않았다”고 단언한다.

“어디서 각종의 사물들이 생성될 수 있는지도, 어떤 방식으로 각각이 신들이 애쓰지 않고도 만들어지게 되는지도, 왜냐하면 만일 이것들이 무로부터 만들어졌다면, 모든 것들로부터 모든 종이 생겨닐 수 있었을 것이고, 어떤 것도 씨가 필요치 않았을 터이니 말이다.”

재미있는 것은 포조가 당시 교황 요한네스 23세의 비서로 일하다 교황이 콘스탄츠 공의회에서 퇴위돼 갇히는 바람에 교황청을 떠난 직후였다는 상황이다. 교황의 권위가 붕괴되는 역사의 전환점에서 잃어버린 고대 문헌을 찾아 책 사냥을 떠난 셈인데, 《사물의 본성에 관하여》의 도발적인 일탈과 마주쳤으니 꽤나 역설적이다.

중세의 종말을 알린 한 권의 책

포조가 작업 동반자인 니콜리에게 《사물의 본성에 관하여》를 필사하게 함으로써 책은 세상에 널리 보급됐고, 이후 세계사의 물결을 바꾸게 됐다. 가톨릭교회는 얀 후스와 조르다노 브루노를 이단으로 처형함으로써 입을 막았지만 이 책을 막을 수는 없었다.

이 책은 예술에 스며들어 보티첼리와 레오나르도 다 빈치에게 영감을 주었다. 갈릴레오 갈릴레이의 천문학과 프랜시스 베이컨의 철학, 리처드 후커의 신학이론에 영향을 줬다. 로버트 버턴의 정신질환에 대한 책마저도 루크레티우스의 '쾌락'을 극대화하는 형식으로 이뤄졌다고 한다. 바티칸에 소장 중인 필사본은 마키아벨리가 직접 필사한 것으로 밝혀졌다.

몽테뉴는 책의 여백에 자신의 생각을 적어놓음으로써 이 시에 심취했다는 것을 증명했다. 토머스 홉스와 스피노자, 프로이트와 다윈, 아인슈타인도 그랬고 "나는 에피쿠로스주의자입니다"라고 했던 미국 혁명가 토머스 제퍼슨도 마찬가지였다.

저자는 이 책의 발견으로 기독교 교리에 의해 인간의 사상과 자유가 속박당한, 교회와 봉건적 지배에 의해 백성이 착취당한 '암흑의 중세'가 마감되고 '재생의 르네상스'가 태동했다고 평가한다.

이 시의 핵심에 만물을 바라보는 '근대적 관점'의 기본 원칙이 들어 있었다는 것이다. 미와 쾌락의 향유에 관한 루크레티우스의 생각을 가장 잘 체현하고 그것을 인간이 탐구할 목표로까지 밀고 나간 문화가 바로 르네상스라고 그는 강조한다.

그러나 르네상스가 근대의 토대가 됐다는 사실을 밝히는 과정에서 일방적으로 르네상스를 찬양하지 않고 당대의 퇴폐와 오염에 물든 종교와 지배계급을 비판함으로써 자신이 단순한 근대주의자가 아닌 것도 보여준다.

험난한 이국 원정까지 해야 하는 책 사냥꾼인 포조 브라촐리니의 삶을 그리면서 아름다운 글자를 만들고 그 글자로 필사하는 서법가書法家의 세계, 교황청 관리로 보낸 생애, 유능한 필사가 니콜리와 나눈 우애, 거대한 관료기구로서의 교황청의 위선과 타락까지 관찰하는 대목 또한 흥미롭다.

무엇보다 셰익스피어 연구 권위자인 21세기의 저자가 기원전 4세기의 에피쿠로스와 기원전 1세기의 루크레티우스, 15세기의 포조 브라촐리니의 극적인 만남을 입체적으로 연결함으로써 르네상스의 태동과 전개를 흥미진진하게 규명한 과정이 놀랍다.

파란만장한 주인공의 생애를 '근대의 탄생' 과정과 씨줄·날줄로 촘촘히 엮어낸 솜씨 또한 뛰어나다. 퓰리처상과 전미도서상의 영예뿐만 아니라 〈뉴욕타임스〉 등의 베스트셀러에 올라 상업적으로도 성공했다.

함께 읽으면 좋은 책

• 《르네상스를 만든 사람들》
  시오노 나나미 지음 | 김석희 옮김 | 한길사
• 《다 빈치, 비트루비우스 인간을 그리다》
  토비 레스터 지음 | 오숙은 옮김 | 뿌리와이파리

인류는 체체파리 때문에 아프리카를 떠났다
《자연은 왜 이런 선택을 했을까》

요제프 H. 라이히홀프 지음, 박병화 옮김, 이랑 펴냄

사람들이 꽃을 좋아하는 이유는 무엇일까. 당분과 영양분이 풍부한 열매는 익으면서 녹색에서 적색으로 변하거나 불그스레한 빛깔을 띤다. 영장류에게 적색과 녹색을 구분하는 능력은 매우 중요하다. 색깔을 구별할 줄 알면 그만큼 열매를 쉽게 얻을 수 있기 때문이다.

포유류 중 유일하게 색깔을 구별할 줄 아는 인류는 이런 이유로 오래전부터 꽃의 선명한 색깔을 좋아하게 됐다. 꽃의 완전한 대칭 형태는 건강의 표시이기도 해서 더욱 호감을 갖게 됐다. 안정된 대칭형이라는 것은 그 꽃이 젊고 싱싱하며 올바른 형태로 성장했다는 걸 상징하는 것이다. 사람의 생활 속에서도 대칭은 무척 중요한 의미가 있다. 살아가는 동안에 방해요인이 발생하면 사람이 병에 걸리는 연유도 여기에 있다.

기후온난화는 재앙이 아니다?

독일 진화생물학자 요제프 H. 라이히홀프가 《자연은 왜 이런 선택을 했을까》에서 들려주는 얘기 중 하나다. 그는 과학저술계 최고의 영예인 지그문트 프로이트상을 받고 독일 생물학자연맹의 트레비라누스 메달까지 받은 석학이다. 이 책에서 그는 인간의 본성과 동식물의 생태, 진화의 비밀 등을 51가지 질문을 통해 설명해준다.

그의 얘기를 듣다 보면 고개가 갸우뚱해질 때도 있다. 예들 들어 "생물 종이 위축되는 가장 큰 원인은 농업"이라는 주장이 그런 것이다. 화학비료 남용으로 토양의 비옥도가 지나치게 높아져서 다채로운 꽃이나 나비, 새가 사라졌다는 말이다. 심지어 초원에 민들레만 만발하게 될 판이라고 걱정한다. 왜? 어떤 종이든 영양과잉에 견딜 수 있는 것은 매우 드물다고 그는 얘기한다. 지구상의 진화가 영양결핍에 적응하는 과정으로 진행됐기 때문이라는 것이다.

그는 도시가 야생동물의 새로운 서식지가 되고 있다고 주장해서 환경운동의 이단자로 낙인찍히기도 했다. 물론 지금은 그 판단이 옳았다는 게 입증됐다. 실제로 독일의 어느 지역보다 베를린에서 다양한 조류가 둥지를 틀고 있다고 한다.

그의 연구 주제는 이 같은 생태계의 변화 흐름이다. 특히 과거의 온난기가 인류와 자연에 유용했으므로 기후온난화는 재앙이 아니라는 대목에 눈길이 간다. 기후온난기에 다양한 종이 출현했고, 수확도 풍부해졌으며, 그 덕분에 찬란한 문화가 꽃필 수 있었다는 것이다.

사람의 몸과 육식의 상관관계

그의 설명을 문답식으로 하나씩 짚어보자. 왜 새는 알을 낳을까? 그의 얘기를 요약하면 이렇다. 새의 체온은 매우 높다. 40~42℃ 되는 상태에서도 엄청나게 먼 거리를 비행한다. 지속적으로 고온을 유지하는 조류의 체내에서는 알을 제대로 부화할 수 없다. 체내에서 부화하려면 체온을 낮추어야 한다.

조류의 높은 물질대사와 이로 이한 고체온은 비행 능력에 필수적인 요건이지만 체내에서 알을 키울 때는 단점으로 작용하는 것이다.

그러면 사람의 몸은 왜 항상 따뜻할까? 에너지 활용뿐만 아니라 뇌 기능과도 연관이 있다고 한다. 인류는 따뜻한 체온을 유지하면서 필요할 때만 엔진을 가동하는데, 이것이 땅 위에서 빠르고 능숙하게 이동할 수 있는 비결이라는 것이다.

반면 체온이 일정치 않은 파충류는 에너지를 효율적으로 쓰지 못하기 때문에 이동 속도가 매우 느릴 수밖에 없다. 그러고 보니 "점점 더 빨리, 점점 더 높이, 점점 더 멀리"라는 표현이야말로 척추동물의 진화를 잘 설명해주는 말이다.

사람은 머리에 털이 집중적으로 나 있는데 왜 그럴까? 우리 피부에 있는 수백만 개의 땀구멍과 관련이 있다고 한다.

"우리가 땀을 흘리면 땀구멍에서는 차가운 수분을 내보내 열-탈취 작용을 한다. 인류가 믿을 수 없을 만큼 많은 일을 할 수 있는 것은 땀을 잘 흘리기 때문이다. 땀 흘리는 기능은 모든 포유류 중에서도 인류가 가장 뛰어나다. 여기서 또 하나의 필연적인 결과가 생긴다. 인류는 곧 노동의 동물이 될 수밖에 없는 것이다."

이는 채식이나 육식 등 식생활과도 상관이 있을까? 인류는 상대적으로 큰 뇌를 갖고 있는데 이는 신체가 감당할 수 있는 것보다 3배 이상 크다. 이렇게 큰 뇌로 생각하고 지적인 행동을 하는 것은 인류의 전형적인 특징이기도 하지만, 이를 유지하는 데에는 그만한 노력이 필요하다고 한다.

"정상적인 활동을 할 때 뇌의 용량은 몸 전체의 2%에 지나지 않지만 에너지 소모는 전체의 20%를 차지한다. 모체가 단백질과 지방을 섭취한 덕에 아이의 뇌는 크게 발육할 수 있었다. 이런 성분은 식물성 먹이에는 별로 없고 큰 짐승의 살과 뼈, 생선과 조갯살에 풍부하다. 수렵과 채취 생활을 하던 석기시대에도 생존방식에 결정적인 구실을 한 것은 사냥의 성공 덕이지 채소와 열매는 아니었다."

탈아프리카와 이주에 영향 미친 체체파리

인류의 조상이 아프리카를 떠난 까닭은 무엇일까? 1960년대 영화 〈세렝게티를 살려야 한다〉로 동아프리카 자연보호 선구자가 된 베른하르트 그르지멕은 체체파리를 '아프리카 최고의 자연보호자'라고 불렀다. 체체파리가 활동하는 곳에서는 어디에서든 인류와 동물이 쫓겨났기 때문이다.

"유목생활을 하는 사람들이 동물을 먹이기 위해 초원을 이용할 수 있는 시기는 체체파리가 활동하지 않는 건기뿐이다. 인류 조상의 첫 번째 집단은 약 11만 년 전에 아프리카를 떠났는데 이는 아프리카가 대대적으로 습해진 온난기에 일어났다. 체체파리는 세 차례의 대대적인 탈아프리카 과정뿐 아니라 우리가 아는 소규모 이주에 대한 원인을 제공했을 가능성이 높다."

피부색이 다른 이유는 뭔가? 인류 종의 일부가 유난히 흰 피부색을 갖게 된 것은 위도가 높은 북쪽 지역에서 육식이라는 단조로운 영양생활을 한 데서 비롯된 것이라고 한다. 영양 비율이 달라지면서 체형도 다르게 발달했는데, 추운 아시아와 후대의 북아메리카인은 둥근 얼굴에 키가 작고 마른 몸을 갖게 됐고 아프리카 열대에 사는 사람은 키가 크고 날씬해졌다는 것이다.

인류와 말의 특별한 관계는 어디에서 유래하는가? 해답은 사람과 말 사이에 형성된 기마문화에 있다고 한다. 인간과 말은 일종의 생존 공동체이자 공생관계로 표현할 수 있다는 것이다.

"말은 사육의 혜택을 받으면서 맹수의 위협이나 질병으로부터 보호를 받았고, 기마민족은 암말의 젖을 먹거나 이를 발효해 알코올성 음료로 마시기도 했다. 사람들은 말에 마구를 채워 이용했다. 말의 힘은 지금까지도 자동차를 포함해 동력의 기준이 되는 마력이라는 단위로 표현된다. 농부들이 짐을 나르는 역축役畜으로 말을 이용하기까지는 오래 걸리지 않았다. 예부터 사람이 말고기를 먹는 경우는 거의 드물었는데, 이는 말을 동료로 생각한 사람들이 자비를 베푼 것이었다."

생명의 실타래를 푸는 명쾌한 역설
《생명을 읽는 코드, 패러독스》

안드레아스 바그너 지음, 김상우 옮김, 와이즈북 펴냄

남아메리카가 원산지인 부레옥잠은 불과 12일 만에 군락지가 2배로 커질 정도로 빨리 자라는 수중식물이다. 그 아름다움 때문에 한때 미국에서 아주 인기 있는 연못식물이었지만 지금은 세계에서 가장 악명 높은 수중 잡초가 됐다. 부레옥잠은 잎이 너무 무성해 다른 식물들을 질식시킬 뿐만 아니라 강과 호수의 길을 막아 배의 운행까지 방해했다.

자살하는 세포, '팽창하라'는 명령을 전달하는 태아의 신경관 세포, 러시안룰렛 게임을 하는 박테리아 등 생명의 세계는 우리의 이해를 넘어설 때가 많다.

1937년 타히티의 식물원에 자주색 잎을 가진 장식용 나무 미코니아가 들어왔다. 그 열매를 먹은 새들이 씨앗을 야생 숲에 퍼뜨리면서 이 나무는 번성했다. 그렇게 무성해진 잎은 타히티의 광대한 지역을 덮었고 결국 토착 나무들의 생존을 위협하게 됐다.

이란이 서식지인 인도몽구스는 1800년대 후반 쥐를 퇴치하기 위해 모리셔스, 피지, 하와이로 들여오게 됐다. 아주 재빠른 포식자 인도몽구스는 쥐뿐만 아니라 토착 조류와 파충류, 양서류까지 멸종시켜버렸다.

왜 이런 일들이 일어나는 걸까. 미국 뉴멕시코 산타페연구소 외부교수인 안드레아스 바그너는 《생명을 읽는 코드, 패러독스》에서 "영원히 안전한 삶도 없고 영원히 위험한 삶도 없다. 이는 생명을 이해하는 패러독스의 한 단면"이라고 말한다.

그에 따르면 미시세계에서는 더 놀라운 일이 펼쳐진다. 자살하는 세포, 세포 분자들 간 대화, 섹스 없는 유전자 교환, '팽창하라'는 명령을 전달하는 태아의 신경관 세포, 러시안룰렛 게임을 하는 박테리아 등 생명의 세계에는 우리의 이해를 뛰어넘는 많은 이야기가 숨어 있다.

이런 얘기들은 자연이 설명하기 힘든 어떤 '의미'의 세계이자 이들이 무수하게 교환되는 '커뮤니케이션'의 세계라는 것을 말해준다. 생명 현상에는 겹겹이 쌓인 중층 구조의 복잡한 과정들이 숨어 있다.

우리 인간은 이런 의미의 세계를 극히 일부분만, 그리고 표면적으로만 알고 있을 뿐이다. "우리는 아직 자연이 보여준 모습의 10만 분의 1도 모른다"는 아인슈타인의 말이 그냥 나온 게 아니다.

이처럼 숨겨진 의미의 세계를 파악할 수 있는 관점 중 하나가 패러독스의 인식이라고 그는 얘기한다. 그의 지적처럼 우리와 우리를 둘러싼 세계는 패러독스로 가득 차 있다.

그는 "대량 멸종 또한 스펙터클한 생명의 드라마이긴 하지만 이는 영겁의 세월 동안 진행되어온 수많은 멸종 드라마 중 한 편에 불과하다. 이 드라마는 생명의 존재와 함께 시작되었으며 지금도 진행되고 있다"고 설명한다.

나와 타자는 운명의 사슬로 연결된 '기생' 관계

"과거가 말해주는 생명의 이야기는 지금까지 지구상에 존재했던 종들 중 99.9%가 사라졌다는 것이다. 따라서 과거의 성공(또는 현재의 성공)이 미래의 성공을 보여주는 지표는 결코 아니다. 성공적인 삶의 재앙적인 실패는 위험과 안전, 실패와 성공이 비록 상반된다 해도 필연적으로 연계되어 있음을 보여준다."

그는 또 "생명을 창조하는 근본 요인이 나와 타자, 본성과 후천성, 물질과 정신, 부분과 전체, 우연과 필연, 창조와 파괴 등 역설적 긴장인 만큼 이런 패러독스를 인식함으로써만 우리가 세계를 넓은 시각으로 조망할 수 있다"고 강조한다. 그중에서도 생명의 패러독스를 가장 극적으로 보여주는 예는 나-타자의 관계라고 분석한다.

"나와 타자의 운명은 대단히 긴밀하게 연결되어 있기 때문에 서로가 서로의 운명에 깊은 영향을 끼친다. 인간이 만들어낸 '기생충'이란 용어는 운명의 사슬을 명료하게 말해준다. '기생'은 모든 동식물에 해당되는 본질적인 특성이다. 가장 적게 해를 끼치는 식물도 햇빛 경쟁을 하면서 자기보다 힘없고 작은 식물의 햇빛을 앗아간다. 다른 동식물의 무수한 죽음과 파괴를 통해 생명을 유지하는 인간은 지구상에서 가장 거대한 기생동물의 위치를 차지하고 있다."

우리가 나누는 대화의 메커니즘에서도 이런 현상을 볼 수 있다고 한다. 흔히 대화는 물질이 필요 없는 의미 전달 과정이라고 생각하지만 대화는 무수한 물질이 개입해야 가능한 물질과 의미의 상호작용이라는 것이다.

"대화가 이루어지려면 음파로 압축된 공기분자가 이동해야 하고, 우리 뇌의 신경세포를 발화시키는 신경전달물질이 작동해야 한다. 사실 일상적 세계는 '물질'과 '의미(정신)'의 분리가 불가능한 세계다. 따라서 우리의 고정된 관념으로는 생명의 세계를 있는 그대로 파악하기 힘들다. 우리가 발견한 자연법칙도 자연을 해석하는 하나의 확률법칙일 뿐 자연의 내적 적합성을 말해주진 않는다."

이 같은 역설적 관계는 지금의 우리 사회에도 중요한 통찰을 제공한다. 경제학에서 자주 인용하는 '죄수의 딜레마'도 마찬가지다. 죄수의 딜레마 상황은 비즈니스 협상이든, 이혼 협상이든, 군비 경쟁이든 우리 일상에서 늘 부딪히는 문제다. 나의 운명과 타인의 운명이 강하게 결부되어 있기 때문이다.

인간의 파괴적 관계를 가장 잘 보여주는 예가 바로 전쟁 당사국들이다. 그는 남한과 북한, 동독과 서독의 분쟁을 언급하면서 "이 분쟁 사례는 인간이야말로 자아와 타자가 관련되어 있다는 것을 무시하는 장본인이자, 자아와 타자에 대한 아주 근시안적인 견해를 가진 존재임을 말해준다"고 꼬집는다.

더 역설적인 것은 수백만 명을 죽이고 수세대 동안의 업적을 파괴하는 과정에서 결국 우리는 분노에서 고통스럽게 깨어나지만 이때는 왜 그런 분노가 터지게 되었는지도 모르는 경우가 많다는 것이다.

무수한 우연적 현상이 '생명'이라는 필연으로 귀결된다

우연-필연의 역설도 그렇다. 경제학자 토머스 셸링은 인종 간 거주지 분리 현상이 고착되는 이유가 실은 노골적인 인종차별 때문이 아니라 수많은 우연적 현상에 의한 미묘한 선택에서 비롯됐다는 것을 증명해 노벨경제학상을 받았다. 우리가 취미나 가치관이 비슷한 사람을 조금 더 선호하는 것처럼 애초에 희미하던 선호들이 쌓이고 쌓여 완전한 거주지 분리가 형성된다는 것이다.

이처럼 예측 불가능한 무수한 우연의 선택들이 예측 가능한 법칙으로 고착되는 현상은 자연과 인간 세계에서 얼마든지 볼 수 있다. 미세 분자가 세포 군집, 더 나아가 한 개체와 친족의 운명을 결정짓는다. 그래서 그는 "불확정성 원리가 지배하는 무수한 우연적인 현상들이 '생명'이라는 필연의 세계로 귀결된다"고 설명한다. 이런 역설적 관계의 상호성을 파악해야 인간과 생명을 보다 근본적으로 이해할 수 있다는 얘기다.

신비로운 자연현상들과 이해하기 힘든 인간의 상호작용들을 '패러독스'라는 새로운 렌즈로 비춘 그의 작업은 지금까지 생물학이 가르쳐온 모든 것을 뒤집어볼 수 있는 성찰의 기회를 제공한다.

미생물 연구 사례가 너무 많이 들어 있어 일반인에게는 다소 어렵게 느껴질 수도 있지만 그만큼 성실한 학자로서의 면모를 확인시켜주는 것이기도 하다.

함께 읽으면 좋은 책

• 《내 속엔 미생물이 너무도 많아》

에드 용 지음 | 양병찬 옮김 | 어크로스

기생하거나… 위험한 동거… 공생하거나
《기생충, 우리들의 오래된 동반자》

정준호 지음, 후마니타스 펴냄

앰뷸런스의 옆이나 뒷면에는 뱀이 지팡이를 휘감고 있는 문양이 그려져 있다. 이는 미국의학협회AMA를 비롯해 대한응급구조사협회 등 다양한 의학협회들을 상징하는 표시다.

사람의 생명을 구하는 구급차에 왜 사악한 뱀이 새겨져 있을까. 이 상징에 등장하는 지팡이는 그리스 신화에 나오는 의술의 신 아스클레피오스Asclepius의 것이며, 뱀은 메디나충을 의미한다. 과거 '불뱀'으로 불리던 메디나충을 막대기에 감아 빼내는 모습을 뱀과 지팡이로 형상화한 것이다.

유충에 오염된 물을 마실 때 인체에 들어오는 메디나충은 1년가량의 잠복기를 거쳐 알을 낳기 위해 발목이나 종아리의 살갗을 파고 나온다. 이 과정에서 마치 피부가 타들어가는 듯한 극심한 통증을 유발한다. 그리스에서는 메디나충증의 원인을 '불타는 바다뱀'

에 물렸기 때문이라는 기록을 남기기도 했다.

모든 생물이 적어도 한 종류 이상 가지고 있고, 지구 생명 종의 절반 이상을 차지하는 '가장 보편적인 생물'이 바로 기생충이다.

이 책은 기생충이라는 키워드를 통해 지구상의 생물들이 기생 혹은 공생하며 살아가는 이야기를 들려준다. 또한 기생충 문제를 해결하기 위해서는 빈곤과 사회 불평등, 환경문제를 고려하는 등 근본적인 접근이 필요하다는 것을 일깨워주고 있다.

태초에 기생충이 있었다

《기생충, 우리들의 오래된 동반자》를 읽다가 메디나충에 관한 부분에서 놀랐다. 인간의 역사 속에 남겨진 기생충의 발자취가 신화와 과학의 영역까지 넘나들고 있었다. 구약성서에도 메디나충에 대한 이야기가 나온다고 한다.

"여호와께서 불뱀들을 백성 중에 보내어 백성을 물게 하시므로 이스라엘 백성 중에 죽은 자가 많은지라 / 백성이 모세에게 이르러 말하되 우리가 여호와와 당신을 향하여 원망하므로 범죄하였사오니 여호와께 기도하여 이 뱀들을 우리에게서 떠나게 하소서 모세가 백성을 위하여 기도하매 / 여호와께서 모세에게 이르시되 불뱀을 만들어 장대 위에 달아 물린 자마다 그것을 보면 살리라 / 모세가 놋뱀을 만들어 장대 위에 다니 뱀에게 물린 자가 놋뱀을 쳐다본즉 모두 살더라"(민수기 21장 6~9절)

기생충과 인간, 지난한 힘 겨루기의 역사

영국 런던대학 위생열대의학대학원에서 기생충학으로 석사학위를 받은 저자는 기생충이 생존경쟁 과정에서 어떻게 진화하고 인간과 함께했는지 그 역사까지 아우른다. 앞부분에서는 기생충과 숙주, 뒷부분에서는 기생충과 인간사회를 입체적으로 다룬다.

1장과 2장은 《파브르 곤충기》처럼 기생충이란 무엇인지, 어떻게 생존하고 번식하며 다른 생물(숙주)과 기생 또는 공생이라는 위험한 줄타기를 하고 있는지 흥미진진하게 보여준다. 또 숙주가 기생충에 대항해 어떻게 싸워왔으며 이런 경쟁이 기생충과 숙주의 진화에 어떤 영향을 주었는지 이야기한다. 실제 생물들의 사례를 들어 기생충과 숙주의 '밀고 당기기'를 보여주는 게 흥미롭다.

3장에서는 기생충이 인간에게 얼마나 폭넓은 영향을 미쳤는지 신화와 제국 속의 기생충, 제3세계 개발과 '소외 열대 질환' 및 기생충 질환을 극복하기 위한 투쟁, 천연두 박멸 등에 얽힌 얘기를 담았다.

4장에서는 운송수단의 발달과 지구온난화, 잘못된 개발 등으로 기생충 매개체와 기생충 질환이 악화되고 있음을 지적하면서 광범위한 약물 투여로 기생충 문제를 쉽게 해결하려는 시각이 잘못된 결과를 낳았다는 사실까지 짚는다.

저자는 질병 매개체를 관리하고 사람들이 위험지역에 노출되지 않도록 해야 하며, 빈곤과 사회 불평등 문제를 개선하고 개발 과정에서 환경문제를 고려하는 등 근본적이고 다각적인 접근이 필요하다는 점을 일깨운다. 단순한 약물 투여가 아니라 기생충의 의학적·친환경적 활용 가능성도 제시한다.

그는 "지구상의 모든 생물은 적어도 한 종류 이상의 기생충을 가지고 있으며 그 속에는 기생충에 기생하는 기생충들이 또 있다"고 얘기한다. 기생충은 독특하고 희귀한 생물이 아니라 지구 생명 종의 절반 이상을 차지하는 '가장 보편적인 생물'이라는 것이다. 그의 표현대로 기생충은 '더럽고 징그럽고 없애야 할 대상'이 아니라 지구와 생명체를 이루는 보편적인 생물이다.

그는 또 "기생충과 인간의 달리기는 끝나지 않았다"고 말한다. '달리기'란 먹고 먹히는 경쟁관계의 생물들이 항상 함께 진화하고 있으므로 얼마만큼 진화했는지와 상관없이 진화의 상대적 위치는 같다는 것을 설명하는 이론이다. 인간이 박멸했다고 믿었던 기생충들이 좀 더 강한 모습으로 돌아오고 있기 때문이다.

운송수단의 발달로 동아시아에 서식하던 흰줄숲모기가 미국과 유럽으로 퍼져나갔고, 아프리카를 여행하는 사람들이 늘면서 원주민만을 대상으로 하던 수면병에 아시아인이나 유럽인이 걸리기도 한다. 외부에서 들어온 조류 말라리아로 갈라파고스펭귄의 개체 수가 급감했으며, 지구온난화는 기생충의 매개체인 모기의 활동범위를 확대했다.

"세계 인구의 5분의 1이 기생충에 감염되어 있으나 이들 대부분이 기본적인 의료 혜택을 받지 못하는 지역에 사는 사람들이다. 이렇게 우리의 관심에서 멀어진 질병을 소외열대질환NTD이라고 하는

데, 전 세계에서 약 13억 명 이상이 이 질병들로 고통받고 있다. 그럼에도 불구하고 열대 질환의 위험지역에서 벗어난 곳에서 살고 있는 많은 사람들은 이런 질환이 오래전에 사라졌다고 생각하거나 상당히 드문 질병으로 알고 있다."

사람 회충은 하루 약 20만 개의 알을 낳는다고 한다.

"중국 사람들의 대변에 섞여 나오는 회충 알의 무게는 연간 약 1만 톤에 달한다. 쥐에 기생하는 촌충이 하루 생산하는 알은 25만 개, 한 해에 1억 개가 넘는 알을 만들어낸다. 이 알들이 모두 생존해 성충이 된다면 약 20톤이 넘는 촌충이 된다. 지구 표면이 얼마나 많은 기생충 알로 뒤덮여 있을까. 또한 생태계의 먹이그물 안에서 각각의 생물이 맺는 관계의 75%가량이 직간접적으로 기생충과 관련이 있다. 즉 한 생명체가 다른 생명체와 소통하는 방식의 넷 중 셋은 기생충을 통한다는 뜻이다."

기생충은 어떻게 생존하고 번식할까. SF영화나 소설의 모티브가 되기도 하는 '숙주 조종'이 대표적이다. 기생충은 중간숙주를 조종해 그다음 숙주에 잡아먹히게 하고는 자신은 적당한 시점에 다른 숙주로 옮아가기도 한다.

예를 들어 물을 싫어하는 귀뚜라미는 연가시에 감염되면 물에 빠져 자살한다. 성충이 된 연가시가 귀뚜라미의 몸에서 나와 물로 돌아가 짝짓기를 해야 하기 때문이다.

고치벌이라는 기생 말벌의 유충은 티린티나 나방의 애벌레 안에서 애벌레를 먹이 삼아 자라다가 충분히 성장하면 몸 밖으로 나와 고치를 형성하는데 이때 숙주였던 애벌레는 아무것도 먹지 않은 채 고치 위로 실을 내뿜어 더 단단하게 고정시키고 다른 위협이 다가오면 머리를 격렬하게 흔들어 포식자를 쫓아낸다. 기생 말벌이 부화하면 모든 에너지를 소모한 애벌레는 죽는다.

이 같은 연관 고리를 알고 나면 그동안의 고정관념이 달라질 수밖에 없다. 따라서 그는 기생충 질환이 발생하는 근본적인 문제를 고려하지 않고 약 몇 알로 박멸할 수 있다고 보는 기존의 관점을 바꿔야 한다고 말한다.

가능성의 생물, 기생충

기생충 학자답게 기생충 자체가 갖는 가능성에 대해서도 주목한다. 기생충을 통해 오랜 옛날 인류의 이동이나 생활사를 연구하는 고기생충학, 약한 말라리아로 신경매독 치료하기, 곰팡이로 해충 퇴치하기, 돼지 편충 알로 난치병인 크론병 치료하기 같은 사례는 기생충의 새로운 면모를 보여준다.

그는 편집자와의 인터뷰에서 "기생충의 세계를 알면 알수록 재미있고 흥미진진하다. 스릴러도 있고 로맨스도 있고 희로애락이 모두 녹아 있다고나 할까. 공부를 하다 보면 상식이 깨지는 경우가 많다. 위생 가설에서처럼 기생충이 좋은 역할을 할 때도 있다"고 말했다.

"사례 논문을 읽고 어느 날 메디컬 드라마를 보면 거기에 그 기생충 이야기가 나오기도 한다. 무엇을 상상하든 상상 그 이상이랄까.

또한 기생충은 해석의 여지가 워낙 다양하다. 그래서 신화에서 메타포로도 많이 사용된다. 소재는 작지만 그것으로 생각하고 상상할 수 있는 여지가 풍부하다는 점도 재미있다."

그러고 보니 단순한 기생충 하나에도 '우주'가 들어 있다. 그 생태 비밀에서 무한한 '상상력의 유충'을 발견하는 것은 우리의 몫이다.

함께 읽으면 좋은 책
- 《기생충 제국》칼 짐머 지음 | 이석인 옮김 | 궁리
- 《서민의 기생충 콘서트》서민 지음 | 을유문화사

그리스에서 찾는 현대 과학의 뿌리
《세상의 과학은 어떻게 시작되었는가》

스티븐 버트먼 지음, 박지훈 옮김, 예문 펴냄

고대 그리스의 극장 중 현재까지 가장 잘 보존된 원형극장은 아테네 남서쪽의 에피다우루스 성지에 있다. BC 4세기에 폴리클레이토스 2세가 만든 이 원형극장은 1400명 이상을 수용할 수 있는 규모로 완벽한 음향시설을 자랑한다.

지금도 제일 높은 자리인 55열에서도 무대 아래쪽의 희미한 목소리나 동전 떨어지는 소리를 확성장치 없이 들을 수 있다.

사람들은 완벽한 음향이 나오는 비결을 궁금해했다. 어떤 이는 반원 형태의 좌석 공간을 대칭으로 설계한 덕분이라고 생각했고, 어떤 이는 청중을 향해 부는 바람이 배우들의 목소리를 잘 전달해줬을 것이라고 분석했다.

하지만 대칭 설계가 다 완벽한 음향 효과를 제공하는 것도 아니었고, 빠른 바람 역시 소리를 키우기보다 잠재우는 것으로 드러났다.

에피다우루스 원형극장의 비밀은 2007년 미국 조지아공과대학 과학자들이 밝혀냈다. 완벽한 음향의 비결은 계단식 관중석의 재료인 석회암이었다.

니코 데클레르크 등 연구진은 석회암 계단들이 청중의 웅성거림과 같은 저주파를 흡수해 배경 소음을 줄이는 여과 기능을 발휘했으며, 고주파를 청중석으로 반사해 효과를 증폭하는 기능까지 갖고 있다고 분석했다.

계단식 청중석 표면이 이루는 굴곡은 천연적인 음향포착 기능을 했다. 이 과정에서 배우의 저주파 음역까지 흡수될 것 같지만 실제로 청중은 '버추얼 피치'라 불리는 현상을 통해 음역의 사라진 부분을 머릿속에서 복구한다는 것이다. 이는 전화 통화를 할 때 상대방의 음성을 저주파 없이 듣는 것과 같은 현상이라고 한다.

그리스인은 이처럼 고대 시절부터 수학과 음악의 원리를 응용하고 사람의 목소리를 증폭하기 위해 화성학의 원리를 극장 설계에 활용했던 것이다.

현대 과학의 근원이 된 고대 그리스 문명

미국 인문학자 스티븐 버트먼은 이 책《세상의 과학은 어떻게 시작되었는가》에서 "과학의 역사는 음향학과 광학, 수학 등을 자유자재로 이용한 고대 그리스인의 머릿속에서 시작됐다"고 말한다.

그리스, 로마 등 근동 문명 연구의 대가인 그는 신화와 고대 문학

작품, 발명품에서 그리스인의 과학적 상상력과 기술의 흔적을 밝히며 과학사를 흥미진진하게 풀어나간다. 수천 년 전 그리스 문명의 과학이 어떻게 현대 문명의 모태가 됐는지도 설명한다.

약 100년 전 그리스 안티키테라 섬 앞바다에서 발견한 괴상한 모양의 석회덩어리 얘기도 흥미롭다. 로마 시대에 침몰한 난파선을 발굴하던 다이버들은 이것이 부서진 배의 잔해라고 생각했다.

그러나 수분이 빠지고 틈이 갈라지자 석회덩어리에서 그리스어가 드러났다. 수십 개의 톱니바퀴와 다이얼도 나타났다. 2000여 년 전 고대 그리스에서 만든 천체 컴퓨터였다.

이것은 단순히 천체의 위치만을 알아보는 톱니기계가 아니었다. 몇 년 전 영국의 한 박물관에서 재현한 이 기계(안티키테라 메커니즘)의 기능은 놀랍다. 기계의 손잡이를 돌리면 달과 다섯 개 행성의 위치를 알 수 있다. 심지어 과거나 미래의 어느 시점을 기준으로 삼을 수도 있다.

한 달 후나 수개월 전의 천체 위치까지 한눈에 파악할 수 있다. 기어장치도 2000년 전에 제작됐다고 믿을 수 없을 정도로 정교하다.

인류 최초로 컴퓨터, 로봇, 증기기관 등 만들어내

이것을 만든 사람들 역시 인류 최초로 과학이라는 학문을 만들고 연구한 그리스인이었다. 저자는 "그들이 과학의 다양한 분야를 탄생시키고 컴퓨터와 로봇, 증기기관 등 당시의 기술이라고는 상상할 수 없는 발명품들을 만들어냈다"고 얘기한다.

거울을 비롯한 광학기술의 적용 사례를 보자. 페르세우스와 메두사 얘기에 이런 대목이 나온다.

"그리스 신화에 등장하는 메두사는 보는 순간 돌로 변하는 무서운 고르곤 괴물이었다. 이 괴물을 해치우겠다고 결심한 영웅 페르세우스는 아테나 여신으로부터 반들반들한 구리방패를 얻고 이를 교묘히 이용하는 방법을 배웠다. 거울을 전쟁에 이용한 적도 많다. 아르키메데스가 발명한 가장 화려한 무기는 '죽음의 광선'으로 알려신 레이저 총과 같은 장치였다. 이 무기는 시라쿠사의 항구로 돌진하는 로마의 전투함대를 불태울 수 있었다."

대형 거울을 태양 쪽으로 기울여 광선을 모으고 한낮의 뜨거운 햇빛을 반사시켜 배를 불태웠던 것이다. 저자는 "빛의 굴절에 관한 그들의 연구 덕분에 오늘날 우리가 안경을 쓰고 콘택트렌즈를 통해 시력을 교정하는 일이 가능했다"면서 "이것이 또 현미경과 망원경의 발명으로 이어져 우주를 탐험할 수 있게 했다"고 말한다. 또 "차등굴절의 원리에서 광섬유가 개발됐다"고 설명한다.

"현대 과학은 투명한 필라멘트가 굴절률이 낮은 물질로 둘러싸이면 필라멘트를 통해 빛의 자극이 이동할 수 있다는 사실을 발견했다. 광섬유란 이러한 발견의 산물이며, 광섬유가 전달하는 정보는 구부러진 케이블을 통해 거의 빛의 속도로 이동할 수 있다. 이는 수천 년 전 클리템네스트라 왕비가 거리를 두고 타오르던 봉화를 이용해 아가멤논 왕이 트로이에서 돌아오는지 알아보던 원시적인 방법과 크게 다르지 않다."

기계학의 위대한 성과도 다룬다. 그리스의 기계학자이자 물리학자 헤론은 일종의 증기터빈인 '헤론의 기력구汽力球'와 수력 오르간 등 여러 가지 자동장치를 발명했다.

"헤론의 장치는 약간 떨어져 같은 방향을 향해 있는 2개의 수직관이 달린 유리공으로 만들어졌다. 물을 가득 채우고 수평축 위에 놓은 다음 밑을 데우면 구부러진 수직관의 끝에서 증기가 분출되어 뉴턴의 제3운동법칙에 의해 공이 회전했다. 공이 회전하는 속도는 당시의 그 어느 기계보다도 빨랐다. 손수 그린 매뉴얼 '뉴매틱'에서 헤론은 이 놀라운 발명품을 제조하는 간단한 설명을 첨부했다. 어떻게 이 경이로운 발명품이 이용될 수 있는지 그조차 상상하지 못했던 것으로 보인다. 만일 그랬다면 그가 1500년이나 앞서 산업혁명의 싹을 틔웠을 것이다."

고대 그리스인의 과학적 상상력 근원은 '이성'

제대로 된 연구설비도 없던 시대에 그리스인은 어떻게 이처럼 다양한 분야를 연구할 수 있었을까. 저자는 그들이 추구한 '이성' 덕분이었다고 분석한다. 그리스인은 처음으로 과학적 상상력을 가로막던 신화에 반기를 들고 이성으로 우주의 언어를 듣고 해석했는데 그 언어가 바로 수학이었다는 것이다.

수학이란 특정한 사물을 단순히 측정하거나 계산하는 수준을 넘어 만물의 현상이 변함없이 따르는 불변의 법칙이다. 우주가 말하는 시공간의 그 '언어'를 터득하는 과정에서 그리스인은 대자연의 가장 근본적인 원리에 접근할 수 있었다고 그는 설명한다.

이처럼 그리스인이 남긴 위대한 유산을 언급하면서 그는 과학의 미래에 대한 걱정도 털어놓는다. 과학의 미래는 타협을 모르는 굳건한 자세와 변치 않는 신념에 달려 있는데 객관적 진실이 정치적 의도에 꼬리를 내리고, 금전적 이익에 휘둘리고, 대중의 무관심에 시든다면 고대 그리스인보다 오히려 후퇴하게 될 것이라는 지적이다.

그는 또 "대자연의 미스터리는 아직 우리가 정복하지 못한 세계가 남아 있다는 것을 뜻하므로 끊임없이 '미지의 세계'를 탐험해야 한다"며 《율리시스》에 나오는 말을 인용한다. "생각의 한계 너머로 저무는 별처럼 지식을 뒤쫓아야 한다."

그리스인은 수학과 음악의 원리를 응용해 원형극장 설계에 활용하고, 컴퓨터와 로봇, 증기기관을 발명했다. 저자는 신화와 고대 문학작품, 발명품에서 그리스인의 과학적 상상력과 기술의 흔적을 밝히며 과학사를 흥미진진하게 풀어나간다. 수천 년 전 그리스 문명의 과학이 어떻게 현대 문명의 모태가 됐는지도 설명한다.

시간의 화살, 물리학을 꿰뚫다
《현대물리학, 시간과 우주의 비밀에 답하다》

숀 캐럴 지음, 김영태 옮김, 다른세상 펴냄

제1차 세계대전 말기인 1918년 여름 미국 뉴올리언스. 80세의 외모를 가진 아기가 태어난다. 그 이름은 벤자민 버튼. 그를 낳던 중 엄마는 세상을 떠난다. 사랑하는 아내를 잃은 분노와 아이의 괴상한 외모에 경악한 아버지는 그를 '놀란 하우스' 양로원 현관 앞에 버린다.

양로원에서 일하는 퀴니에게 발견된 벤자민은 퀴니를 엄마로, 그곳의 할아버지와 할머니들을 친구로 삼고 살아간다. 그런데 그는 해가 갈수록 젊어지는 자신을 발견하고 놀란다. 이제 12세가 되어 60대 외형을 갖게 된 그는 어느 날 할머니를 찾아온 6세의 데이지를 만나게 되고 데이지의 푸른 눈동자를 영원히 잊을 수 없게 된다.

이제 제법 중년의 모습이 된 벤자민은 바다를 항해하며 세상을 알아가고, 데이지는 뉴욕 무용단에 합류해 인생의 절정기를 보낸다.

둘은 끝없이 만나고 헤어지는 과정 끝에 마침내 서로 함께하는 '스 윗 스폿sweet spot'의 시기를 맞는다.

나이가 엇비슷해진 짧은 그 순간을 놓칠 수 없었던 이들은 불같은 사랑을 나눈다. 그러나 그는 날마다 젊어지고 그녀는 점점 늙어가는데….

80세 노인의 모습으로 태어나 시간이 지날수록 젊어지는 내용을 다룬 영화 〈벤자민 버튼의 시간은 거꾸로 간다〉의 줄거리다. 피츠제럴드의 단편소설을 모티브로 한 이 영화는 〈백 투 더 퓨처〉, 〈거울나라의 앨리스〉 등과 함께 시간여행이라는 흥미로운 소재를 다루고 있다.

'시간의 화살'과 관련된 현대물리학의 최신 이론 분석

숀 캐럴의 《현대물리학, 시간과 우주의 비밀에 답하다》는 이처럼 친근한 사례들과 함께 '시간의 화살'을 설명하며 우리를 최첨단 이론물리학의 세계로 인도한다. 캘리포니아공과대학의 이론물리학자인 그의 주장은 시간의 속성인 '시간의 방향성'에 근거를 두고 있다.

사실 영화에서 보는 것처럼 시간을 거꾸로 흐르게 할 수는 없다. '시간의 화살'은 과거에서 미래로 향한다. 저자는 이를 아인슈타인이 예상하지 못한 빅뱅 이전에 존재한 조건들에서 비롯됐다고 말한다. 물리학계의 지지를 받아온 빅뱅을 우주의 시작으로 생각하는 기존 이론들에 비추어볼 때 이는 혁신적인 관점이다.

지금까지 출간된 현대물리학 관련 서적들이 우주론에 초점을 맞춘 데 비해 이 책은 기존 틀에서 벗어나 '시간의 화살'과 '엔트로피' 관련 이론을 집중 분석한다. 그럼으로써 현대 과학과 물리학이 어디까지 와 있으며 어떤 방향으로 나아가는지를 일깨워준다.

저자는 '시간의 화살'을 연구하기 위해 현대물리학의 핵심인 특수상대성이론 및 일반상대성이론, 양자역학, 입자물리학, 엔트로피, 카오스, 끈 이론, 블랙홀, 타임머신, 다중우주, 아기우주 등을 총동원한다.

또 갈릴레이부터 뉴턴, 아인슈타인, 슈뢰딩거를 거쳐 호킹, 펜로즈까지 많은 물리학자를 등장시켜 현대 과학이 추구하는 융합과학의 특성을 보여준다. 시간과 공간은 어디에서 생겨났으며, 우리가 보는 우주가 전부인지, 아니면 우리의 관측 범위를 벗어난 또 다른 우주가 존재하는 것인지, 미래는 과거와 어떻게 다른 건지 등 흥미로운 문제들도 살펴본다.

시간의 본질-한 번 일어난 일은 되돌릴 수 없다

저자의 말처럼 시간은 한마디로 정의할 수 없는 여러 가지 속성을 갖고 있다. 그중에서 가장 중요한 특성은 '시간의 화살'이라는 개념이다. 시간이 방향성을 가진다는 얘기인데, 한 번 일어난 일은 되돌릴 수 없다는 것이다. 이는 물리학적으로 엔트로피의 특성과 밀접한 관계를 가진다고 한다.

20년 전 스티븐 호킹은《시간의 역사》에서 빅뱅을 이해함으로써 시간을 설명하려고 했지만, 저자는 우리가 시간을 이해하기 위해서는 빅뱅 이전에 어떤 일이 일어났는지를 알아야 한다고 말한다. 그에 따르면 엔트로피와 시간을 주관하는 '일정한 방향성'은 우리의 일상뿐 아니라 다중우주의 가장 먼 경계까지도 주관한다. 스크램블드 에그는 달걀로 되돌아갈 수 없고 우리는 지난간 과거를 기억할 수 있지만 다가오지 않은 미래는 기억할 수 없다.

마찬가지로 빅뱅 초기의 우주는 엔트로피가 낮은 상태에서 중력에 의해 팽창하는 것에 비례해 높은 엔트로피 상태로 나아가고 있으며 이전의 상태로는 돌아갈 수 없다.

그러나 빅뱅이 과연 우주의 시작일까? 그는 빅뱅이 우주 역사에서 특별한 시간이기는 하지만 우주의 시작은 아니라고 주장한다. 우주가 낮은 엔트로피 상태에서 시작한 것은 분명하지만 이 초기 상태를 자연의 동역학 법칙으로 설명할 원리를 찾아내지 못했기 때문이다.

그는 시간에 따라 변화하는 상태 공간, 태생적으로 비가역적인 동역학 법칙, 특수한 경계조건, 대칭적으로 재붕괴하는 우주, 시간 대칭성을 가진 또는 가지지 않은 되튐 우주, 경계가 없는 다중우주, 영원한 평형 상태 주위의 요동에 관한 볼츠만-루크레티우스 시나리오 등 '시간의 화살'에 접근하는 다양한 이론의 장단점도 소개한다.

그가 주목한 '시간의 물리학'은 현대물리학의 가장 매혹적인 질문이며 동시에 매우 심오한 주제다. '시간의 화살'에 대한 대부분의 물리학 이론은 현재 물리학자들이 직면하고 있는 가장 커다란 난점 중 하나이기도 하다. 문제를 기술할 수는 있지만 아직 완전하게 검증돼 있지 않아 무엇이 옳은 답이라고 확언할 수도 없다.

그래서 그가 제시한 이론도 명확하게 맞아떨어진다고 단언할 수는 없다. 그도 이것을 이론이 아닌 예측이라고 이야기한다.

그러나 철학과 종교의 영역에 머무르고 있던 시간의 문제를 물리학에서 정면으로 다룰 수 있게 된 것은 여러 분야의 학문이 발전하고 융합될 수 있기에 가능한 일이다.

수학계 최고의 난제이던 '페르마의 마지막 정리'가 융합 연구를 통해 증명된 것처럼 '시간의 화살'과 관련된 가설들이 현재는 확실하지 않은 아이디어라 하더라도 논쟁과 실험, 검증 과정을 거침으로써 언젠가는 물리학과 모순되지 않는 정직한 이론으로 발전할 수 있게 될 것으로 보인다.

특히 그의 '시간의 화살'에 대한 접근을 통해 우리는 시간과 우주의 신비, 이와 관련된 물리학의 역사와 이론을 한꺼번에 이해할 수 있게 됐다. 《엘러건트 유니버스》의 저자 브라이언 그린이 "시간의 신비에 관한 읽기 쉬우면서 매력적인 탐구서다. 그는 우주론의 차기 대변혁에서 중요한 역할을 담당할 것이 분명한 주제들을 능숙하게 다루고 있다"고 극찬한 책이다.

다른 우주에 '또 다른 우리'가 있다면?
《멀티 유니버스》

브라이언 그린 지음, 박병철 옮김, 김영사 펴냄

6월 21일은 태양이 가장 높이 뜨고 낮의 길이도 가장 긴 하지夏至다. 동지冬至에 가장 길었던 밤 시간이 서서히 줄어들어 이날 가장 짧아지고 낮 시간은 1년 중 가장 길어져 14시간 35분이나 된다. 그래서 지표면이 태양으로부터 가장 많은 열을 받게 되고 그 열이 쌓여서 하지 이후로는 몹시 더워진다. 물론 이것은 북반구에 해당하는 얘기다.

남반구에서는 반대로 낮의 길이가 가장 짧고 태양의 고도도 가장 낮다. 이런 절기의 변화 하나에도 우리 지구는 영향을 받는다. 밤하늘의 은하 속 별들도 마찬가지다. 끝을 알 수 없는 우주의 세계 또한 신비롭기 그지없다. 138억 년이나 됐다는 우주의 역사는 지금이 순간에도 끝없이 팽창하거나 생성되는 변화의 과정이라고 한다.

우주의 비밀을 물리학적 통찰과 수학적 논리로 설명하는《멀티 유니버스》는 그중에서도 '다중우주의 존재'에 초점을 맞춘다.

저자 브라이언 그린은 초끈이론과 우주론 등을 이론물리학계의 선두에서 이끄는 물리학자다. 끈이론의 신비를 쉽고 명쾌하게 표현한 베스트셀러《엘러건트 유니버스》와《우주의 구조》,《블랙홀을 향해 날아간 이카루스》등으로도 유명하다.

그는 '우리의 우주가 하나가 아니라 여러 개라면?', '다른 우주에서 또 다른 내가 이곳과 전혀 다른 삶을 살고 있다면?' 등의 의문을 통해 다중우주라는 매혹적인 개념을 일깨워준다.

우리의 우주는 하나가 아니다

다중우주론이란 우리가 살고 있는 우주는 유일하지 않으며, 무한히 큰 우주에는 무한히 많은 평행우주가 존재하고, 그중 어떤 곳은 우리와 똑같고 또 어떤 곳은 조금 다르지만 대부분 우리가 사는 세계와는 완전히 다른 우주가 존재한다는 이론이다. 그는 "물리학적 다중우주이론은 사변철학의 산물이 아니라 기존 이론들이 확장하면서 필연적으로 마주친 결과"라고 강조한다.

"양자역학적 계산을 통해 하나의 입자가 '이곳' 또는 '저곳'에 존재할 수 있다는 결과가 얻어졌다면 하나의 우주에서는 입자가 '이곳'에 있고, 또 다른 우주에서는 입자가 '저곳'에 존재한다는 식이다. 그리고 각 우주에는 당신의 복사본이 살고 있어서 한 우주에 사는 당신은 '이곳'에서 입자를 발견하고, 다른 우주에 사는 사람은

'저곳'에서 입자를 발견한다. 그리고 이들은 자신이 보고 듣는 것만이 유일한 실체라는 착각 속에서 살아간다."

다중우주론으로 본격적으로 들어가기 전에 그는 고대부터 현재까지의 우주론을 친절하게 소개한다. 우주론은 우리가 살고 있는 우주의 기원과 발생, 우주 안에 있는 우리 인간의 존재와 미래 모습을 연구하는 것. 이는 물질과 생명에 대한 근본적인 질문을 통해 자연과학뿐만 아니라 윤리·철학 분야까지 확대된다.

고대 그리스의 아리스토텔레스 이후 2000년 동안 정설로 인정받았던 천동설로부터 우주론의 역사는 시작된다. 철학 또는 종교와의 경계가 모호한 고대 우주론은 코페르니쿠스의 지동설에 의해 큰 변화를 겪고, 뉴턴의 중력이론에 의해 마침내 근대 과학의 영역으로 편입됐다.

현대적인 의미의 우주론은 아인슈타인으로부터 시작됐다. 아인슈타인은 특수상대성이론과 일반상대성이론을 통해 정적인 우주에서의 시공간에 대한 인식과 시공간의 기하학적 특성을 밝히고 현대 우주론으로 향하는 문을 열었다. 하지만 이 이론도 천문학자 에드윈 허블에 의해 '우주는 정적이지 않고 팽창한다'는 것으로 수정됐다. 이는 빅뱅이론의 탄생으로 이어졌다.

한 번의 폭발로 탄생한 우주

그렇다면 다중우주란 무엇이며 어떻게 탄생하는가. '또 다른 현실'은 과연 존재하는 걸까. 저자는 우주가 탄생하고 급팽창했을 때의 흔적을 담고 있는 하늘에 대한 연구와 메가버스, 중력이론과 양자역학을 통일한 끈이론의 증거들을 통해 우주의 숨겨진 실체, 즉 우리 우주 밖의 다른 우주의 존재를 밝혀낸다.

그에 따르면 우리가 사는 우주가 태어나던 순간 온도는 믿을 수 없을 정도로 높이 치솟았고, 엄청난 에너지가 단 한 번의 폭발로 이 우주를 탄생시켰다. 빅뱅이 일어난 직후 아주 짧은 순간 동안에 최초의 우주는 엄청나게 빠른 속도로 팽창했다. 마치 거품처럼. 이 짧은 팽창의 순간 우리가 사는 우주의 기초가 형성됐고, 이때 팽창한 거품이 지금 우리를 둘러싼 우주를 형성했다.

"우리가 보는 것은 진짜 우주의 아주 작은 부분에 불과하다. 우리의 우주가 정말 무한히 크다면 한 가지 이상한 논리가 성립된다. 무한한 크기의 우주에서 원자와 분자의 한정적인 배열은 어쩔 수 없이 반복되다가 모든 경우의 수가 바닥나면 똑같은 가능성이 출현할 것이다. 이것은 우리와 비슷하거나 똑같은 존재를 만들어낼 수도 있다는 것이다."

우주가 무한히 넓고 거품 같은 우주들을 수없이 만들어낸다면 우리 몸과 지구에 존재하는 물질들을 형성하는 패턴이 수없이 반복돼 지금 우리의 인생이 다중우주 어딘가에서 반복되고 있을지도 모른다는 결론에 이른다는 설명이다.

자유의지로 나뉜 9가지 다중우주

고전역학에서는 우주의 과거와 미래가 예측 가능했고 이미 그렇게 결정돼 있는 것이었지만, 양자역학의 '관측'이라는 변수가 등장한 뒤에는 확률에서 결과로 넘어가는 과정 중 인간의 자유의지가 개입하게 됐다.

이로써 다중우주의 해석 과정에서 여러 가능성이 관측을 통해 하나의 값으로 정해질 때 우주는 여러 갈래로 나뉠 수 있게 됐고, 자유의지가 이 여러 갈래의 우주 중 어떤 우주로 나아갈지 결정하게 됐다고 한다.

그는 이 자유의지에 의해 갈래가 나뉜 9가지 다중우주(누벼 이은 다중우주, 인플레이션 다중우주, 브레인 다중우주, 주기적 다중우주, 랜드스케이프 다중우주, 양자 다중우주, 홀로그램 다중우주, 시뮬레이션 다중우주, 궁극의 다중우주)를 일목요연하게 정리하고 설명한다.

그는 우주 밖의 다른 우주들에 관한 이야기를 수학적 논리와 물리학적 통찰을 통해 펼쳐 보이면서 우주에 대한 우리의 사고를 획기적으로 확장시켜준다.

"사고의 한계를 '우리는 어디에 있는가?', '우리는 어느 시점에 와 있는가?', '우리는 누구인가?'와 같이 인간적인 속성으로 한정 짓는 것은 편협한 생각이다. 진리는 이런 한계를 초월한 곳에 존재한다. 그러므로 언젠가는 진리를 향한 탐구도 그 한계를 넘어설 것이다."

우주의 과거와 미래를 한눈에
《무로부터의 우주》

로렌스 크라우스 지음, 박병철 옮김, 승산 펴냄

우주의 모든 것을 설명하는 안내서

태양보다 1300배 크고 100만 배나 밝은 별이 있다니! 프랑스 연구팀이 지금까지 우리 은하계에서 확인된 별 가운데 가장 큰 황색 극대거성yellow hypergiant을 발견했다고 2014년 학계에 보고했다.

지구에서 1만 2000광년 떨어진 이 별은 밝기로 유명한 오리온자리의 적색 초거성 베텔기우스보다 50%나 큰 것으로 밝혀졌다. 황색 극대거성은 우리 은하계에서 12개가량만 관측됐을 만큼 드문 별이다.

이 별은 점점 온도가 낮아지면서 지난 40년간 팽창해왔고 여전히 매우 빠른 변화를 보이는 단계라고 한다.

도대체 우주의 시작과 끝은 어디인가. 얼마나 넓고 아득한가. 태고의 우주는 어떻게 태어났으며 언제까지 계속될 것인가. 우주에 관한 질문은 끝없이 이어진다.

세계적인 이론물리학자 로렌스 크라우스 미국 애리조나주립대학 교수는 "이 광대한 우주가 아무것도 없는 데서 탄생했으며 언젠가는 다시 무無로 돌아갈 것"이라고 말한다.

입자물리학과 우주론을 결합하며 우주의 기원과 암흑물질 등을 연구해온 그는 《무無로부터의 우주》에서 "무無란 경험적으로 물질이 전혀 존재하지 않는 상태를 가리킨다"며 "우리가 살고 있는 우주는 시간도 공간도 없는, 이 무것도 없는 그 무엇에서 생겨났다"고 얘기한다.

그에 따르면 약 138억 년 전의 빅뱅(대폭발)도 무에서 시작됐다. '양자요동quantum fluctuation'이라는 양자중력적 현상에 의해 촉발된 것이다. 극히 짧은 순간 상반되는 전하를 지닌 같은 성질의 '가상입자'(물질−반물질)들이 출현하면서 시작된 창조의 순간 그들 간의 '약간의 비대칭' 때문에 살아남은 물질이 급팽창(인플레이션)하며 시간과 공간(우주)을 창출했다는 것이다.

"인플레이션에 의해 물질과 복사의 밀도에 작은 요동이 생기고, 이것이 훗날 중력을 통해 한곳으로 뭉쳐서 은하와 별, 행성 그리고 인간이 탄생했다면, 지금 우리가 존재하는 것은 결국 무無에서 생성된 양자요동 덕분이라고 할 수 있다."

양자역학에 따르면 텅 빈 공간은 아주 작은 스케일에서 아주 짧은 시간 동안 수많은 가상입자와 이들이 만든 장으로 격렬하게 요동칠 수 있다. 이 현상은 양성자와 원자의 특성을 결정하는 데 중요한 역할을 한다.

그러나 큰 스케일에서는 거의 감지되지 않는데 양자 요동이 부자연스럽게 느껴지는 것도 이런 이유 때문이라고 한다.

그의 설명을 더 들어보자. 지금의 관측수단으로는 포착할 수 없는 아주 작은 공간과 짧은 시간, 즉 양자적 세계에서는 총합 에너지 0인 입자와 반입자(물질과 반물질)들이 수없이 출현했다가 사라지면서 무에서 유로의 창조를 끊임없이 일으키고 있다. 한마디로 우리가 감지할 수 없는 텅 빈 공간에 엄청난 에너지들이 들어차 있다는 얘기다.

지금의 우주는 그런 양자요동을 거쳐 출현한 물질과 반물질이 빅뱅 초기 그 둘 사이의 미세한 양의 차이, 즉 '약간의 비대칭' 때문에 대부분 상호 접촉으로 소멸한 뒤 짝이 될 반물질보다 조금 더 많았던 여분의 물질이 급팽창(인플레이션) 과정을 거치면서 힉스장의 도움으로 뭉쳐 형성됐다고 한다.

"빈 공간에 에너지가 존재한다는 것은 이미 실험을 통해 확고하게 입증된 양자세계를 재확인해줄 뿐, 별로 새로운 사실이 아니다. 텅 빈 공간은 너무나 복잡한 세상이다. 이곳에서는 우리가 관측할 수 없을 정도로 짧은 시간 안에 수많은 가상입자들이 탄생과 소멸을 반복하고 있다."

100여 년 전 아인슈타인은 일반상대성이론을 완성했다. 당시 학자들은 전통적인 우주관에 사로잡혀 우주가 정적이며 영원히 존재한다고 생각했다. 그래서 아인슈타인은 자신의 이론으로 정적인 우주를 구현하기 위해 우주상수까지 도입했다.

하지만 100년이 지난 지금 과학자들은 우주가 팽창한다는 것을 알아냈고 빅뱅이 일어났다는 것을 입증하는 마이크로파 우주배경복사를 발견했다. 눈에 보이지 않는 암흑물질과 암흑에너지가 존재한다는 사실도 알아냈다.

100년 사이에 양자역학 등 미시세계의 물리학이 알려지면서 텅빈 공간의 특성이 과거의 짐작과 완전히 다르다는 것을 확실하게 알게 된 것이다. 특히 우주론과 입자물리학, 중력이론은 우주를 바라보는 우리의 관점을 송두리째 바꿔놓았다. 우주의 기원과 미래에 대해서도 놀라운 사실을 새롭게 알게 해줬다.

아직 풀지 못한 물리학의 수수께끼 '암흑에너지'

우리 은하에는 평균 1000억 개의 별이 있고 우주 전체엔 이런 은하가 4000억 개 정도 있지만, 보이는 천체의 질량은 몇 퍼센트에 지나지 않는다고 한다.

우주 전체 질량의 약 30%는 은하와 성단 근처에 암흑물질로 존재하고 나머지 70%는 물질이 아닌 빈 공간에 존재한다. 이 보이지 않는 물질의 에너지 때문에 은하들은 엄청난 회전 속도에도 불구하고 흩어지지 않으며, 우주는 지금처럼 평평한 상태를 유지한다.

현대 과학으로는 설명할 수 없는 기이한 형태의 이 '에너지'는 현대 우주론을 완전히 다른 위상으로 접어들게 했다. 이는 그의 집필 동기이기도 하다.

"암흑에너지의 기원은 앞으로 물리학자들이 풀어야 할 수수께끼다. 그것은 어떻게 존재하게 됐으며, 왜 지금과 같은 값을 갖게 됐는가? 아직은 밝혀진 것이 하나도 없다. 따라서 암흑에너지가 지난 50억 년 사이에 중력을 이기고 우주의 팽창을 선도하게 된 이유도 알 길이 없다. 지금 우리의 눈에 보이는 자연은 우주의 기원과 어떻게든 연결돼 있을 것이다. 그리고 모든 정황을 고려해볼 때, 우주의 미래도 우주의 기원에 의해 이미 결정돼 있을 가능성이 높다."

우주의 종말… 그리고 또 다른 탄생

그는 "결국 우주는 팽창을 계속해 어느 시점부터는 팽창 속도가 빛의 속도를 능가하면서 지구인들의 시야에서 은하들이 사라져버릴 것이며, 결국은 에너지 0의 상태로 소멸할 것"이라고 말한다. 은하들이 시야에서 사라지는 것은 그들이 빛보다 빠른 속도로 멀어져가기 때문이다.

이는 은하 자체의 속도 때문이 아니라 그것을 담고 있는 공간의 급팽창 때문이다. 한마디로 무에서 태어난 우주는 결국 무로 돌아가는 것이다.

물론 이것이 완전한 끝은 아니어서 무는 또 새로운 유의 탄생을 예비한다. 궁극적으로 양자세계에서는 무와 유의 차이점이 거의 없

90

어져버린다. 얼핏 불교사상과 상통하는 듯하다. 하지만 그는 첨단물리학의 세계에 초월적인 신이나 종교가 끼어들 여지는 없다고 단언한다. "우주에 목적이나 안내자가 없으면 생명 자체가 무의미해지지 않겠느냐"는 질문에는 "목적이 없는 우주는 우리를 더욱 놀라운 존재로 만들어주고, 자신의 행동에 의미를 부여하게끔 만들어 준다"고 답한다.

그의 놀라운 발견을 통해 우리는 '우주가 텅 비어 있으며, 빈 공간의 역학이 현재 우주의 진화를 좌우하고 있다'는 사실을 알 수 있게 됐다. 또 우주가 무에서 탄생하는 것이 가능하고 실제로 그럴 가능성이 높으며, 앞으로 다시 무無로 돌아갈 수 있다는 것도 알게 됐다. 첨단물리학의 눈부신 성과다. 물론 종교와 신의 영역은 다른 차원의 문제로 남겨 두기로 하고….

함께 읽으면 좋은 책

• 《우주의 구조》 브라이언 그린 지음 | 박병철 옮김 | 승산

• 《우주, 시간, 그 너머》

 크리스토프 갈파르 지음 | 김승욱 옮김 | 알에이치코리아(RHK)

기독교는 어떻게 세계의 종교가 되었나
《기독교의 역사》

폴 존슨 지음, 김주한 옮김, 포이에마 펴냄

기독교의 출발점, 예루살렘 회의

"1세기 중엽, 어림잡아 49년 무렵에 다소 출신의 바울이 예루살렘을 방문했다. 그가 예루살렘을 방문한 것은 16년쯤 전 십자가에 못 박혀 죽은 나사렛 예수의 추종자들과의 회의에 참석하기 위해서였다. 일명 '예루살렘 회의' 혹은 '예루살렘 사도회의'로 불리는 이 회의는 기독교 역사상 최초로 이루어진 정치적 행동이었다. 또한 이 회의는 기독교와 교회의 출발점이기도 했다."

영국 석학 폴 존슨은 900쪽에 가까운 《기독교의 역사》를 이 장면으로부터 시작한다. 이 '예루살렘 사도회의'와 관련해 오늘날까지 남아 있는 기록은 2개다. 하나는 이 회의가 있은 지 약 10년 뒤 바울이 소아시아 지방에 있는 갈라디아 교인들에게 보낸 편지 '갈라디아서'다. 다른 하나는 이보다 조금 늦게 누가가 쓴 '사도행전'이다.

이 회의의 쟁점 중 하나는 할례였다. 바리새파 출신 기독교인은 "유대인이나 이방인 할 것 없이 누구나 할례를 받아야 하고 모세의 율법을 지켜야 한다"며 바울을 비판했다. 그러자 장시간에 걸친 논쟁이 벌어졌다. 결국 바울을 지지하는 베드로의 연설, 바울과 바나바의 연설, 예수의 동생 야고보가 지금까지 논의한 것들을 정리하는 순서를 거치면서 하나의 타협안이 도출됐다.

"(유대교에서) 기독교로 개종했다고 해서 누구나 할례를 받아야 할 필요는 없다. 하지만 음식 및 성적인 행위와 관련된 사안에서는 유대 율법을 준수해야 한다."

이 타협안이 '전 교회의 합의'로 채택됨으로써 예루살렘 사도회의는 종결됐다. 사도행전은 비교적 평화지향적이고 교회일치적인 입장을 보이면서 만장일치로 합의가 이뤄진 '성령의 결정'에 모두들 기뻐했다고 기록했다.

그러나 바울은 그렇지 않았다. 예루살렘 회의는 성령의 인도하심에 따라 오류 없이 진행된 것이 아니라 약하고 상처받기 쉬운 사람들의 회의였으며, 하나님의 명령을 온전히 수행하는 자신에게 유대적인 요소는 큰 방해물이었다는 것이다.

바울은 갈라디아서에 "(…) 내가 전한 복음이 사람의 뜻을 따라 된 것이 아니니라 이는 내가 사람에게서 받은 것도 아니요 배운 것도 아니요 오직 예수 그리스도의 계시로 말미암은 것이라"(갈라디아서 1장 11~12절)고 썼다.

저자는 이 문제가 기독교 역사에서 가장 중요한 출발점이라고 강조한다.

"바울은 이 일이 지금껏 전개된 투쟁들 가운데 가장 심각한 것이고, 그 배후에는 아직도 해결되지 않은 2개의 문제가 놓여 있다고 생각했다. 예수 그리스도는 하나의 새로운 종교, 즉 진정한 종교를 창시했는가? 혹은 달리 말해서, 그는 하나님인가 인간인가? 바울의 입장을 따른다면 기독교는 여기서부터 출발한다고 볼 수 있다. 반면 그의 입장이 기각되었다면 예수의 가르침은 유대교의 한 종파에 그치고, 고대 신앙의 주류에 파묻혀버리고 말았을 것이다."

인류문화사와 기독교의 흥망성쇠

저자는 "로마 제국의 변방, 유대교의 한 분파에 지나지 않던 기독교가 어떻게 세계 종교가 되었는가?", "서양 문명의 성립과 역사 발전에 기독교는 어떠한 역할을 담당했는가?" 등의 질문과 함께 2000년에 걸친 기독교의 역사를 인류문화사의 맥락에서 그려낸다.

이미 《모던 타임스》, 《창조자들》, 《르네상스》 등의 역작으로 유명한 그는 이 책에서도 방대한 자료를 아우르며 기독교 역사의 빛과 그림자를 동시에 비춘다. 복잡다단한 기독교의 흥망성쇠를 정치, 경제, 사회, 문화라는 인류 역사의 장면들과 비교하며 추적한 게 특징이다.

가톨릭 교인이면서도 편향되지 않은 관점으로 가톨릭과 개신교를 아우르는 서술의 묘까지 보여준다.

기독교가 세계 종교로 성장할 수 있었던 것과 관련해 그는 "기독교가 탄생한 그 순간부터 사회의 요구에 부응하여 유리한 고지를 점령할 수 있었다"고 말한다. 당시 눈부시게 성장하던 지중해 문명의 지식인들이 각 지역의 신만으로는 만족하지 못하고, 삶의 공포로부터 위로와 보호를 약속할 수 있는 유일신앙을 필요로 하고 있었는데 그럴 때 전능한 유일신을 믿으며 내세의 행복한 삶을 약속하는 기독교가 나타났다는 것이다.

그의 설명대로 기독교는 처음부터 보편주의적 성격을 띠고 출발했고, 사도 바울은 기독교를 범세계적 구조로 개편해 모든 민족의 종교가 될 수 있는 길을 열었으며, 이후 오리게네스와 아우구스티누스의 작업을 거쳐 유럽의 정치, 경제, 문화의 모든 측면을 파고들 수 있었다.

또 기독교인들은 상호 간 사랑과 공동체적인 자선활동을 통해 이방인에게 큰 감동을 줬다. 디아스포라 유대인들이 행한 자선활동의 전통을 넓히면서 사회복지가 전무하던 로마 제국에서 소규모 복지국가를 운영한 것이다.

이들은 가난한 사람들에게 음식을 제공하고 그들이 죽었을 때 장례비용을 댔으며 아무런 재산도 없고 부모도 없는 고아들과 나이 많은 노예들과 파산한 선원들, 광산이나 섬, 감옥에 갇혀 있는 사람들을 보살폈다.

기독교도의 광범위한 경제활동도 한몫했다. 베네딕투스 수도원의 사업을 계기로 유럽 전역에서 이뤄진 개간과 늪지대의 관개시설이 특히 눈길을 끌었다. 이는 유럽의 부흥을 이끌었다. 수도원 운동이 거의 1000년 동안 유럽 곳곳에서 진행됐다는 사실을 주목해본다면 그 가치는 더 커진다.

개간사업은 상당히 긴 세월이 필요한 일인데, 항구적으로 존재하던 수도원과 평생 자리를 옮기지 않는 수도사에게 이러한 일은 안성맞춤이었다.

기독교가 창조해낸 유럽 사회

그러나 빛의 뒤에는 그림자도 있게 마련이다. 예를 들어 국가가 성직자 계급에게 호의를 베풀기 시작하자 성직을 지망하는 사람이 많아졌고, 성직자의 신분이 순식간에 높아지자 이들의 세속적인 욕심도 커져갔다. 341년 발칸 반도의 사르디카에서 개최된 공의회에서는 더 큰 교구로 옮기려는 주교들의 행위를 신랄하게 비판하는 진풍경도 벌어졌다.

성물에 대한 인기가 높아지면서 이에 대한 범죄도 뒤따랐다. 가장 먼저 등장한 것은 위조품들이었다. 심지어 그리스의 수도사들이 일반인의 시신들을 훔쳐내 이를 성인들의 뼈로 둔갑시키기도 했다.

성물 모조 범죄가 늘어나자 성물에 교황의 인장을 찍어 진품을 보증하는 일까지 벌어졌다. 그러나 이 같은 사태는 교황들에게 엄청난 기득권을 안겨주는 전혀 다른 결과를 불러왔다. 7세기부터 돈을 받고 참회를 대신하는 사람들이 등장하기 시작했다.

이런 타락은 결국 종교개혁을 불러왔다. 그 중심에 선 루터는 가톨릭의 면죄부 판매를 정면으로 비판하며 성서 자체로 돌아갈 것을 주장했다. 성경에는 행위가 아니라 믿음으로 구원을 받는다고 기록되어 있으며, 행위는 구원받은 존재의 외적인 표현에 불과하다는 것이다.

아무튼 기독교는 이 같은 부침을 통해 상처받고 회복하기를 반복하면서 전 세계적인 종교로 자리 잡았다. 저자는 기독교의 잠재력과 역동성, 서양 세계 형성에 끼친 긍정적 영향을 높이 평가하면서 "유럽 사회는 본질직으로 기독교기 창조해낸 사회라고 해도 과언이 아니며, 바로 이처럼 영성과 역동성이 탁월하게 결합되어 있다는 측면에서 유럽의 독특한 힘을 발견할 수 있다"고 말했다.

결과적으로 기독교가 유럽 사회에 지식과 도덕의 바탕을 제공해주었기에 유럽은 경제적·기술적 변화에 적응하면서 새로운 기회가 찾아올 때마다 놓치지 않고 붙잡을 수 있었다는 것이다.

저자의 다른 책

- 《폴 존슨의 예수 평전》

  폴 존슨 지음 | 이종인 옮김 | 알에이치코리아(RHK)

- 《유대인의 역사》 폴 존슨 지음 | 김한성 옮김 | 포이에마

종교 간 대화 없이는 국가 간 평화도 없다
《한스 큉의 이슬람》

한스 큉 지음, 손성현 옮김, 시와진실 펴냄

'문명 충돌론'에 묻혀버린 '문명 간 대화론'

이슬람 예언자 무함마드(마호메트)를 바람둥이, 아동학대자로 그린 미국 영화 〈무슬림의 무지〉 때문에 이슬람권이 분노하고 미국 외교관이 잇달아 살해된 적이 있다.

뒤이어 이집트에서 무슬림과 콥트 기독교인의 충돌로 수백 명이 죽거나 다치는 등 곳곳에서 종교 갈등이 벌어졌다. 종교 간 극한 대립이 끝없이 이어지는 이유는 무엇일까. 새뮤얼 헌팅턴이 말한 '문명의 충돌'은 필연적인 것일까.

세계적인 초교파 가톨릭 신학자 한스 큉은 이럴 때일수록 '충돌론'이 아니라 '대화론'으로 문제를 풀어야 한다고 말한다.

그는 헌팅턴이 '문명 충돌론'을 주장하기 전에 이미 '지구윤리구상'을 내놓으며 "종교 간 평화 없이는 국가 간 평화도 없고 종교 간 대화 없이는 종교 간 평화도 없다. 종교에 대한 기초연구 없이는 종교 간 대화도 없다"는 3가지 모토를 내세운 '문명 간 대화'를 주장했다. 그러나 '문명 간 대화'가 유엔에서 결의되던 바로 그때 9·11테러가 터지는 바람에 그의 대화론은 헌팅턴의 충돌론에 묻혀버리고 말았다.

《한스 큉의 이슬람》에서도 그는 대화론을 통해 "온갖 선입견과 편견을 걷어내고 종교를 바로 볼 수 있다면 평화를 위한 대화를 시작할 수 있다"고 역설한다. 1300쪽이 넘는 이 책은 유대교, 기독교, 이슬람교를 집중적으로 다룬 프로젝트의 하나로《그리스도교》(1991년)와《유대교》(1994년)에 이은 3부작의 완결편이다. 이로써 아브라함의 세 종교를 모두 아우른 그의 명작 시리즈가 완성된 셈이다.

이슬람, 문화적 차이를 극복한 거대한 종교 가족

이슬람의 1400년 역사를 기술하는 것은 유대교 3000년사나 그리스도교 2000년사보다 쉬운 게 아니다. 유대교, 기독교, 이슬람의 세 종교는 유일신을 믿는 아브라함을 신앙의 아버지로 삼는다는 점에서 형제처럼 닮았다.

그중 이슬람은 예언자 무함마드가 신의 계시를 인간의 언어로 받아낸 경전 '꾸란(코란)'을 가장 중시한다는 점에서 다른 두 종교와 구분된다.

그는 이처럼 같고도 다른 이슬람의 역사를 들려주면서 묻는다. 도대체 왜 12억 명 이상이 이 종교를 믿는가. 왜 이슬람교는 그리스 도교 이후 최대의 세계 종교가 됐는가. 왜 무슬림은 이슬람이 가장 새롭고 가장 훌륭한 종교일 뿐 아니라 가장 오래되고 가장 우주적인 종교라고 믿는가. 유목민인 베르베르족부터 아프리카인, 페르시아인, 인도인, 말레이시아인 등 거의 모든 나라 사람이 문화적 차이에도 불구하고 거대한 종교 가족으로 묶이는 이유는 무엇인가.

이 중에서도 그가 특히 주목하는 것은 이런 이슬람이 시대 변화에 따라 어떻게 새롭게 해석되고 실현됐느냐다. 그는 이슬람이 역사적으로 5가지의 거대한 패러다임 전환을 거쳐왔다고 본다.

무함마드가 이룩한 '초기 이슬람 공동체' 패러다임은 우마이야 왕조 때(661~750년)에는 전제군주와 율법을 중심으로 삼은 국가주의인 '아랍 제국' 패러다임으로 전환됐다.

이 패러다임은 '아랍 국가주의'로 연결됐다. 보편적인 세계 제국으로 등장한 압바스 왕조 때(750~1258년)에는 '고전적 이슬람 세계 종교' 패러다임이 등장했고 이것은 '범이슬람주의'에 영향을 줬다고 한다.

보편적 제국의 분열 뒤 지역화에서는 법학자 울라마의 영향력이 커지거나 신비주의에 기반한 대중운동 수피즘이 영향력을 확대했다. 한스 큉은 이를 '울라마·수피' 패러다임이라 부르면서 나중의 '이슬람주의', '보수주의'와 연결된다고 본다. 근대 유럽과 경쟁한 '근대화' 패러다임은 '이슬람 개혁주의', '세속주의'로 이어졌다.

시대 환경, 정치적 선택에 의한 이슬람의 다양한 모습

이처럼 각기 다른 패러다임은 시대 환경에 따른 정치적 선택과 맞물려 이슬람의 다양한 모습을 만들어냈다. 사우디아라비아의 와합주의자와 이란의 시아파, 이집트의 무슬림형제단과 팔레스타인의 하마스 전사가 같은 이슬람이지만 서로 다른 이유도 이것이다.

그는 이처럼 기독교, 유대교와 마찬가지로 이슬람이 무엇을 핵심으로 삼는지를 들여다보고 어떤 역사적 과정을 통해 형태를 변화시켜왔는지를 살핀다. 그리고 서로의 차이를 대충 얼버무리고 뒤섞어버리는 혼합주의가 아니라 '본질과 형태', '본질과 해악'의 2가지 변증법을 기반으로 각 종교를 들여다봐야 한다고 강조한다.

그는 각 종교의 본질이 증오와 폭력 같은 해악을 낳을 수 있다는 점을 인정하면서도 이슬람을 '악의 축'으로 여기는 서구의 편견을 걷어내는 데 많은 지면을 할애한다. 대중매체에 나타난 이슬람 이미지가 다른 종교보다 부정적이어서 이를 본 사람들은 근본주의적이고 폭력적인 일부 이슬람 집단의 악행만 기억하고 이슬람의 윤리적 전통은 제대로 보지 못한다는 것이다.

1980년대 이후 여러 차례 방한한 한국 언론과의 인터뷰에서도 그는 "세계인들 사이에서 이슬람에 대한 적대적 이미지가 많아지는 것은 그리스도교 근본주의자들과 산유국의 영향력 강화에 두려움을 느낀 서방 지도자들이 이를 유포하기 때문"이라고 지적했다.

또 "2001년의 9·11테러 이후 이슬람의 적대자 이미지와 이상적

이미지가 모두 강화돼 안타깝다"며 "이는 그리스도교 근본주의자와 이슬람 극단주의자, 세계 지도자와 부화뇌동하는 정치학자 등 양극단에 선 이들의 잘못된 처신이 문제"라고 꼬집었다.

이슬람의 윤리적 전통을 제대로 이해해야

그는 "첨단 산업국가로 성장하는 과정에서 정신적·영적·윤리적 퇴보가 자주 나타난다"면서 "종교는 삶의 참된 방향을 추구하고 의미를 부여하는 데 도움을 주는 만큼 한국도 '석유(경제)'가 아닌 '신(종교)'으로서 이슬람의 실체와 영향력을 제대로 이해해야 한다"라고 말했다.

그러나 이슬람의 모든 것을 미화하는 이상적 이미지 또한 '모든 사람을 무슬림으로 만들 수 있다'고 여기는 이슬람 극단주의자들에 의해 확산되고 있다는 점도 함께 지적했다.

따라서 이슬람에 대한 깊은 이해를 추구하되 지금의 모습을 정당화하는 쪽으로 오용돼서는 안 되며, 이슬람에 대한 공개적 비판이 서구인의 자기 정당화로 이어져서도 안 된다는 것이다.

결국 유대인과 무슬림과 그리스도인이 서로 원수로 여기지 않고 동반자로 대할 때 지금은 극복할 수 없어 보이는 정치·경제·사회·문화적 문제 또한 해결할 수 있다는 것이다.

그는 이 같은 얘기를 통해 세상의 모든 신앙인, 그중에서도 특별히 그리스도인에게 타종교와 적극적으로 만나고 대화하라며 용기를 북돋워준다. 우리나라에서도 많은 개신교·가톨릭 그리스도인과 신학자들이 종교 간 이해와 협력을 위해 노력하면서 사회 전체를 이롭게 하는 일에 앞장서고 있다.

이처럼 대화에 나설 준비가 되어 있는 사람들의 목소리가 더욱 커질 수 있기를 바라는 것이 그의 소망이기도 하다. 그렇다. "종교 평화에서 세계 평화가 나오고, 종교 간 대화에서 세계의 대화도 싹튼다."

저자의 다른 책

- 《한스 큉의 유대교》
  한스 큉 지음 | 이신건 외 옮김 | 시와진실
- 《가톨릭의 역사》 한스 큉 지음 | 배국원 옮김 | 을유문화사

2장

그들은 어떻게 세계 흥망사의 주역이 되었나

유럽, 바닷길에서 패권을 거머쥐다
《유럽은 어떻게 세계를 지배했는가?》

후쿠이 노리히코 지음, 송태욱 옮김, 다른세상 펴냄

포르투갈, 신항로 개척 포문을 열다

유럽에서 가장 먼저 신항로 개척에 뛰어든 국가는 이베리아 반도 서쪽의 포르투갈이다. 포르투갈은 14세기 말 이슬람 세력을 몰아내고 왕국의 영토를 회복했다. 그러나 공훈을 세운 귀족들에게 보상해줄 영토나 경제적 여유가 거의 없었다. 그래서 바다로 시선을 돌렸다.

포르투갈이 '동방의 부'를 향해 모험항해에 나선 이후 1488년 바르톨로메우 디아스가 아프리카 남단 희망봉을 발견했고, 1498년에는 바스쿠 다 가마가 희망봉을 돌아 인도 서안의 캘리컷에 도착했다. 1510년 인도의 고아를 점령하고 총독부를 둔 포르투갈은 항로 교역의 요충지인 말라카 해협을 확보했다. 1517년에는 마카오에 거류지를 만들고 중국과의 교역을 본격화했다.

이보다 조금 늦은 스페인은 콜럼버스의 아메리카대륙 발견과 마젤란의 동방항로 개척으로 정복시대에 합류했다. 이 과정에서 유럽인은 지중해를 거치지 않고 동방, 신대륙과 교역할 수 있게 됐다.

두 나라는 애초에 무력을 앞세워 귀금속이나 보물을 빼앗는 약탈경제의 양상을 보였지만 그런 방식만으로는 한계가 있었다. 스페인이 식민지를 직접 경영함으로써 생산을 조직화하기로 마음먹은 것도 이 때문이다. 이들은 정복지에서 현지 주민에게 통치를 대행시키면서 농장이나 광산을 개발하고 그 과실을 챙겼다.

《유럽은 어떻게 세계를 지배했는가?》는 바로 이런 해양세력의 판도 변화에서 유럽의 세계 제패 요인을 발견한다.

저자는 프랑스 근현대사를 전공한 후쿠이 노리히코 일본 가쿠슈인대학 학장. 그는 15세기까지만 해도 동양에 뒤지던 유럽이 패권을 잡을 수 있었던 계기가 '대항해시대'였다고 말한다. 이른바 '근대 유럽의 패권'은 19세기에 갑자기 성립된 것이 아니라 대항해 이후 벌어진 국제질서 재편의 결과라는 것이다. 이는 단지 유럽 문명이 뛰어났기 때문이라는 유럽 중심 시각과 다른 점이다.

동방항로 개척, 유럽 사회 전체에 변화 바람

유럽인이 동방항로를 개척하고 신대륙을 발견한 뒤 차와 향료, 담배 등을 풍부하게 들여왔고 무역의 중심지도 지중해에서 대서양으로 옮겨졌다. 이후 유럽 각국은 새로운 교역시장에 앞다퉈 뛰어들었다. 아시아와 아메리카에서 유입된 막대한 부는 유럽 사회 전체를 변화시켰다.

부의 재편이 이뤄지자 기존 신분질서가 무너졌고 교황이나 황제가 갖고 있던 초월적 권위도 빛을 잃었다. 유럽 각국에서 계몽사상이 태동했고 이것은 프랑스혁명 등 시민혁명으로 번졌으며 권력의 중심은 왕에게서 국민에게로 이동했다.

이 과정에서 기본권이나 삼권분립에 대한 개념이 사회 전반에 뿌리를 내렸다. 신학적인 사고는 과학적인 사고로 바뀌었고 이는 산업화를 앞당겼다.

주권국가와 국민이라는 개념이 확립되면서 오늘날의 국민국가가 탄생한 것도 이런 바탕에서 이뤄졌다는 게 저자의 설명이다. 이는 스페인과 영국, 프랑스의 식민지 패권 쟁탈전, 미합중국의 독립, 나폴레옹전쟁, 산업혁명, 제국주의, 제1차 세계대전 등 엄청난 일들을 하나의 고리로 연결하는 이음새이기도 하다.

"포르투갈이나 스페인이 선두에 서서 움직이기 시작한 유럽의 대외 진출이 군사 침략이나 약탈만이 아니었다는 것은 분명하다. 거기에는 정당한 상업활동, 농업이나 광업 개발, 그리고 그리스도교를 기반으로 하는 문명의 전파가 포함되어 있었다. 하지만 그 모든 것은 상대측의 사정이나 상황을 거의 고려하지 않은 것이었다. 오히려 거기에는 파괴를 초래하고도 돌아보지 않는 지극히 제멋대로인 것이 많았다."

16~19세기 중에서도 가장 변화가 심했던 19세기에는 산업혁명의

뒷받침 속에서 공업이 주요 산업으로 부상했다. 시계와 전기, 자동차 등의 발명으로 일상생활도 달라졌다. 과학과 의학의 발전은 인간의 평균 기대수명을 늘렸고 통신은 전 세계를 하나로 연결했다. 그야말로 눈부신 변화의 연속이었다.

프랑스의 시인이자 철학자인 샤를 페기(1873~1914년)가 "예수 그리스도 탄생 이래 최근 30여 년 동안만큼 세상이 변한 적은 없었다"고 할 정도였다.

이때는 유럽의 시대라고 해도 과언이 아니다. 상선이든 군함이든 유럽에서 온 배가 모든 대양을 항해했고 유럽의 물자나 정보, 인력이 세계를 누볐다. 그 과정에서 사상이나 문명까지 국경을 넘어 퍼져나갔고 그 여파는 오늘날에도 계속되고 있다. 특히 국가주의의 등장은 새로운 인식체계의 변화를 불러왔다. 그것은 전쟁과 관련됐을 때 훨씬 두드러지게 나타났다.

"전시 하의 총력전 체제에서 국민은 국가와의 직접적인 관계를 의식하게 되었다. 19세기 이래 국민 형성의 과정은 이를 통해 단숨에 진전되었다고 봐도 무방하다. 국민으로서의 자기 인식이 확립됐다는 것은 국가로부터 부과되는 병역이나 통제라는 의무를 자연히 따르게 되었음을 의미한다. 하지만 한편으로 그것은 부담이나 협력에 대한 보상으로서 국가가 국민의 생존을 책임져야 한다는 일종의 반대급부적인 발상을 강화한 일이기도 했다. 참전한 병사가 사망했을 경우 그 가정에는 그것이 충분했는지 어땠는지는 나중 문제로 치더라도 국가에 의해 생활보장 수당이 지급되었다."

부 안겨준 '대항해시대' 인종차별을 낳다

유럽에 어마어마한 부를 안겨준 '대항해시대'는 뿌리 깊은 인종차별을 낳는 계기가 되기도 했다. 아프리카와 유럽, 아메리카를 잇는 삼각무역에서 중요한 축을 이룬 것이 노예무역이었다. 이 때문에 아메리카에는 피부색과 연관된 계층질서가 형성됐고 이후 심각한 사회문제를 야기했다.

또 다른 문제도 있었다. 과학기술의 발전으로 눈부신 진보를 이룬 유럽은 비유럽 지역에 문명을 퍼뜨려야 한다는 오만으로 식민지 지배를 정당화했다. 이런 사고는 영국 역사가 가레스 포터가 말하는 '박애적 제국주의', 노벨상을 받은 영국 작가 키플링의 '책무의 제국주의'와 같은 것이었다.

"이는 유럽의 개입이야말로 비유럽 지역 사람들을 구제하는 일이 된다는 사고다. 아직도 가난하고, 무지하며, 비위생적이고, 진보와도 어울리지 않는 사회에서 살고 있는 사람들에게 발전한 유럽의 제도나 법률, 학문지식 그리고 무엇보다 그리스도교의 신앙과 세계관을 확산시킴으로써 그런 지역에 사는 이들을 구할 수 있다는 신념은 오히려 그렇게 개입하는 것이 그리스도교도의 사명이라는 책무의 감각을 수반하는 것이었다."

이 과정에서 사회진화론, 우생학 등 위험한 사상이 탄생했다. 이들의 난폭한 담론과 자만심은 세계를 제1차 세계대전의 불길로 몰아넣는 뇌관 구실까지 했다. 그때 드리운 그림자가 지금까지 숱한 문제를 낳고 있으니 유럽이 바꾼 것은 세계의 지형도뿐만이 아니었던 것이다. '근대 유럽사는 오늘을 비추는 거울이다'는 카피가 그래서 설득력 있게 들린다.

이 책은 일본 고단샤 출판사가 창사 100주년을 맞아 기획한 '흥망의 세계사' 시리즈의 첫 결실이다. 다양한 나라가 저마다의 특징을 지닌 채 발전해온 유럽의 역사를 특정 인물이나 국가가 아니라 근대 유럽사 전체의 시각으로 조망했다는 점에서 더욱 눈길을 끈다.

함께 읽으면 좋은 책

- 《왜 서양이 지배하는가》
  이언 모리스 지음 | 최파일 옮김 | 글항아리
- 《어떻게 세계는 서양이 주도하게 되었는가》
  로버트 B. 마르크스 지음 | 윤영호 옮김 | 사이

기후 변동과 인류 문명사
《기후, 문명의 지도를 바꾸다》

브라이언 페이건 지음, 남경태 옮김, 예지 펴냄

선사시대 인류학의 권위자인 브라이언 페이건은《기후, 문명의 지도를 바꾸다》에서 "우리는 기후 변덕에 적응하거나 사멸할 수밖에 없는 '약한 존재'"라고 말한다. 그는 이 책에서 인류의 운명을 바꾼 2만 년의 역사를 종횡으로 비추며 기후의 가공할 위력을 보여준다.

그에 따르면 세계의 대부분이 얼음으로 덮여 있던 빙하기의 끝 무렵, 약 1만 5000년 전부터 지구의 온도는 꾸준히 상승해왔다. 이 과정에서 끊임없이 변하는 기후는 농경사회와 이집트 문명, 히타이트와 로마, 마야 문명 등을 일으키고 또 쓰러뜨렸다.

1만 5000년 전부터 지구 온도 상승

어떻게 된 걸까? 그는 이를 '펌프와 컨베이어벨트'라는 개념으로 설명한다. 염분과 온도 차이로 일어나는 대양 순환은 열기와 비를 실어 나르는 컨베이어벨트다. 아마존 강 100개의 위력에 맞먹는 대서양 순환은 유럽의 온난화·가뭄과 밀접한 관계가 있고, 태평양 순환도 사하라와 아시아 전역의 강우량에 큰 영향을 준다.

이 컨베이어 시스템이 지구 궤도 변수(이심률, 세차운동 등)에 따라 극심하게 변했고, 그 과정에서 마치 펌프처럼 인간을 비롯한 생명체를 빨아들이거나 뿜어냈다는 것이다.

아프리카에 처음 출현한 인류는 기후의 '펌프 작용'에 의해 나일 강 유역으로 확산됐고, 서남아시아와 시베리아를 거쳐 북동 아시아로, 베링 육교로 이어져 있던 아메리카로 점점 퍼져나갔다. 이 무렵 수렵·채집자였던 인류는 개체수가 적고 기동성이 뛰어났기 때문에 가뭄이나 홍수 때 다른 곳을 찾아 떠나는 것으로 위기를 모면할 수 있었다.

빙하기의 툰드라 지방에 살던 이들은 극한의 추위 속에서도 '바늘과 실'을 발명한 덕분에 더 잘 살아남았다. 구멍이 뚫린 바늘을 사용하면서부터 옷을 몸에 맞출 수 있었고 짐승의 가죽과 털을 기워 특성대로 옷을 지을 수 있었다.

이들은 재단기술의 발달로 영하의 온도에서도 사냥했고, 꽁꽁 언 강에서 물고기를 잡았다. 무엇보다 그들은 짧은 변동만이 아니라 장기적인 온난화와 한랭화 같은 급격한 기후 변화에 적응했다. 그러나 1만 5000년 전부터 지구의 기온이 오르고 강우량이 늘면서 숲이 넓어지자 인류는 한곳에 머물러 생활하기 시작했다. 이는 물론 '정주생활'의 출발점이었지만 농경화의 결과는 아니었다.

저자는 "당시 가장 중요한 식량이 도토리였다"면서 이를 먹으려면 끓이거나 물에 걸러 내 타닌 성분을 제거해야 했다고 설명한다. 독성이 있는 다른 채소나 견과류도 비슷하게 처리해야 했다. 그 결과 인류는 서서히 기동성을 잃기 시작한 것이다.

이 정도의 단순한 농경사회에서는 그나마 유연성이라는 무기가 있었다. 기원전 5000년경 지금은 흑해로 변한 에욱시네 호수가 범람해 대홍수가 났을 때도 호수 유역의 농경민들은 주변의 안전한 지역으로 각자 흩어져 생존을 도모할 수 있었다.

그러나 집단생활을 하는 도시가 탄생하면서 양상은 크게 달라지기 시작했다. 도시는 노동력 집결로 식량 생산을 키우는 데는 유리했지만 대규모적이고 단기적인 기후 변동에는 매우 취약했다. 오랜 역사를 자랑하던 고대도시 우르가 기원전 2200년 극심한 가뭄으로 자취도 없이 사라져버린 게 대표적인 예다.

문명의 발달이 취약성도 키워

기원전 1200년경의 엘니뇨, 남방진동ENSO에 따른 가뭄은 히타이트제국을 멸망으로 몰고 갔고, 미케네 문명을 파괴했으며, 아시리아와 바빌로니아 등의 경제에 큰 타격을 주었다.

그의 설명처럼 '인류의 문명은 취약성을 키워 온 과정'인지도 모른다. 마야 문명의 경우를 보자.

기원전 457~250년의 가뭄은 마야 문명에 그리 큰 피해를 주지 않았다. 그들은 수렵·채집자의 유연성과 기동성으로 가뭄을 피해 갈 수 있었다. 기원전 200년경의 가뭄은 도시를 와해시켰지만 사람들은 여기저기 흩어져 목숨을 유지할 수 있었다.

그러나 750~1025년에는 달랐다. 마야인들은 이미 중대한 문턱을 넘어서 있었던 것이다. 농업 생산성이 조금만 줄어도 심각한 타격을 받는 구조 속에서 많은 사람이 목숨을 잃었고 이는 도시의 붕괴로 이어졌다. 마야가 '대형 유조선'이어서 멸망하게 됐다면 '작은 돛단배'가 되어 살아남은 예도 있다. 중세 유럽이 그들의 문화를 꽃피우는 동안 지구 반대쪽의 아메리카는 오랜 가뭄에 시달리고 있었다.

그 와중에 푸에블로족은 뛰어난 농경술로 북아메리카에서 가장 큰 도시제국을 세웠다. 하지만 12세기경 극심한 가뭄이 닥치자 이들은 거대한 주거지를 미련 없이 버리고 이동을 시작했다. 친족이나 이웃과의 관계망을 따라 각기 다른 사회로 흩어져 간 이들은 그곳에서 새로운 멤버들과 공생의 문화를 만들어냈다. 이때의 극심한 가뭄 이후 이들은 사회 규모를 다시 키우지 않았다고 한다.

저자는 13세기 이후의 지구 기후를 '불안한 여름'이라고 부른다. 그는 "1900년부터 1990년까지 지표면 평균온도가 0.6℃ 상승했는데 그중 태양복사열에 의한 상승은 0.25℃도 채 안 된다"면서 "무분별한 토지 개간과 화석연료 남발 등 인간이 지구온난화의 주범인 것은 틀림없다"고 진단한다.

그러나 첨단 과학기술로도 기후 격변의 피해를 줄이지 못하는 게 더 큰 문제라고 그는 지적한다. 19세기 엘니뇨 때문에 생긴 가뭄으로 희생된 사람이 전쟁 사망자보다 많은 2000만 명 이상이라는 것이다. 그의 표현대로 불과 몇 시간 만에 페루 해안 정도는 가볍게 쓸어버리는 엘니뇨 폭우, 미국 남부를 삽시간에 지옥으로 만들어버리는 허리케인 앞에서 인간의 기술은 무용지물이다. 게다가 지금 우리에겐 이동할 수 있는 '주인 없는 땅'도 없다.

인간이 지구온난화의 주범

"이게 무슨 일일까? 현대식 해운, 농업, 공업도 안전을 가져다주지 못한단 말인가? 그저 사람과 돈이 많아졌을 뿐 자연재해의 피해는 앞으로도 계속 증가할 수밖에 없는 걸까? 그렇지는 않다. 지난 1만 5000년 동안 기후와 역사의 상호작용을 살펴보면 또 다른 과정이 꾸준히 지속돼왔음을 알 수 있다. 우리는 더 작고 더 잦은 기후의 압력을 완화하려 노력하는 와중에 더 드물지만 더 큰 재앙에 점점 더 취약해졌다."

저자는 거듭 말한다. "이것이 인류가 처한 취약성의 실상이라는 것을 제대로 인식하라. 그리고 잊지 말라. 기후는 문명의 형성을 돕지만 자비로운 방식으로 돕지는 않는다." 그리고 "10만 년의 대주기와 4만 년의 소주기 등 격변의 흐름을 연구하면서 무엇보다 우리가 얼마나 미약한 존재인지를 겸허하게 인정해야 한다"고 덧붙인다. 그의 말이 딱 맞다.

잔 다르크, 화형 죄목은 풍기문란?
《아이러니 세계사》

|

이성주 지음, 추수밭 펴냄

상식을 배반하는 아이러니한 역사 이야기

이번에는 가벼운 재밋거리들을 갖고 놀아보자. 이를테면 미켈란젤로의 명작 〈최후의 심판〉이 외설적인 누드화라는 음란물 판정을 받아 옷을 덧입을 수밖에 없었던 사건이나 프랑스를 위기에서 구한 소녀 잔 다르크가 '남장 여성은 불경하다'는 종교 심판으로 화형당한 얘기 등 세계사의 아이러니가 그것이다.

"우리가 지금 세계적인 명작이라 칭송하고 있는 〈최후의 심판〉은 이미 교황청의 '심판'을 한 번 받았던 것이다. 예술의 이름에 외설의 잣대를 들이대는 것 자체가 창작자에게는 모욕이겠지만 예술의 길고 긴 역사는 이런 충돌의 연속이었는지도 모른다."

"잔 다르크에게는 '마녀'라는 죄명 외에 두 번째 죄명이 있었으니 바로 '풍기문란', '국기문란', 즉 다리를 훤히 내놓은 반바지를 입었다는 죄란다. 그래서 잔 다르크는 '반바지+남성복'을 입었다는 죄로 화형을 당했다고 한다. 전쟁을 위해 치렁치렁한 치마가 아닌 반바지를 입은 게—강간당하지 않기 위해 매듭을 많이 달아 입었다고 한다—과연 죄일까? 하지만 당시에는 여자가 다리를 드러내고 남성 옷을 입은 게 큰 죄였다고 한다."

이 같은 얘기를 담은《아이러니 세계사》는 베스트셀러《엽기 조선왕조실록》의 저자 이성주 씨가 역사 속 33가지 에피소드를 엮은 책이다. 그는 특유의 입담과 '발칙한 상상력'으로 상식, 인생, 신념, 욕망, 승자, 운명이라는 6가지 아이러니의 변수를 들추어낸다.

앞부분에서는 '상상력을 가로막는 것은 언제나 대중의 상식'이라며〈최후의 심판〉뿐만 아니라 방사성탄소 연대 측정법, 생리대 등과 관련한 '상식의 오류'를 벗겨낸다. 이어 천재들의 늦잠과 불륜, 흡연, 악처에 얽힌 사연을 통해 "영웅들도 인생에서는 서툴다"는 얘기를 들려준다.

데카르트는 아침형 인간?… 노예계약의 희생자

그에 따르면 프랑스 수학자이자 철학자인 데카르트는 '갑'과 맺은 노예계약 때문에 아침형 생활을 강요받는 바람에 일찍 죽었다. 선천적으로 몸이 약해 오전 11시까지 침대에 누워 이런저런 생각하는 것을 좋아하던 데카르트가 급진적인 철학 사조 때문에 고국을 떠나 스웨덴 여왕의 철학 선생이 됐는데 '아침형 인간'인 여왕에게 새벽 강의를 하다 북국의 찬 공기로 인해 폐렴에 걸려 생을 마감했다는 것이다.

"위대한 철학자의 말로치고는 너무도 황당한 최후다. 피치 못할 사정이었지만 만약 그가 아침형 인간과 예속관계를 맺지 않고 꿋꿋이 자기의 철학세계를 펼쳤다면 어땠을까? 적어도 그에게만은 숙명이었던 늦잠을 보장해주는 삶이 가능했다면 데카르트는 더 오래오래 살면서 인류에게 혁신적인 철학의 방향을 제시했을지도 모른다."

노벨상을 2번이나 받은 과학자 퀴리 부인은 1911년 두 번째 노벨 화학상 수상자로 결정됐을 때 이미 고인이 된 남편의 제자이자 유부남인 폴과의 '부적절한 관계' 때문에 상의 권위를 떨어뜨렸다는 여론의 뭇매를 맞았다.

"어린 시절 위인전에 나오는 퀴리 부인은 오로지 과학 연구에만 매진하느라 주변은 물론 자신의 건강까지 돌보지 않는 맹렬 과학자였다. 그러나 그에게도 '사랑'이 있었고 그 사랑 덕분에 온 세상을 적으로 돌려야 했다. 그동안 반쪽짜리 위인전을 봐야 했다는 사실이 새삼 화가 나는 지금이다."

그는 카사노바에 대해서도 새로운 렌즈를 들이댄다.

"카사노바 하면 엽색 행각으로만 알려져왔지만 그의 인생은 성공과 출세를 위한 끊임없는 도전의 시간들이었다. 그의 끝없는 방랑길도 따지고 보면 자신을 인정해주는 사람을 찾기 위한 유세길이라 할 수 있겠다. 물론 여자관계가 복잡하고 난잡하다 할 수도 있겠지만 가지고 있는 건 몸밖에 없었던 카사노바가 선택할 수 있는 카드는 그리 많지 않았을 것이다. 한 인간의 출세에 대한 집착. 그것이 바로 카사노바의 진짜 모습이 아니었을까?"

역사는 '우연'과 '타이밍'이 만든 운

중세시대에 성을 지을 때 꼭 필요한 재료가 '처녀의 뼈'였다는 얘기는 '정말 그랬을까' 의구심이 들 정도다. 당시 사람들은 죽은 처녀의 뼈를 백골이 되도록 잘 말려서 성벽 사이사이에 박아 넣으면 천하무적의 성이 된다고 믿었다고 한다. 처녀의 힘으로 성을 지킨다는 주술적인 의미였는데, 당시에는 '절대 진리'로 통용됐던 모양이다.

그런데 이렇게 지은 성이 함락되면 뭐라고 했을까. "그럴 경우 사람들이 내린 결론은 그 뼈의 주인이 처녀가 아니라는 것이었다. 지금의 상식으로 봐서는 분명 말도 안 되지만 중세시대에서는 일반상식처럼 통용되었던 이야기였다. 처녀에 대한 인류의 집착은 이 정도로 질겼던 것이다."

루이 14세의 치질과 '외과의사의 부활'도 주목된다. 유럽 최고의 의과대학인 파리대학이 13세기에 외과 과정을 폐지했는데 이유는 '상처를 꿰매고 고름을 짜는 일은 의사들이 하기엔 너무 천박해서 이발사들로도 충분하다'는 것이었다고 한다. 외과의사들은 당연히 반발했지만 내과의사들이 이발사를 모아 외과 속성반을 만들었고, 이 때문에 외과의는 이발사와 같은 취급을 당했다.

그러나 이를 단번에 뒤집은 사건이 일어났다. 심한 치질로 고생하던 루이 14세를 당시 최고의 외과의인 샤를 프랑수아 펠릭스가 말끔하게 치료한 것이다. 같은 질환을 앓던 귀족들까지 효과를 본 덕분에 외과의에 대한 인식은 순식간에 바뀌게 됐다.

"펠릭스가 루이 14세의 치질을 고치지 못했다면 어땠을까? 역사는 우연과 필연의 교차로라는 말이 생각나는 순간이다."

'꿈'과 '과욕', '탐욕'의 차이를 잘 보여주는 일화, '우연과 타이밍이 만든 운'의 사례들도 흥미롭다. 제 꾀에 제가 넘어간 루마니아의 차우셰스쿠 역시 일그러진 욕망의 종착지를 보여준다. '인구=국력'이라는 도식으로 무조건적인 출산을 강요하며 온갖 만행을 저지른 끝에 처참한 최후를 맞은 독재자….

"차우셰스쿠의 죽음을 부른 이들이 바로 '차우셰스쿠의 아이들'이었다는 점이다. 차우셰스쿠에 의해 태어난 아이들이 차우셰스쿠 정권 타도 시위대의 선두에 서서 차우셰스쿠를 몰아냈던 것. 그야말로 시대의 아이러니요, 역사는 부메랑이 되어 되살아난다는 산 증거라 하겠다."

이외에도 노예해방을 정치적 수단으로 이용한 링컨 대통령, 학살자 스탈린의 초라한 죽음, 화학전을 위해 준비한 '겨자가스'가 우연한 사고로 인해 백혈병 치료제가 된 사건 등 재미있는 이야기가 많다.

그는 말미에 '역사와 관련된 수많은 잠언 중 가장 많이 더듬는 구절'을 소개했다. "역사는 사실의 기록이다. 그러나 그것은 당대 정치권력이 인정한 사실의 기록일 뿐이다."

우리가 믿고 있는 역사가 사실fact이 아닐 수도 있기 때문에 끊임없이 의심을 품어보자는 게 그의 집필 의도다. 물론 이것이 사실관계를 다시 왜곡하거나 잘못된 선입견을 키울 수도 있겠지만, 이런 '즐거운 의심'이 역사의 속살을 비추는 새로운 창이기도 하다는 점에서 그의 얘기는 가볍지만 유쾌하고 말랑말랑한 즐거움을 안겨준다.

함께 읽으면 좋은 책

• 《세상에서 가장 짧은 세계사》

존 허스트 지음 | 김종원 옮김 | 위즈덤하우스

중국의 겉과 속… 우리는 무엇을 보는가
《우리가 아는 중국은 없다》

한우덕 지음, 청림출판 펴냄

규칙 추종자에서 규칙을 만드는 존재로 도약

"중국은 그동안 서방 세계가 만들어놓은 시장경제의 틀 속에서 성장했다. 이 때문에 자유무역을 근간으로 하는 서방 시장경제 질서를 받아들이는 모습을 보여왔지만 이제는 달라졌다. '미국의 자유주의적 시장경제가 가장 효율적인 경제 시스템이라고 누가 말할 수 있겠느냐'라고 반문하면서 적합하지 않은 규칙에 대해선 과감하게 '노№'라고 외친다. 규칙을 일방적으로 받아들이는 입장에서 규칙을 만드는 존재로 변한 것이다."

《우리가 아는 중국은 없다》의 한 대목이다. 저자는 대학에서 중국학을 전공하고 베이징과 상하이에서 특파원으로 활동하며 20여 년간 중국을 연구해온 전문기자이자 상하이 명문 화둥사범대학에서 박사학위를 받은 경제학자다.

그는 이 책에서 "중국은 더 이상 이국땅에서 하루 1달러도 안 되는 일당을 받고 노예 같은 생활을 하던 19세기 쿠리가 아니다"라고 강조한다.

그렇다. 중국 경제는 2000년대 들어 급성장하더니 금세 G2 반열에 올랐다. 2009년 독일로부터 최대 수출국 자리를 빼앗았고, 이듬해에는 미국을 제치고 세계 최대 제조업 국가에 올랐다.

세계에서 자동차를 가장 많이 생산하는 나라가 중국이고 가장많이 소비하는 나라도 중국이다. 이 기간에 슈퍼파워 미국이 중동과 아프가니스탄 등에서 전쟁을 치르는 동안 세계 제1의 수출대국및 외화 보유국으로 우뚝 선 것이다.

중국과의 현실적 공존 전략을 짜야 할 때

'불편한 친구'라는 저자의 표현처럼 덩치가 너무 커져 버거운 상대가 되어버린 중국을 어떻게 대해야 할까. 그는 무엇보다 중국을보는 우리의 인식을 빨리 개선해야 한다고 말한다. 중국 경제에 대한 막연한 환상과 근거 없는 오해와 편견을 없애고 현실적인 공존전략을 짜야 한다는 것이다.

또 '큰' 중국에 대한 우리의 선택은 '날카로움'이 되어야 한다면서 "정치, 경제, 사회, 문화 등 모든 면에서 중국이 함부로 대할 수없는 예리함을 키워야 한다"고 강조한다.

중국을 최강으로 만든 것이 무엇인지 파악해야

그 출발점은 중국의 발전 방향을 파악하는 것이다. 중국 기업들이 초기의 '시장과 기술의 교환'에서 '자주적 기술개발' 단계로 발전한 추동력은 곧 국가자본주의였다. 이는 1978년 개혁개방 이후 사회주의 시장경제 체제를 거치는 과정에서 중국의 급성장 행진을 이끌었다.

그러나 당은 시장의 힘이 국가 정책을 압도하는 것은 원하지 않았다. '조롱경제鳥籠經濟(새를 둥우리에 가둬 키우듯 시장도 국가의 틀 안에 가둬놓고 관리하는 것)'라는 말도 그래서 나왔다.

"중국은 국가가 시장을 통제했고 필요하면 견제하고 개입했다. 국가자본주의는 그 연장선이다. 국가는 국유기업을 앞세워 시장에 뛰어든다. 민영기업을 상대로 경쟁하고, 민영기업을 인수하고, 또 민영기업을 도태시키기도 한다. 해외에 나가 에너지를 개발하고 현지 금융시장에 뛰어들어 머니게임을 벌이기도 한다."

그동안 '발전만이 굳은 진리'라는 성장 우선주의 노선 속에서도 이런 행태는 계속됐다. 그 이면에는 빈부격차와 농민공 문제, 사회 불안, 부정부패 등의 부작용도 도사리고 있다. 국가가 민간의 부를 뜯어가는 패자覇者 독식의 경제구조 또한 한계로 지적되고 있다.

그는 나아가 "중국 경제의 가장 큰 문제점은 진정한 불황을 겪어보지 못했다는 점"이라고 지적한다. 경기가 극도로 위축되면 1989년의 천안문 사태 같은 정치적 혼란이 일어날 수 있다는 위기감이 공산당 지도부를 괴롭히고 있다는 것이다. 이른바 '불황의 공포'가 바로 그것이다.

"그러기에 중국 정부는 경제가 하강기에 접어들면 적극적으로 개입해 경기를 살린다. 선진 시장경제 체제에서 흔히 나타나는 '바닥 치고 올라오기'는 중국에 어울리지 않는 말이다. 불황의 공포가 정부의 적극적인 시장 개입을 낳았고, 그 결과 중국 경제는 냉탕과 온탕을 오간다. 그리고 투자와 과열, 다시 긴축을 반복하는 사이클을 만든다."

이런 현상을 설명해주는 것이 '활 – 난의 주기'다. 저명한 경제학자인 린이푸 전 세계은행 부총재가 중국 경제 분석 툴로 제시한 이론인데 경제가 3~4년을 주기로 '활活－난亂－수收－사死－방放－활活'의 주기를 돈다는 것이다.

"일활취란－活就亂: 경기가 살아나면 곧 과열단계로 진입해 어지러워지고, 일란취수－亂就收: 어지러워지면 정부가 긴축정책에 들어가고, 일수취사－收就死: 긴축에 나서면 기업이 도산하는 등 경기가 금방 죽고, 일사취방－死就放: 경기가 죽으면 정부가 부양책을 실시하고, 일방취활－放就活: 부양책이 시행되면 경기가 살아나고, 일활취란－活就亂: 살아난다 싶으면 곧 과열단계로 진입해 어지러워진다."

그는 시진핑 체제가 끝나는 10년 후 중국을 경제적으로는 연착륙, 정치적으로는 공산당의 연성화가 이뤄질 것으로 내다본다. 일각에서 제기되고 있는 중국 경제의 급격한 쇠퇴(경착륙)는 없을 것이라는 얘기다. 또 시진핑 시대의 중국 경제정책은 자유주의 성향이 짙어질 것으로 보고 있다.

실질적인 결론 부분인 5부 '시진핑 시대 한국의 길'에서는 시진핑 시대 중국의 변화를 '3통三統 패러다임'으로 요약하고 우리의 대응 방안을 구체적으로 제시한다.

시진핑 시대, 한국이 가야 할 길

첫째는 '생산의 국내 통합'이다. 그동안 고기술·핵심 부품을 한국, 일본, 대만 등에서 조달해왔지만 기술 수준이 높아진 지금은 국내에서 생산하겠다고 덤비고 있다. 그러니 대중국 수출의 약 70%가 중간재인 우리로서는 중국에서 형성되고 있는 산업 클러스터에 적극 뛰어들어야 하고 기술 개발에도 더 힘을 써야 한다는 것이다.

둘째는 '생산과 시장의 통합'인데, 생산만 중국에서 하고 시장은 미국이나 유럽연합 등에 의존해오던 것을 내수 중심으로 확 바꾸겠다는 '주안비엔轉變' 정책이 이것이다. 따라서 중국 내수시장 공략이 비즈니스의 핵심으로 등장할 것이고, 중국 소비자를 감동시키지 못하는 기업은 시장에서 퇴출될 것이라는 게 그의 분석이다.

셋째는 '제조와 금융의 발전 통합'이다. 그동안에는 금융업을 제조업 발전의 보조수단 정도로 인식해 정부가 금리를 틀어쥐고 보호장벽을 높였지만 이제는 금융을 산업으로 인식하고 경쟁력 높이기에 본격적으로 나서고 있다. 위안화 국제화로 위상이 높아지고 있는 '레드백 이코노미(위안화 경제)'에 어떻게 대응할지가 우리 금융권의 새로운 과제로 떠오른 것이다.

그는 이처럼 중국 경제의 변화를 서구나 중국 시각이 아니라 한국의 관점에서 입체적으로 보여준다. 이른바 '이중국 관중국以中國觀中國'의 자세로 복합적인 역동성을 파헤친 것과 한국 기업의 실리를 염두에 둔 진단법이 아주 신선하다. 거시적인 부분과 미시적인 영역을 조화시켜 정치경제적 상호작용까지 비춰낸 것도 큰 장점이다.

함께 읽으면 좋은 책

• 《중국의 미래》

   스티그 스텐슬리, 마르테 셰르 갈퉁 지음 | 오수원 옮김 | 부키

• 《젊은 중국이 몰려온다》 류종훈 지음 | 21세기북스

중국의 화려한 그늘
《부자 중국 가난한 중국인》

랑셴핑 지음, 이지은 옮김, 미래의창 펴냄

'현찰녀', '여자 꽃거지', '돈자랑녀', '재고남·재고녀'…. 중국 사회에서 유행한 신조어다. 이들은 요란스러운 등장만큼이나 사람들의 호기심을 자극했다. 일부 지역방송의 짝짓기 프로그램이 인기를 얻으면서 남녀의 만남이 공개적인 쇼로 변질됐다.

이들 프로그램의 인기는 이른바 '미팅 경제'를 탄생시켰다. 해당 프로그램에 출연하기 위해 수천만 위안을 내는 사람들이 생겼다. 각종 사교클럽에서 주최하는 미팅 참가비는 50만 위안을 넘기도 했다. 우리나라 돈으로 8000만 원이 넘는 거액이다. 왜 이런 일이 벌어진 것일까.

세계 최대 외환보유국, 최대 수출국, GDP 규모 2위인 '슈퍼 파워' 중국. 소비력 세계 최저, 1인당 GDP 4210달러, 시간당 평균임금 0.8달러의 가난한 중국인. 중국 경제학자 랑셴핑은 신흥 경제대국의 이면에 가려진 서민들의 삶을 들여다보며 지금 중국이 처한 진짜 현실을 신랄하게 비판한다.

와튼스쿨 출신으로 시카고대학 교수를 지낸 중국 경제학자 랑셴 핑 홍콩 중문대학 석좌교수는《부자 중국 가난한 중국인》에서 이렇 게 진단한다. "가난한 중국의 젊은 여성들은 부잣집에 시집가는 것 말고는 신분상승의 기회가 없다고 믿기 때문이다."

그는 "이 여성들을 맹렬히 비난하기 전에 과연 중국 사회가 젊은 이들에게 공정한 성공의 기회를 보장하고 있는지 먼저 살펴볼 필요 가 있다"며 "신분상승 기회가 극소수 사람들의 전유물인 상황에서 젊은 여성들이 발견한 한 가닥 희망이 바로 결혼"이라고 분석한다. 남자들도 마찬가지다.

"과거 농촌 출신 학생도 열심히 공부해 대도시에 입성함으로써 가난에서 벗어나 부를 쌓을 수 있었다. 하지만 현재 이 길은 막혀버 린 것 같다. 공부만 열심히 해서는 어림도 없기 때문이다. 수많은 중 국의 대학생들이 졸업 후에도 일자리를 찾지 못해 대학원에 진학하 지만, 대학원을 졸업하고도 취직하지 못해 다시 박사 코스를 밟는 형편이다. 중국 사회는 농촌 출신자들에게 신분상승의 기회를 박탈 해버렸다."

세계 최대 외환보유국이자 최대 수출국, 국내총생산GDP 규모 2위 라는 타이틀을 거머쥔 중국. 그러나 1인당 GDP는 4210달러에 불과 한 것이 현실…. 그가 신흥 경제대국의 이면에 가려진 서민의 호주 머니에 렌즈를 들이대는 이유도 이 때문이다.

그는 중국 서민경제의 이 같은 문제점과 주문자상표부착생산OEM 방식의 하청업체로 전락한 중국 기업의 비참한 실태, 세계의 '쓰레 기장'이 돼버린 중국의 환경문제 등 16개 분야에 걸쳐 부자나라의 국민이 가난한 이유를 설명하면서 서민의 삶을 이대로 방치하면 중 국 경제가 몰락할 것이라고 경고한다.

세계 최저 임금, 장시간 노동의 늪에 빠진 중국의 서민들

왜 미국과 유럽은 중국을 '경제대국'이라 칭송하는가. 그런데 어 째서 중국인의 소득은 이렇게 낮은가. 중국의 물가는 왜 이렇게 치 솟는가. 왜 중국산 제품의 질은 낮을 수밖에 없는가. 중국 정부의 개 혁은 왜 번번이 실패로 돌아가는가. 이런 질문들에 대한 답은 하나 로 모아진다. 모든 건 중국인이 가난하기 때문이다.

그에 따르면 중국의 소비력은 아프리카와 비슷한 8%에 불과하다. 세계 최저 수준이다. 시간당 평균임금은 어떨까. 독일은 가장 많은 30달러를 받는 것으로 나타났으며 미국이 약 22달러로 그 뒤를 이 었다. 반면 중국은 고작 0.8달러다. 2달러를 받는 태국보다도 낮다. 세계에서 가장 낮은 수준의 임금을 받는 것이다.

세계 최고인 것도 있다. 근로시간이다. 중국인은 1년 동안 2200시 간이나 일하는 반면 미국의 근로시간은 1610시간에 불과하다. 중국 의 노동자는 세계에서 가장 적은 임금을 받지만 세계에서 가장 오 랫동안 일한다.

물론 국경절에 한국이나 일본에서 휴가를 보내며 물 쓰듯 돈을 쓰는 사람들도 있지만 그들은 '선택된 일부'일 뿐이다. 그는 경이로운 성장의 뒷면에서 GDP 상승률은커녕 물가상승률도 따라잡지 못하는 저축률 역시 심각한 문제를 야기할 것이라고 말한다. 노조를 겪어본 적 없는 중국 기업이 인수한 해외 기업을 제대로 경영할 수 있을지에 대한 의문도 제기한다.

애플 부품 공급업체인 중국 팍스콘 직원들의 자살은 16차례나 이어져 엄청난 충격을 줬다. '허리를 한 번 굽히는 게 소원'이라고 할 정도로 얼악힌 근무환경과 강도 높은 작업, 낮은 보수로 고통받던 젊은 근로자들이 결국 자살을 선택했다는 뉴스야말로 중국의 참담한 현실을 극명히 보여준 사례다. 팍스콘은 왜 군대식 경영을 하게 됐을까.

"팍스콘이 군대식 경영 시스템을 채택한 것은 바로 배후에 숨어 있는 검은 세력이 그것을 요구했기 때문이다. 애플은 늘 자신들이 사회적 책임을 다하는 기업이라고 주장한다. 애플의 내부 규정에 따르면 팍스콘은 직원의 권리에 관심을 갖고 건강하고 쾌적한 근무환경을 제공해주어야 할 뿐만 아니라 합리적인 보수를 지불해야 한다. 그런데 현실은 어땠는가. 애플은 가능한 한 팍스콘의 이익을 '쥐어짜려' 했다. 비용을 줄이고 더 많은 이윤을 챙기기 위해 팍스콘으로서는 직원의 작업강도를 높여 업무효율을 높이는 수밖에 없었다. 애플의 요구를 들어주려면 결국 반군대식 경영 시스템 외에는 별다른 해결책이 없었다. 그런 점에서 애플은 미국인의 위선을 보여주는 상징이자 꽃 같은 중국 젊은이들 스스로 목숨을 끊게 만든 원흉이라고 할 수 있다."

중국을 좀 먹는 심각한 환경 파괴

그는 또 미국과 유럽이 중국에서 상품을 제조하려고 하는 이유를 되짚는다. 바로 '환경 파괴, 자원 소비, 노동력 착취'라는 제조업의 특성 때문이라는 것이다.

"금융자본과 산업자본을 통해 원자재와 가격결정권을 장악한 후 중국에서 상품을 제조함으로써 중국의 환경을 파괴하고 자원을 낭비할 뿐만 아니라 노동력까지 착취한 것은 아닐까? 그러다가 끝내 이들 자본에 의해 중국은 남김 없이 수탈당하는 것은 아닐까? 중국이 개혁에 박차를 가할수록, 세계를 향해 활짝 문을 열수록, 중국이 열심히 물건을 만들어낼수록 미국과 유럽이 잘살게 되는 것은 아닐까?"

그의 걱정은 '도시가 쓰레기로 뒤덮이는 것보다 더 끔찍한 중국의 현실'로 이어진다. 실제로 2010년 4월 쓰레기가 민장岷江의 수원을 오염시켜 청두 지역에 단수 사태가 발생했다. 세계 최대의 전자 폐기물 해체처리 집산지인 광둥 구이위는 공기, 토양, 지하수가 이미 심각하게 오염된 상태다. 탁한 공기뿐만 아니라 중금속에 오염된 지하수는 아예 마실 수조차 없는 지경이다.

그는 "중국의 대지 위를 흐르는 수많은 하천은 이미 쓰레기로 뒤

덮여 상수원으로서의 기능을 잃었다"며 "싼샤三峽의 경우 매년 폭우가 내리면 빗물을 타고 흘러내린 쓰레기가 수면 전체를 잔뜩 뒤덮고 항저우의 첸다오후千島湖는 호수 전체가 완전히 쓰레기로 뒤덮인다"고 지적한다.

중국 경제의 문제를 인식하고 실질 경제를 봐야

그는 이처럼 중국 경제의 실상과 문제점을 낱낱이 폭로하면서 이제는 진짜 중국의 실질 경제를 제대로 봐야 한다고 강조한다. 중국 정부의 수출주도형 경제 모델의 한계, 독과점 국영기업, 기업가와 공무원의 부패, 치솟는 물가, 중국산 제품의 낮은 품질, 성공의 기회를 박탈당한 젊은이들, 해외 진출에 어려움을 겪는 중국 기업, 중국을 조종하려는 미국과 중국 정부의 무능력한 외교력까지 중국이 직면한 16가지 문제야말로 중국은 물론 세계 경제를 한순간에 무너뜨릴 수 있는 '시한폭탄'이라고 지적한다.

'중국에서 가장 양심 있는 경제학자'로 불리는 그가 '대국굴기' 중국의 속내를 놀라울 정도로 솔직하게 드러내는 모습을 보면서 우리의 현실을 다시 돌아보게 된다. 한국은 잘사는가, 한국인은 부자인가.

이성적 친구인가, 감성적 타인인가
《한국을 보는 중국의 본심》

정덕구 지음, 중앙북스 펴냄

중국은 한국을 어떻게 보고 있을까? 무시하지 않지만 무서워하지도 않는, 경제적으로는 공존하는 '친구'라고 생각한다. 정치적으로는 한미 군사동맹 강화로 강한 경계심을 갖기도 한다. '한류'에 대해 열광하기도 하는 한편 '혐한 감정'을 보이며 중국 문화의 아류이고 한국이 역사 왜곡의 주범이라 주장한다.

하지만 양국은 미래의 파트너로 동아시아에 속한 공동체다. 한국은 미국과 중국 사이에 균형 잡힌 연미화중聯美和中의 유연한 외교전략을 펼쳐야 한다.

"2018년이면 구매력 기준으로 중국이 미국을 추월해 세계 1위 경제대국이 되고 일본을 제외한 16개 아시아 신흥국은 주요 7개국 G7을 앞지를 것이다. 세계 경제의 질서가 아시아 신흥국을 중심으로 재편되고 2020년에는 중국, 미국, 인도, 일본, 러시아, 독일, 브라질을 중심으로 경제 질서가 새롭게 짜일 것이다."

데일 조겐슨Dale W. Jorgenson 미국 하버드대학 경제학과 교수가 2012년 한국경제신문과의 신년 인터뷰에서 한 말이다. 그는 "인적자원과 정보기술에 대한 투자, 이를 통한 생산성 향상 속도 등으로 각국의 경제성장 속도를 계산한 결과 이렇게 분석됐다"고 설명했다.

한반도와 미국 사이에서 주도권을 잡으려는 중국

중국의 움직임은 이미 2008년 금융위기 직후부터 달라졌다. 미국과 유럽이 추락하고 동아시아 축이 상승하는 과정에서 그 틈새를 메울 수 있다는 자신감을 보이며 국제무대로 눈을 돌리기 시작한 것이다.

중국이 미국을 앞지를 것이라는 전망도 새로운 것은 아니다. 거대 중국의 팽창이 얼마나 빠른 속도로 이뤄질 것인지에 더 관심이 쏠리고 있다. 경제 분야뿐만 아니라 정치외교 분야에서도 중국의 움직임은 한반도와 밀접하게 맞물려 돌아가고 있다. 특히 북한 김정은 체제 이후의 한반도 정세대응 과정에서 중국의 전략적 가치는 갈수록 커지고 있다.

그런 점에서 정덕구 전 산업자원부 장관(현 니어재단 이사장)이 쓴 《한국을 보는 중국의 본심》은 독자들의 흥미를 끌기에 충분하다. 중국 베이징대학 초빙교수와 런민대학 객좌 초빙교수를 지낸 그는 《거대 중국과의 대화》,《동아시아 시대의 준비》 등을 펴낸 중국 전문

가. 이 책에서는 한국을 바라보는 중국의 시선과 국제질서 재편 과
정에서 주도권을 잡으려는 그들의 속마음을 생생하게 비춰 보인다.

"과연 중국은 한국을 어떻게 보고 있을까? 째려볼까? 부러워할
까? 한때 관계가 그럴 수 없이 좋았다가 획 돌아서버린 애인처럼 보
고 있을까? 의문들이 꼬리를 물고 이어질 수밖에 없다. 시원하게 결
론부터 말해야겠다. 중국은 한국을 무시하지 않는다. 무시할 수도
없다. 더 중요한 사실은 무서워하지도 않는다는 것이다. 한국 역시
중국을 결코 무시하지 않는다. 아니, 오히려 앞으로 수십 년 동안에
걸친 긴밀한 관계가 생존권을 유지하는 데 결정적인 밑거름이 된다
고 생각한다. 한국은 미국과 가까운 관계가 어디까지나 북한이 있
기 때문이라고 주장한다. 또 글로벌 금융위기에서 벗어나려는 전략
적 선택과 맥을 같이한다고 강변한다."

한마디로 "중국은 한국을 무시하지 않지만 무서워하지도 않기 때
문에 양국 간 균형점을 찾아 상호 이해의 폭을 넓히는 게 중요하다"
는 게 그의 진단이다.

경제적으로는 상생, 정치적으로는 불안정한 한중관계

그는 중국을 '한국의 이성적 친구이자 감성적 타인'이라고 표현
한다. 경제적으로는 시장논리에 따라 움직이기 때문에 상생하는 길
을 걸어왔지만 정치적으로는 미국과 북한에 의한 한반도 정세 변화
때문에 불안정한 관계를 드러낸다는 것이다.

천안함 사건 이후 중국 매체와 전문가들은 한국이 미국과 가까워지고 중국과 소원해지는 친미소화親美疏華 전략을 가속할 것이라고 보도했다. 중국은 북한을 자극하는 입장을 표명하지 않고 애매한 태도를 취했다. 실제로 이 사건 이후 한미 군사동맹이 굳건해졌고 그만큼 북·중 관계도 더 돈독해졌다.

한중 관계는 전략적 협력 동반자처럼 보이지만 전적으로 신뢰하고 돕는 관계는 아니라는 것을 보여주는 사례다.

그는 "한반도가 통일되면 중국은 동맹국인 북한을 잃고 동북아에서 미국과 경쟁하는 것에도 불리해질 수 있기 때문에 북한에 대해서는 현상 유지를 원할 것"이라고 분석한다. 따라서 앞서 언급했듯 한국이 미국과 중국 사이에서 균형을 잡는 연미화중의 유연한 외교전략을 펼쳐야 한다는 것이다.

"중국은 한국 뒤에 보이는 미국 때문에 강한 경계심을 갖는다. 한국을 미국의 동아시아 전진 캠프쯤으로 여긴다. 그러나 중국은 실사구시적 사고를 바탕으로 현 체제에서 가장 유리한 전략을 구사한다. 우리가 자주 외교를 펼치지 못하고 사안에 따라 끌려다니며 명분과 실리를 잃는 것과 대조적이다. 국익과 국격을 함께 지키는 명민한 외교전략이 우리에게 절실히 필요하다."

중국인들이 한국에 열광하는 것도 있다. '한류'의 힘이 그것이다.

"우리 한민족 특유의 감성과 흥의 문화는 적당한 사회 경쟁 시스템과 맞물려 앞으로도 계속해서 뛰어난 문화상품을 창조해낼 것이다. 요즘 세계 젊은이들의 글로벌 이슈가 되고 있는 K팝 현상을 봐도 이를 짐작할 수 있다. 한국은 미를 바라보는 심미관이 깊고 이를 응용하는 재주도 타고났다. 이는 중국이 발전하더라도 도저히 따라가지 못할 요소다. 한국 정부의 문화정책과 한국 문화 관련 상품개발 및 수출은 중국인의 대한국 국가 이미지 제고에 매우 중요한 역할을 할 것이다."

그러나 이 또한 양면성을 갖고 있다. 한류가 전 세계적으로 확산되고 스포츠 강국으로서 한국의 위상이 높아지자 한국을 미워하는 '혐한 기류'가 형성됐다. 한국 가수와 배우들의 인기에 빛이 바랜 일부 중국 연예인들이 반한류 분위기를 주도하는 이유도 여기에 있다.

배우 탕궈창은 "중국에도 뛰어난 드라마가 많은데 왜 만나는 사람마다 한국 드라마를 입에 올리는지 모르겠다"며 "한류를 두려워하지 말고 우리가 공격적으로 나서야 한다"고 목소리를 높였다.

혐한 감정을 보이는 중국인들은 한류가 중국 문화의 아류이며 한국이 역사 왜곡의 주범이라고 주장한다. 심지어 단오절이 원래 중국에서 유래했고 유네스코 세계무형유산으로 등록된 강릉단오제는 한국이 강탈한 것이라고 강변한다.

동아시아의 운명 공동체… 상생할 수밖에 없는 한국과 중국

이 모든 것이 한국의 성장에 대한 두려움 때문이라는 지적도 있다. 그러나 장기적으로 보면 중국은 절대로 한국을 적대시할 수 없다는 게 그의 진단이다. 이는 한국도 마찬가지다. 양국은 '현재뿐만 아니라 미래의 파트너이며 동아시아에 속한 운명 공동체로서 앞으로 상생할 수밖에 없기 때문'이다.

책 표지에 그려진 용의 이미지가 흑룡해(임진년)에 수교 20주년을 맞은 한중 관계의 현재와 미래를 동시에 보여준다. 김성환 외교통상부 장관은 직원들에게 한 권씩 직접 선물하면서 "외교부 간부는 자기 담당 분야가 아니더라도 중국이나 미국, 러시아, 일본 등에 대해서는 상당히 이야기할 수 있는 능력을 갖고 있어야 한다"고 덧붙였다.

꼭 외교관에게만 해당하는 말일까. 앞으로는 중국을 아는 사람이 세계를 지배할 것이라는 점을 다시 한 번 일깨워주는 책이다.

함께 읽으면 좋은 책

• 《정글만리》 조정래 지음 | 해냄출판사㈜

• 《사드의 모든 것》 정욱식 지음 | 유리창

• 《웅크린 호랑이》 피터 나바로 지음 | 이은경 옮김 | 레디셋고

중동 분쟁의 기원을 파헤치다
《현대 중동의 탄생》

데이비드 프롬킨 지음, 이순호 옮김, 갈라파고스 펴냄

1912년 늦은 봄, 자태도 우아한 요트 한 척이 비 내리는 제노바 항을 떠나 바다로 나아갔다. 느긋한 지중해 크루즈 여행이었다. 이 요트는 영국 해군 소속으로 왕실 요트에 버금가는 호화 선박이었다. 승무원은 100여 명이나 됐다.

이들이 접대하는 손님은 10여 명. 영국 총리 허버트 애스퀴스와 그의 25세 딸 바이올렛, 해군장관 윈스턴 처칠과 그의 가족, 가까운 동료 몇 명이 전부였다. 역사에 조예가 깊은 총리는 로마 문명 이전에 더 오래된 중동 문명이 있었다는 얘기를 들려줬지만, 신세대 딸은 이를 '헛되이' 여겼다.

그때까지만 해도 유럽인들의 통념은 그랬다. 그들에게 중동의 오스만 제국은 술탄이 통치하는 느슨한 동화 속의 나라였다.

젊은 정치인 처칠에게도 중동은 그저 그런 사막의 유목국가일 뿐이었다. 그러나 2년 후 제1차 세계대전과 함께 그는 중동 지역을 대상으로 하는 '거대한 게임' 속으로 말려들어가게 된다.

이때부터 처칠과 중동은 서로 간의 정치에 결정적인 개입을 계속하면서 수많은 흔적을 남긴다. 지금의 중동을 나누는 국경선들도 그 과정에서 생긴 상처투성이의 산물이다.

중동에 갈등의 씨앗을 뿌린 서구 제국주의

미국 역사학자이자 외교정책 전문가인 데이비드 프롬킨은 《현대 중동의 탄생》 첫머리를 처칠 일행이 탄 요트 여행으로 시작한다. 이들의 대화에서도 드러나듯이 당시까지만 해도 오스만 제국은 고대 신전의 유적과 다를 바 없는 옛 시대의 구조물에 지나지 않았다. 식민지인 인도와 이집트를 잇는 '육지다리'로서의 필요성 정도만 인식됐다.

이렇듯 고요하던 중동이 역사의 용광로로 바뀌게 된 계기는 무엇일까. 저자는 제1차 세계대전과 서구 제국주의에서 원인을 찾는다. 이스라엘과 요르단, 시리아, 레바논, 이라크, 터키, 사우디아라비아는 20세기 초만 해도 존재하지 않았던 나라다. 수백 년 동안 오스만 제국의 속령이었다가 제1차 세계대전으로 제국이 해체되면서 생겨난 국가들이다. 이는 연합국의 결정에 따라 이뤄졌다.

1914년 영국과 프랑스군이 들어가기 전까지 중동의 정치와 삶은 종교를 중심으로 돌아가고 있었다. 그런 곳에 유럽인들이 세속주의,

민족주의, 동맹체제 같은 유럽식 정치를 도입하려고 했으니 쉬울 리가 없었다. 중동의 관점에서 볼 때 외국인이 무슬림 현지인을 지배한다는 게 말이 되는가.

물론 영국과 프랑스도 처음부터 중동의 정치를 바꾸려고 전쟁에 뛰어든 것은 아니었다. 하지만 결국 그런 결과를 양산하게 됐다. 전쟁 후 유럽 연합국이 취한 각종 조치들이 뒤섞여 중동 평화의 최종 타결안이 나왔는데, 저자는 그 일련의 과정들을 '1922년의 타결'이라고 이름 붙인다.

그는 그 타결에 많은 오류가 있었다고 지적한다. 국가와 국경선이 영국과 프랑스의 이해관계에 따라 정해진 것도 그렇다. 그런 결정은 대개 그곳 사정에 무지한 연합국 관리와 각료들이 내렸다. 결국 이들의 조치는 유럽의 중동 문제만 종식시켰을 뿐 중동의 중동 문제는 오히려 새로 불거지게 만드는 결과를 초래했다는 것이다.

"중동이 지금과 같은 모습을 띠게 된 것은 2가지 요인 때문이었다. 하나는 유럽 국가들이 재편을 맡았기 때문이고, 다른 하나는 영국과 프랑스가 왕조, 국가, 정치시스템만 구축해놓고 그것들이 지속될 수 있는 대책 마련에는 소홀한 탓이었다. 전시와 종전 뒤 영국과 연합국은 중동의 구질서를 돌이킬 수 없을 정도로 부숴놓았다. 아랍어권 지역에서의 오스만 체제를 회복 불가능하게 파괴시킨 뒤 그 자리에 나라들을 세우고, 지배자들을 임명하며, 국경선을 그리고, 세계 도처에서 볼 수 있는 국가 시스템 비슷한 것을 도입했으나 그것에 반발하는 현지인들의 저항까지 죄다 물리칠 수는 없었던 것이다."

그는 "1922년의 타결이 과거가 아니라 현재 진행 중인 중동의 분쟁과 정치의 중심에 놓여 있다"며 "베이루트의 황폐한 거리, 유속이 느린 티그리스와 유프라테스 강변, 성서에도 자주 언급되는 요르단 강변에서는 지금도 윈스턴 처칠 등이 만들어놓은 문제들 때문에 해마다 무력투쟁이 벌어지는 것"이라고 지적한다.

글로벌 빅 이슈로 떠오른 IS(이슬람 국가)뿐만 아니라 팔레스타인과 이스라엘의 분쟁에서도 볼 수 있듯이 중동의 고질적인 문제 중 대부분이 연합국의 '생각 없는 결정' 때문에 빚어진 것이라는 얘기다. 얼마 전에 터진 프랑스 주간지 테러도 중동이 여전한 세계의 화약고임을 입증하는 사건이다.

그는 안타깝게도 중동 문제를 당장에 해결하기는 어려워 보인다고 진단한다. 오스만 제국의 멸망과 현대 중동의 탄생, 석유를 둘러싼 패권 다툼, 극단적으로 치닫는 테러리즘 등 격변의 요인들이 난마처럼 얽혀 있기 때문이다. 부서진 조각들을 이런저런 형태로 꿰맞추는 데도 시간이 걸릴 수밖에 없다는 것이다.

'아랍의 봄'을 이해하기 위한 필독서

이 책은 현대의 중동이 탄생하는 과정과 함께 20세기의 탄생 과정도 보여주는 역사서다. 제1차 세계대전을 전후해 유럽 각국과 그들의 상대국, 식민지 정부, 현지의 원주민 지도자들 사이에 복잡하게 펼쳐진 외교 비사를 망라하고 있다. 중동 문제 타결의 기획자 역할을 한 처칠 외에도 아라비아의 로렌스, 레닌 등이 또 다른 연출자로 등장해 흥미를 더한다.

이야기의 초점이 제국주의의 대표 주자였던 영국과 서구열강의 정책 입안자들에 맞춰져 있어 가해자 중심이라는 한계는 있다. 그러나 당시 영국 정치권의 알력과 외교관−군지휘관−관료들의 힘겨루기, 그들의 오만함과 무지, 개인 간의 충돌과 관료정치가 만들어낸 상황 인식이 빠짐없이 기록돼 있어 사료적 가치도 크다. 10년에 걸친 노작으로 분량도 1000페이지에 가깝다.

미국 비평가협회상과 퓰리처상 최종 후보에 올랐고 전 세계 언론으로부터 극찬을 받았으며 미국 대학들에서 '아랍의 봄'을 이해하기 위한 필독서로 선정됐다.

책의 원제가 '모든 평화를 끝내기 위한 평화A Peace to End All Peace'인 게 의미심장하다. 이는 영국 장군 아치볼드 웨이벌이 파리평화회의에서 제1차 세계대전 종결 조약들이 체결된 것을 보고 경멸조로 던진 말이다. 중동 평화를 위해 유럽연합국이 중동에 취한 각종 조치들이 결국 중동의 평화를 끝내고 모든 분쟁의 씨앗이 됐다는 뜻으로 쓰였는데, 이를 멋지게 패러디한 것이다.

기회의 땅, 아랍을 주목하라
《아랍 파워》

비제이 마하잔 지음, 이순주 옮김, 에이지21 펴냄

세계가 주목하는 거대시장 '아랍'

《아프리카 파워》로 유명한 마케팅 전문가 비제이 마하잔(텍사스대학 교수)이 이번엔《아랍 파워》를 통해 3억 5000만 인구의 아랍 시장 진출 노하우를 공개한다.

그가 3년간 밀착 취재한 아랍연맹 22개 국은 세계 8대 경제블록이자 국내총생산 2조 3000억 달러(2011년)의 거대 시장이다. 중산층 1억 5000만 명에 연간 관광객은 7900만 명이나 된다. 이스라엘과 이란, 터키를 제외해도 이 정도다.

그는 "아랍 하면 머리부터 발끝까지 베일로 감싼 여인들과 석유로 부호가 된 왕족, 무장한 테러범, 정치 소요 등을 떠올리겠지만 이곳 소비자들 역시 세계 여느 곳과 마찬가지로 자신들의 필요와 욕구에 따라 행동하고 수준 높은 제품을 원한다"고 얘기한다.

"현지 기업이든 다국적기업이든, 이 무한한 기회를 포착한 기업들은 그 덕분에 아랍 전역의 시장을 장악하고 있다."

저자에 따르면 이슬람과 아랍 문화는 너무나 뒤얽혀 있어 외부인은 그 차이를 잘 모른다. 현대화와 함께 전통 신앙을 고수하려는 성향을 지닌 이슬람권의 특성을 가장 잘 이용한 기업은 P&G다. 특히 세탁용 세제 '타이드'의 마케팅 캠페인에서 이를 최대한 활용했다.

"P&G는 액체 타이드 세제가 베일을 얼마나 깨끗하게 빨 수 있는지 강조하는 일련의 광고와 포장을 사용했다. 그러나 이 캠페인을 진행하면서 종교적 성향을 이용하는 것처럼 보이지 않으려고 많은 애를 썼다. 종교적 색채가 지나치게 강한 광고는 오히려 아랍 소비자에게 호감을 주지 못하기 때문에 베일을 세탁하는 것을 일상적이고 흔한 활동으로 표현하려 했던 것이다."

아랍 소비자는 자신에게 우호적인 기업에는 아주 호의적이다. P&G 브랜드의 충성도가 높은 것도 이 때문이다. 하지만 아랍 소비자는 지역과 민족 특성에 따라 다양한 기호를 갖고 있으므로 그 미세한 욕구를 충족시켜줘야 한다고 그는 강조한다.

그는 아랍을 크게 세 지역으로 나눈다. 북아프리카(모로코·튀니지·알제리·리비아·모리타니), 레반트(팔레스타인·요르단·레바논·시리아), 중동(이집트·수단·바레인·쿠웨이트·오만·카타르·사우디아라비아·아랍에미리트·예멘)이 그것이다. 이 같은 문화권별 특색에 따라 맞춤형 마케팅 전략을 써야 해당 지역 소비자의 마음을 얻을 수 있다는 얘기다.

마케팅 키워드가 된 이슬람 문화의 '5대 기둥'

물론 아랍권 전역에 적용되는 핵심 요소도 있다. 그는 이것을 이슬람 문화의 '5대 기둥'이라고 부른다. 5대 기둥은 이슬람의 신앙고백인 '샤하다'와 '살라(예배)', '사움(라마단 기간 중 단식)', '자카트(자선 기부)', '하지(메카 순례)'다.

'샤하다'는 '알라 이외에 다른 신은 없으며 무하마드는 알라의 선지자다'라는 이슬람 신앙 고백으로 어떤 것보다 우선하는 가치다. 2005년 덴마크의 한 일간지가 무하마드를 이상하게 묘사한 시사만평을 게재했을 때 세계 각지의 무슬림이 분노해 덴마크 제품 불매운동을 벌였다. 그 결과 아랍 지역 최고의 유제품 브랜드이던 덴마크의 아를라 푸드는 40년 공들인 시장을 일순간에 잃었다.

'살라'는 하루 5번, 매일 같은 시간대에 올리는 예배다. 인도의 시계 제조업체 타이탄은 무슬림에게 예배시간을 알려주는 특별한 시계를 판매해 크게 성공했다.

'사움'은 라마단 기간 중에 하는 단식인데 이와 관련한 비즈니스가 매우 다양하다. 100년 전 기업을 시작한 아우잔 가문은 영국 라이선스를 받아 과일음료 '빔토'를 판매하면서 성공의 발판을 다졌다. 빔토는 달콤하고 과육이 많아 단식을 끝낸 무슬림에게 딱 맞는 음료였다. '자카트'는 의무적인 기부를 뜻한다. 신앙심이 깊고 능력 있는 무슬림은 해마다 부의 2.5%를 기부한다. 이 또한 엄청난 사회적 자본이다.

'하지'는 성지 순례를 말하는데 메카가 있는 사우디아라비아에만 해마다 300만 명이 몰린다. 이들을 위한 여행·숙박·기념품·보건·위생 시장도 활기를 띤다. 하지의 경제적 효과는 연간 300억 달러 이상으로 추산된다. 사우디 경제의 7%에 이르는 수치다.

주요 소비층 청년과 여성을 잡아라

그는 또 아랍 시장에서 가장 중요한 소비층은 청년과 여성이라고 말한다. 그중에서도 인구의 53%를 차지하는 25세 미만 청년층(샤바브)이 특히 중요하다고 한다. 이들을 충실한 미래 고객으로 끌어들이려면 청년 소비자에게 맞는 특화 마케팅으로 승부해야 한다. 코카콜라가 진출할 당시 이 지역은 펩시콜라가 20년 이상 장악하고 있었다.

코카콜라는 펩시의 장벽을 넘기 위해 샤바브 세대를 타깃으로 삼았다. 코카콜라 '열린 행복', 스프라이트 '자연스럽게 행동하라' 등의 슬로건으로 젊은이들의 감성을 자극한 것이다.

아랍의 청년인구 비율(53%)은 인도(48%), 중국(34%)보다 높다. 출산율(3.29명)도 인도(2.66명), 중국(1.61명)보다 훨씬 높은데 앞으로 더 늘어날 것이라고 한다. 샤바브 세대는 외국 브랜드에 대한 선호도가 강해 제품 디자인과 마케팅에 이를 적극 활용하는 게 중요하다고 한다.

아랍 여성의 영향력은 갈수록 커지고 있다. 그가 만난 로레알 관계자는 "사우디아라비아의 미용제품 시장이 6억 달러 규모"라고 전했다. 걸프협력회의, 즉 GCC 6개국 여성의 화장품 구매력은 세계 1위다. 여성의 교육 수준이 높아지면서 사회적 진출도 확대되고 있다. 이들은 쇼핑할 때 무엇보다 품질을 꼼꼼하게 따진다. 아랍인의 1인당 가계 지출(2307달러)은 중국(1378달러)보다 3분의 2 정도 많고, 인도(639달러)보다는 3배 이상 많다.

이런 소비자의 힘은 국제적인 브랜드를 키우는 힘이 되기도 한다. 1985년 출범한 에미레이트항공(두바이)은 수많은 세계 최초 기록을 갈아치우며 최고 항공사로 우뚝 섰다. '푸른 들판'이라는 뜻의 알마라이(사우디아라비아)도 세계의 유제품과 식품 시장을 공략하고 있다.

중동 최대 배달 및 물류 관리업체 아라멕스(요르단), 낙타 젖 유제품 판매회사 티비스키(모리타니), 탄산음료회사 하무드 부알렘(알제리)도 성장을 거듭하고 있다.

이처럼 아랍은 폐쇄적인 게 아니라 활기에 차 있고 세계적으로 잘 연결돼 있다. 저자가 이 책에서 미국 기업인을 위한 마케팅 전략에 초점을 맞춘 이유도 여기에 있다. 정치나 종교적인 색채를 띤 다른 책보다 훨씬 직접적이고 실용적인 것도 이 때문이다. 그동안 막연히 갖고 있던 몇몇 편견만 덜어내면 아랍연맹이라는 거대 수출시장이 보인다는 저자의 말이 맞다.

모로코의 탐험가 이븐 바투타가 14세기 아랍 여행기 《리흘라Rihla》를 통해 위대한 여행가 반열에 올랐던 것처럼 그는 21세기 아랍 경제 여행으로 또 하나의 현대판 '리흘라'를 완성했다.

유목민을 알면 세계사가 보인다
《유목민의 눈으로 본 세계사》

스기야마 마사아키 지음, 이경덕 옮김, 시루 펴냄

유목민에 대한 편견과 오해

처음으로 세계지도를 거꾸로 봤을 때의 충격처럼 신선하다. 그전까지 지구의 서쪽은 왼쪽이고 동쪽은 오른쪽이며 남쪽은 아래, 북쪽은 위인 게 당연했다. 그러나 지도를 거꾸로 놓고 보니 북극이 맨 밑에 있고 중국이 시베리아 위쪽에 있으며 남극이 맨 위에 있었다. 해 뜨는 동방은 왼쪽이고 해 지는 서녘은 오른쪽이었다.

이런 역발상의 사고는 지리뿐만 아니라 역사에서도 큰 영향을 미친다. 기존 역사는 대개 그리스와 로마로 대변되는 서양 중심 세계사와 화이사상의 중국 중심 동양사의 틀에서 기록한 것이다. 그것도 농경사회의 정주문화권과 봉건 왕조 위주의 역사가 대부분이다.

따라서 어느 한쪽의 기록만으로는 정확한 사실을 알 수 없는 경우가 많다. 척박한 땅을 옮겨 다닌 유목민들은 단지 기록을 체계적으로 남기지 않았다는 이유로 역사의 페이지에서 사라지기도 한다.

몽골 등 유목민 연구 권위자인 일본 교토대학의 스기야마 마사아키 교수는 《유목민의 눈으로 본 세계사》를 통해 이렇게 잊힌 사람들의 역사를 전면으로 끄집어낸다.

그 무대는 북반구의 절반 이상을 차지하고 있는 중앙유라시아 전역이다. 중국 동쪽의 대흥안령산맥에서 서구 유럽의 길목인 헝가리 평원, 시베리아의 바이칼 호에서 만리장성을 아우르는 광활한 땅이다.

북쪽의 초원과 남쪽의 사막, 파미르고원 등 험준한 산악지대를 품고 있는 이 지역은 평균 강수량이 100~400mm인 건조한 땅이다. 이런 척박한 환경에서 물과 풀을 찾아 사계절 이동하는 방식으로 살아온 이들이 바로 유목민이다.

그러나 이들에 대한 역사 연구는 거의 이루어지지 않았다. 극한지역에서 살아가는 이들에게는 생활에 필요한 도구가 많이 필요하지 않았다. 그래서 남길 수 있는 유물이 별로 없었다. 소통을 위한 언어는 가졌으나 기록을 남겨야 할 이유도 없었다.

그런 이들과 달리 기록을 남긴 자들은 자신들 입장에서 가혹한 평가를 남겼다. 무자비한 약탈자, 문명의 파괴자라는 달갑지 않은 오명이 그런 것이다.

저자는 "이런 일방적인 기록이야말로 역사의 편견과 오해"라며 "기원전 5세기부터 시작해서 총포가 등장한 18세기 이전까지 유라시아의 넓은 영토를 지배하고 중화와 서구를 압박한 주인공은 오히려 그들이었다"고 역설한다. 역사시대의 대부분을 주도한 세력은 정주민이 아닌 유목민들이었다는 것이다. 그러나 정주민 국가들 입장에서 기술된 역사에 의해 이들은 약탈자, 문명 파괴자로 폄훼된 것이다.

스키타이, 돌궐, 몽골 등 세계사의 주역인 유목민

그에 따르면 야만족으로 치부됐던 유목민들은 은을 중심으로 한 국제적인 경제체제를 갖춘 데다 오아시스에 사는 정주민들의 고립을 막아주는 문화 교류자였다. 그들이 사용한 아람어Aramaic language는 소그드 문자를 비롯해 위구르 문자와 만주 문자, 한글에까지 영향을 미쳤다고 한다.

이들 가운데 가장 먼저 강력한 세력을 떨친 것은 기원전 5세기 철기문명으로 무장해 페르시아 제국과의 전쟁에서 승리하고 각국을 두려움에 떨게 한 스키타이다. 이를 이어받아 기원전 3세기 중화왕조를 위협한 돌궐 제국과 뒤이어 일어난 위구르, 세계를 제패한 몽골 제국, 그리고 투르크 제국의 위용 등 유목 제국이 탄생할 때마다 유라시아의 지형이 급변했다. 그 때문에 세계가 요동쳤고 대변혁의 소용돌이가 이어졌다.

그는 "이 과정에서 서구나 중국이 유목 세계의 변화를 주도한 경우는 거의 없었으며 항상 유목민에 의해 서구와 중국이 변화됐다"

며 "이는 유목민이 세계사의 주역이었음을 알려주는 강력한 증거"라고 설명한다.

9세기부터 10세기에 걸쳐 유라시아의 역사를 바꾼 것도 투르크족의 대대적인 서쪽 이동이었다. 그 결과 중앙아시아뿐만 아니라 중동, 서북유라시아, 북인도까지 정치·군사적 주역은 이슬람 투르크족이 차지하게 됐다. 이 형세는 무굴왕조나 오스만왕조를 거쳐 '투르크 이슬람 시대'의 개막으로 이어졌다.

13세기 칭기즈칸이 유목 부족을 통일하고 중국과 중앙아시아, 동유럽 일대를 정복하면서 인류 역사상 최대 영토의 몽골 제국을 세운 뒤에도 유목민의 역사는 도도하게 펼쳐졌다.

칭기즈칸이 1215년 금나라 수도 중도中都(베이징)를 포위해 항복을 받아냈을 때 그가 이끈 병력은 기병 6만 5000명에 불과했다. 지구력이 강한 몽골 말과 보급부대를 두지 않고 육포와 마른 젖덩이만 휴대한 몽골군은 세계 최강의 기동력을 자랑했다.

이어진 쿠빌라이 치세에는 새로운 국가 구상을 토대로 대건설 프로젝트가 진행됐다. 쿠빌라이의 대건설은 정치·군사·경제·교통 등 다방면에 걸쳐 이뤄졌으며, 국가가 주도하는 자유무역·중상주의 정책은 '유라시아 대교역권'을 발전시켰다.

이들의 주요 화폐는 은이었는데 몽골어로는 '스케'라고 불렀다. 스케는 도끼라는 뜻이다. 위구르어로는 야스투크, 페르시아어로는 바리슈로 불렸는데 이는 곧 베개를 의미했다. 화폐의 가장 큰 단위인 은괴가 때로는 도끼나 베개 모양이었기 때문이다.

몽골 시대에 국제 두뇌집단으로 이름을 떨친 위구르족도 눈길을 끈다. 천산 남쪽의 투루판 분지와 북쪽의 우루무치 지역에 자리 잡은 이들의 지배계층은 투르크계였지만 인도 아리안계와 한족계, 소그드계, 티베트계도 있었다. 인종, 언어, 문화가 섞여 있는데도 각각의 요소가 병존하면서 무리 없이 어울렸다. 국제통상에 밝고 사람들을 자주 만나다 보니 고급 정보도 모여들었다. 이 '작지만 강한 정보국가'는 몽골에게 인재 공급의 보물창고이기도 했다.

몽골이 위력을 떨치기 직전에 위구르의 왕은 미리 손을 뻗어 인연을 맺었다. 몽골이 금 왕조를 치기 2년 전이었으므로 자칫 나라의 운명을 건 도박에 가까웠으나 이 '입도선매'는 성공했다. 위구르 왕은 칭기즈칸 집안의 딸을 맞아들여 부마가 됐고 몽골 체제 아래에서 각별한 대접을 받았다. 그 결과 재능 있는 위구르인이 몽골 왕가의 가정교사나 참모, 행정관, 재무관, 군인, 기업가 등으로 활동할수 있었다.

유라시아 전역을 아우른 유목민 재조명

이렇듯 유라시아 전 지역을 아우르며 대제국을 이어오던 유목민은 18세기 서구의 총과 화약에 청 왕조가 쇠퇴하면서 세계사의 뒤편으로 자취를 감췄다. 그러다 최근 들어 이곳이 우라늄 매장량 세계 2위, 보크사이트와 크롬 매장량 1위 등 광물자원의 보고로 알려지면서 다시 관심을 끌고 있다.

북쪽으로는 러시아, 서쪽으로는 서구 유럽, 남쪽으로는 아랍과 인도, 동쪽으로는 중국과 통하는 교통 요충지이자 한때 '문명의 십자로'이던 이곳에 강대국들의 관심이 쏠리는 것을 보면서 초원의 지배자가 세계의 지배자였던 과거를 떠올려본다.

저자의 말처럼 세계사는 당구공처럼 연쇄반응을 일으키면서 모든 지역 사람들의 흔적이 합쳐져 완성된다. 그러니 서구와 중화 중심의 기존 세계사를 근본부터 뒤집어볼 필요가 있다.

"근대 서구는 물론이고 아메리카라는 틀, 중화라는 틀, 유럽이나 아시아라는 틀, 근대 국가와 현내 문명이라는 생각, 민족·국경이라는 개념 모두를 재조사해야 숨은 역사가 보인다."

함께 읽으면 좋은 책

• 《실크로드 세계사》

 피터 프랭코판 지음 | 이재황 옮김 | 책과함께

• 《몽골제국과 세계사의 탄생》 김호동 지음 | 돌베개

몽골제국이 동서교류 시대를 열었다
《몽골족의 역사》

데이비드 O. 모건 지음, 권용철 옮김, 모노그래프 펴냄

#1. 몽골족은 사실 아주 어릴 때부터 말 타는 것을 배웠고, 말을 탈 줄 아는 몽골족은 잠재적인 병사였다. 60세 이하의 몽골족 성인 남성은 모두 군역의 의무가 있었다. 주베이니는 몽골군이 "군복을 입은 농민으로서, 유사시에는 작은 사람에서 큰 사람, 고위층의 사람부터 재산이 거의 없는 사람에 이르기까지 모두 검수, 궁수, 창병槍兵이 된다"고 말하고 있다.

#2. 몽골군 같은 기마군대는 평원 전투에서 매우 뛰어났지만, 성벽으로 둘러싸인 중국의 도시를 점령하기에는 적합한 수단이 아니었다. 처음으로 이런 만만치 않은 도시를 마주했을 때, 칭기즈칸은 고양이 1000마리와 제비 1만 마리를 받으면 포위를 풀겠다고 제안했다고 한다. 이 동물들은 예상대로 몽골군의 손에 들어왔다. 몽골군은 동물의 꼬리에 천을 묶고, 여기에 불을 붙였다. 동물들은 풀려

나자 원래 있던 곳으로 달아나 도시를 화염에 휩싸이게 했고, 도시는 몽골군에게 급습을 당했다.

두 대목 모두 몽골족의 군사적 성격을 보여주는 내용이다. 그러나 역사학자 데이비드 모건(위스콘신대학 역사학과 명예교수)은 그의 대표적인 저서《몽골족의 역사》에서 유럽인에게 '공포의 대상'으로만 여겨졌던 몽골제국의 반대편을 새로운 역사의 거울로 비춰준다.

중국어 사료와 페르시아어 사료 속의 몽골족

잘 알다시피 몽골제국은 몽골초원에서 중국, 중동, 러시아, 유럽까지 사상 최대의 영토를 거느렸다. 따라서 극동 지역의 시각만으로는 광범위한 역사를 다 아우를 수 없다. 저자가 중동과 유럽 측의 사료를 대거 활용한 것도 이 때문이다.

그는 칭기즈칸이 출현하기 전까지 문자로 역사를 기록하지 않은 몽골족을 제대로 이해하기 위해서는 중국어와 페르시아어(이란어)를 반드시 알아야 한다고 강조한다.

몽골제국이 세계사에 남긴 영향은 상당히 중요하다. 몽골제국이 등장하기 이전까지 중국, 중앙아시아, 서아시아, 유럽 등의 세계에서 개별적인 역사가 진행되었지만, 몽골제국은 이 지역을 하나로 연결하면서 '광범한 교류'의 시대를 탄생시켰기 때문이다.

유럽에서 몽골 지역으로 왔던 카르피니와 뤼브룩 등의 선교사 그리고 이탈리아에서 중국으로 온 마르코 폴로, 중국에서 로마를 거쳐 잉글랜드까지 건너갔던 랍반 사우마, 북아프리카에서 서아시아를 거쳐 인도를 지나 중국까지 왔던 이븐 바투타 등은 모두 몽골제국이 만들어낸 인물들이었다. 이들이 남긴 기록은 제국의 동방과 서방이 서로의 존재를 인식하게 하는 중요한 정보였다.

그는 라시드 앗 딘, 주베이니, 주즈자니 등 페르시아 역사가들의 기록을 다른 사료들과 비교분석하면서 역사의 실체에 접근한다.

예를 들어 칭기즈칸 이후인 13세기에 몽골인이 그들의 언어로 기록한 《몽골비사》를 보자. 그는 이 작품이 전설적인 이야기에 불과하다고 주장한 아서 웨일리의 주장을 정면으로 반박한다. 그 내용이 '금책'이라고 불리던 《알탄 뎁테르》(당시 몽골족의 공식적인 역사서)와 상당 부분 일치하고, 개를 무서워하고 이복형을 살해한 칭기즈칸의 약점이나 치부도 숨기지 않았기 때문이다.

중동 침략 당시 대학살은 부풀려졌다?

그의 얘기를 듣다 보면 여태까지 알려진 몽골족의 잔인한 면이 사실은 부풀려진 것이라는 점도 알게 된다. 몽골족의 중동 침략 과정에서 학살된 인구가 그렇게 많지 않다고 그는 말한다. 당시 몽골족이 점령하지 않은 곳에 있었던 주즈자니와 출생 전이어서 직접 목격하지 못한 주베이니가 쓴 역사서에는 대학살이 기록돼 있다.

그러나 최근의 연구들은 몽골족의 중동 정복으로 그렇게 큰 인명과 재산 손실은 없었다는 주장이 많다.

저자도 당시의 유적에 주목한다. 수백만 명이 학살됐다는 것과 달리 몽골족의 공격에 파괴당한 도시의 유적을 발굴해보면 그렇게 많은 인구를 수용할 만큼 규모가 크지 않다는 것이다. 따라서 그는 학살이 있었지만 그 수치는 통계학적인 정보보다 몽골족의 침략에 따른 심리적 두려움을 보여주는 증거로 봐야 한다고 설명한다.

그러면 몽골족의 중동 침략에서 살육보다 심각한 것은 무엇이었을까. 이 대목이 아주 흥미롭다.

그는 중동에서 학살보다 심각했던 것은 몽골족이 농업에 끼친 영향이었다고 분석한다. 페르시아는 큰 강이 없기 때문에 농업은 인공적인 관개를 위해 고안한 '카나트'라는 시설에 의존했다. 카나트는 멀리 떨어진 지역에서 필요한 곳까지 물을 끌어오는 지하수로 장치다. 그 일부가 몽골족의 침략 과정에서 파괴됐고, 이 때문에 물이 제때 공급되지 않아 대부분의 농경지가 곧 사막으로 변했다는 것이다.

물론 카나트가 파괴되지 않았더라도 지속해서 관리하지 않으면 금방 작동을 멈추기 때문에 농민들이 살해되거나 농지를 버리고 달아나게 되면 땅이 말라붙을 수 있다. 천성적으로 유목민적 기질을 가지고 있던 몽골족은 이를 바로잡기 위해 제때 행동을 취할 사람들이 아니었다고 본다.

이렇게 내륙의 농경지역이 사라지자 도시는 적절한 지원을 받을 수 없었다고 한다. 몽골족의 침략은 파괴적이었지만 페르시아의 다른 지역은 그 당시 영향을 별로 받지 않았고, 특히 남부는 전면적인 공격을 받지 않았다는 게 그의 주장이다.

중국 지배와 유연한 통치

그는 또 몽골족이 중국에서 강력한 중앙집권 정부를 수립하지 않았고 통치도 유연했다고 말한다. 몽골의 직접 통치는 베이징의 중서성中書省과 인구가 희박한 일부 지역에서만 이뤄졌으며, 이 시대에 중국 문화를 거부한 것도 아니었다는 것이다.

더욱이 몽골족이 세운 왕조 원元은 명조明朝와 청조淸朝의 상황보다 가혹하지 않았고, 몽골족의 지배가 (적어도 초기에는) 평화와 경제적 번영의 시기를 대변했다고 한다. 이 무렵 중국 북부와 남부는 더욱 긴밀해졌고, 항저우와 베이징을 잇는 대운하 건설에도 박차가 가해졌다.

이처럼 객관적이고 입체적인 접근법 덕분에 이 책은 몽골사 연구의 고전으로 꼽힌다. 1986년 초판 출간 이후 1990년에 새로운 서문을 추가한 보급판, 2007년에는 1990년대와 2000년대의 새로운 연구 성과까지 반영한 개정판이 나왔다. 한국어판은 2007년 개정판을 저본으로 삼았다. 고려대학 대학원에서 몽골 제국사로 석사학위를 받고 박사과정에서 연구 중인 권용철 씨가 우리말로 옮겼다.

학술적인 내용이 많지만 지루하지 않다. 역사에 관한 시야를 넓혀주기 때문에 전공자가 아니라도 읽어볼 만한 인문서다.

씨족공동체 '여진'은 어떻게 '청 제국'을 세웠나
《여진 부락에서 만주 국가로》

유소맹 지음, 이훈·이선애·김선민 옮김, 푸른역사 펴냄

소수민족 여진의 300년 역사의 힘

14세기 중반까지 수렵과 어로 생활을 했고 15세기에야 겨우 농사를 짓기 시작한 씨족부락 여진. 철기도 생산하지 못해 밀무역으로 화살촉과 갑옷을 구해야 했던 '오랑캐'가 어떻게 명나라와 조선의 견제를 견뎌내고 청 제국을 세울 수 있었을까. 척박한 땅의 소수민족이 거대 제국을 300년 가까이 통치할 수 있었던 힘은 어디에서 나온 걸까.

《여진 부락에서 만주 국가로》는 이런 역사적 의문에서 출발한다. 저자 유소맹(류샤오밍) 중국사회과학원 교수는 부락연맹 여진이 16세기 말에서 17세기 초 국가의 형태를 갖추며 일어서는 시기를 제도사적인 관점에서 새롭게 조명했다. 여진과 청을 별개로 인식하

던 기존 시각과 달리 여진의 역사를 연속선상에서 살핀 것이 특징이다.

중국 사학계가 청 성립기 연구에 적용해온 마르크스의 역사발전단계론을 어느 정도 탈피했다는 점도 눈길을 끈다. 그동안 만주족과 팔기제도에 대해서는 많은 연구가 있었지만, 만주족이 국가로 발전하는 과정을 제도 측면에서 체계화한 사례는 거의 없었다고 한다.

저자는 여진의 역사 기록이 제대로 없다는 한계를 주변국 사료의 힘으로 넘어섰는데, 자주 인용한 것이 《조선왕조실록》이어서 더욱 흥미롭다.

그는 "《조선왕조실록》에는 중국의 동북 지역과 조선의 변경에서 활동하던 여진족 관련 내용이 아주 많다"며 "특히 여진 사회 내부에 대한 조선의 조사와 보고는 명의 기록에서는 찾을 수 없는 귀중한 자료"라고 설명했다.

1445년 편찬된 《용비어천가》에 여진 이야기가 나온다. "동북 1도는 원래 왕업을 일으킨 땅으로서 위엄을 두려워하고 은덕을 생각한 지 오래돼 야인野人(여진)의 추장이 멀리서 오고, 일란 투먼도 모두 복종하여 언제나 활과 칼을 차고 잠저에 들어와 좌우에서 가까이 모셨고 동정, 서벌할 때에도 따르지 않은 적이 없었다."

태조 이성계와 여진 추장들의 관계를 보여주는 대목이다. 여기서 '일란 투먼'은 여진어로 3만호萬戶를 뜻한다. 이는 송화강 하류의 세 추장이 이끄는 것이었다. 원래 원나라에 여진이 5만호 살았다가 나중엔 3만호만 남았다. 이 가운데 하나인 오도리 만호의 몽케테무르는 청 태조 누르하치의 6대조다.

그렇잖아도 여진족과 한민족은 오래전부터 동아시아 역사에서 긴밀한 관계를 맺어왔다. 주몽이 고구려 첫 도성인 흘승골성을 건설한 곳이자 이만주가 건주여진의 근거지로 터를 잡은 오녀산성(지금의 요령성 동북 방향), 누르하치가 피란 온 선조에게 구원병을 제안한 임진왜란 시기의 의주, 조선이 치욕스러운 군신 관계를 맺은 남한산성에 이르기까지 열거하자면 끝이 없다. 이성계의 의형제인 이지란도 여진족이었다.

15세기 중엽부터 연맹국가로 발전

14세기 중엽 동아시아를 지배하던 원의 영향력이 사라진 후 여진은 명이나 조선처럼 국가를 세우지 못했다. 이들은 러시아 연해주를 포함한 넓은 지역에서 소규모 씨족·부락 단위로 흩어져 명과 조선의 견제를 받았다. 여진족이라는 말은 조선이 부르던 것이고 그들은 자신을 '주선'이라고 불렀다.

15세기 중엽에야 송화강 유역과 파저강 일대에 해서여진과 건주여진이라는 부락연맹이 생겨났다. 이들 연맹은 국가로 발전하기 전 단계의 과도기적 특징을 갖고 있었다.

지연과 혈연 집단이 섞인 성격이었다. 이는 관리 조직에서도 나타났다. 추장은 한 가문 안에서 선출됐으나 엄격한 부자 계승은 아니었다. 게다가 강제력이 없어 추장의 권력은 크지 않았다.

16세기 초부터 1582년까지 해서여진과 건주여진이 대외무역을 발판 삼아 힘을 키우기 시작했다. 이들은 다른 혈연의 일족으로 구성된 지역연합체였다. 이후 군사정복과 강제합병에 따른 부락연맹이 생기고 이들의 상층부에서 특수한 세습귀족이 형성됐다.

해서여진과 건주여진이 빠르게 발전한 것은 명나라와의 교류 덕분이었다. 이들은 조공과 호시互市에 참여해 모피, 잣, 버섯, 꿀, 가축 등을 보내고 농기구, 소, 수공업품, 쌀, 소금, 비단 등을 들여왔다. 명과의 호시는 월 1회에서 나중에는 일 1회로 늘어났다. 명 말기에는 호시에 몰린 인원이 수천 명이었다.

조공의 경우 여진은 명의 답례품을 은으로 통일해 받았다. 여진 사회로 들어오는 은이 연간 1만 5000냥에 달했다고 한다. 명은 조공의 연간 인원을 해서여진 1000명, 건주여진 500명으로 제한했지만 나중에는 건주여진이 강해지면서 규정의 3배인 1500여 명으로 늘었다. 여진은 호시에서 거두는 세금도 은본위로 징수해 화폐가치를 은으로 통일했다.

현재 중국의 밑바탕이 된 여진의 역사

시장이 발달하면서 잉여가치가 커지고 사유재산제도 및 국가 발전의 토대가 만들어졌다. 이런 바탕 위에서 누르하치는 분산된 여진 부족을 통일하고 1616년 금(후금)을 세웠다.

누르하치는 씨족부락 제도를 개조하고 몽골식 제도를 활용해금의 기초 정치기구인 팔기(8구사)조직과 의정회의를 만들었다. 1622년에 확립한 공동집정제도는 부락 귀족의 결정권 전통을 계승한 것이었다.

이후 그의 여덟째 아들 홍타이지(청 태종)는 1635년 내몽골 지역까지 평정한 뒤 '주선'을 만주로 개칭했다. 홍타이지는 이듬해 만주족·몽골족·한족 관료를 아우른 예식에 따라 청 제국의 황제 자리에 올랐다.

이들이 세운 청나라는 약 300년간 화려한 중국 문명을 꽃피웠다. 득히 팔기는 청이 영도를 계속 확장하는 과정에서 만주족만이 아니라 다민족 조직으로 확대됐다.

청나라 때 편찬된《팔기 만주 씨족통보》의 수록 성씨는 1266개인데 다수는 만주족·몽골족·한족이지만 조선 성씨도 43개나 포함돼 있다고 한다. 현대 중국의 방대한 영토와 다민족국가적 특징이 청 제국의 유산이라는 것을 일깨워주는 대목이다.

이에 대해 저자는 "외세의 견제를 견디고 내적인 분산성을 극복하면서 점진적으로 국가를 수립하는 과정에서 동아시아의 국제질서를 재편할 힘을 길렀기 때문에 광활한 청 제국을 다스릴 수 있었다"고 설명한다.

최근 국내에서도 만주족의 역사와 언어에 대한 관심이 높아지고 있다. 미국과 함께 21세기 양대 강국으로 떠오른 중국의 뿌리를 알기 위해서는 후금과 청, 여진의 역사까지 거슬러 올라가야 하기 때문이다.

그런 점에서《여진 부락에서 만주 국가로》의 가치는 더 빛난다. 공동번역자 3명이 중국어 원서에 한자로 표기된 만주족의 인명과 지명 등 고유명사를 만주어 발음으로 일일이 표기하고, 한자와 로마자 전사를 부록으로 정리한 것도 이 책의 미덕이다.

함께 읽으면 좋은 책

· 《만주족의 역사》

　패멀라 카일 크로슬리 지음 | 양휘웅 옮김 | 돌베개

· 《만주족의 청제국》

　마크 C. 엘리엇 지음 | 이훈, 김선민 옮김 | 푸른역사

동서양 문화 교차로… 2000년 역사를 만나다
《터키 민족 2천년사》

쉴레이만 세이디 지음, 곽영완 옮김, 애플미디어 펴냄

2006년 노벨문학상을 받은 터키 소설가 오르한 파묵은 자신의 고향을 그린 에세이 《이스탄불》에서 "저녁에 길을 걸을 때나 창밖을 볼 때, 오렌지색 불빛이 감도는 집안을 주시하는 것을 나는 좋아한다"고 말했다.

"작고 소박한 어떤 1층 집에서, 우리 집처럼 오렌지색 불빛 아래서 모두 함께 이야기를 나누며 저녁을 먹는 가족을 보면, 그저 그 모습만으로 그들이 행복하다는 순진한 결론을 내리곤 했다. 한 도시를 만드는 것이 그 외관뿐 아니라 도시에 있는 집 내부와 그 실내 풍경이라는 것을 외국인 여행자들은 이스탄불에서 가장 많이 잊어버리게 된다."

여행자들에게 비친 이스탄불의 일상은 오렌지색 불빛처럼 아늑하고 고요하다. 그러나 이 특별한 도시의 역사는 그리 간단치 않다.

이곳은 보스포루스 해협을 사이에 두고 서쪽의 유럽과 동쪽의 아시아 대륙에 걸쳐 있다. 터키가 오래전부터 동서양 문화를 연결하는 교차로 역할을 해온 것도 이 같은 지정학적 조건과 관련이 있다.

6·25전쟁 참전한 형제국… 실크로드의 중심지

터키는 우리에게도 친근한 나라다. 6·25전쟁 때 군대를 보내 도와준 형제국이자 다양한 분야에서 교역을 넓혀가고 있는 경제협력국이다. 국민 정서와 언어, 관습 등 여러 면에서 비슷한 점도 많다. 특히 2002 한일월드컵을 계기로 양국의 유대감은 더 깊어졌다.

더욱이 2013년에는 8월 31일부터 23일간 이스탄불에서 '이스탄불-경주세계문화엑스포'가 열렸다. 우리나라는 실크로드 탐험대를 꾸려 오래전부터 이어졌던 양국의 문명교류 발자취를 찾았다. 서해안을 거쳐 중국 상하이와 항저우, 난징, 뤄양, 시안을 거쳐 둔황, 사마르칸트, 타슈켄트, 테헤란, 앙카라, 이스탄불에 이르는 대장정이었다. 총 이동거리는 1만 2500여 km에 이른다.

당시 이벤트를 앞두고 터키문화관광부가 공인된 콘텐츠를 엮어 《터키 민족 2천년사》를 펴냈다. 이 책은 기원전 3세기부터 아시아를 지배하던 거대국가 훈 제국(흉노)을 시작으로 투르크족이 수천 년간 아시아와 유럽, 아프리카 일대에 세운 많은 나라의 역사를 함께 다루고 있다.

훈 제국 이후 돌궐, 위구르, 셀주크, 오스만 제국, 그리고 투르크족이 최초로 세운 단일 민족국가 터키공화국까지의 역사를 연대기 순으로 정리했다.

투르크족 100여 개 나라 세우며 아시아 넘어 지중해로

투르크족으로 통칭되는 터키 민족은 오래전부터 아시아와 유럽, 아프리카 대륙에 걸쳐 100여 개 나라를 세웠다. 동서남북으로 맞닿은 지리적 환경 때문에 역사적인 부침이 어느 민족보다 심했다.

투르크족의 초기 역사에서 가장 잘 알려진 나라는 훈 제국이다. 셀주크 제국과 오스만 제국도 이슬람 시대에 탄생한 걸출한 나라다. 여러 종교와 인종을 아우르던 오스만 제국은 세 대륙에 걸친 200만 km² 이상의 영역을 400년 가까이 다스리며 로마 제국이나 대영 제국에 비견할 만한 정치적 영향력을 행사했다.

오스만 제국은 14세기 후반 발칸에 진출하고 1453년 메메드 2세 시절 콘스탄티노플을 수도로 삼아 제국체제를 확립했다. 16세기 초에는 셀림 1세가 맘루크조를 정복하고 당시 이슬람 세계의 중심 지역인 이집트와 시리아에 이어 메카·메디나 2대 성지까지 손에 넣으며 이슬람적 세계 제국이 됐다. 특히 쉴레이만 1세 시대에 중앙집권적 지배조직과 강력한 상비군단을 거느린 국가가 됐다.

그러나 20세기 초까지 가장 유력한 이슬람 제국이던 오스만은 서구에서 시작된 근대화에 뒤처지며 많은 영토를 잃게 됐다. 이 같은 시련을 딛고 관료와 지식인들은 근대 투르크족의 결속력을 높였던 세속주의와 인종주의, 민족주의의 가치를 고양하는 작업을 병행하며 재기의 땀을 흘렸다.

현대 투르크족의 역사에서 가장 큰 전환점은 제1차 세계대전이었다. 아나톨리아 반도가 그리스군에게 점령당하기도 했다. 그러나 무스타파 케말 아타튀르크의 강력한 지도 아래 영토를 지키고 자주독립을 이뤄냈다. 그는 터키공화국을 수립하고 근대화와 개혁을 이끌어 오늘날의 터키를 만든 주인공이다. 중동의 이슬람국가와 달리 유럽에 속할 수 있었던 것도 그가 닦은 초석 덕분이라고 한다.

여러 분야에서 개혁을 단행한 터키는 이슬람권에서 거의 유일하게 민주적이고 탈종교적인 국가로 탈바꿈했고, 곧 유럽연합EU 가입을 눈앞에 두고 있다.

이들에게 투르크족이라는 용어는 지금의 터키공화국 국민뿐만 아니라 다른 나라에 거주하면서 터키 문화와 연결된 사람들을 다 포함하는 의미로 쓰인다. 투르크족은 역사적으로 단일 영역 아래 뭉친 적이 거의 없다. 그들의 타고난 기질이 그렇기도 하지만, 다양한 루트로 영역을 넓혀가며 끊임없이 움직여야 했기 때문이다.

어떤 관점에서 투르크족이라는 말은 인종보다 정치집단을 의미하기도 한다. 돌궐 시대에 투르크족은 국명이었다. 이후 돌궐에 속한 유목사회를 지칭하는 말로 쓰였고 나중엔 투르크족 집단과 관계있는 모든 사회까지로 그 의미가 확대됐다.

역사적으로 터키어를 사용하던 투르크족은 훈족 이외에도 타브가쉬, 위구르, 카라한, 셀주크, 오스만, 타타르, 키르기스, 우즈베키스탄, 투르크멘, 야쿠트 등이 있다.

오늘날 투르크족의 영역은 아시아를 넘어 지중해 동부와 몽골고원, 북쪽으로는 중부 볼가분지와 카자흐스탄의 시베리아 경계 지역까지 광범위하게 뻗어 있다. 이 지역에는 터키공화국 이외에도 6개의 독립 투르크 국가가 있다. 크림 반도와 중동, 발칸 반도 등지에도 투르크족이 살고 있다.

다양한 문화로 유네스코 지정 세계문화유산 11곳

터키에는 문화유적도 많다. 고대로부터 중세, 근대에 이르기까지 방대한 양의 유적지와 그 시대를 꽃피운 다양한 문화의 흔적이 고스란히 남아 있다. 유네스코가 지정한 세계문화유산만 11곳이나 된다. 2012년에 등재된 것은 기원전 6500년경으로 추정되는 도시 유적 '차탈회육'이다. 작은 시골에 있는 차탈회육은 요르단 강 서안의 예리코에 이어 세계에서 두 번째로 손꼽히는 인류의 집단 거주 지역이다. 신석기시대부터 공동생활을 한 흔적과 농경사회를 그린 벽화 등 가치 있는 유물들이 한꺼번에 발견돼 화제를 모았다.

차탈회육 공동 거주지의 집들은 야생동물의 침입을 막기 위해 문을 만들지 않았는데, 집과 집이 서로 연결돼 있었다고 한다.

터키인들이 최초의 문명을 꽃피운 고대부터 근대까지 세계사에서 중추적인 역할을 했다고 자부하는 것도 이런 문화유산이 많기 때문이다.

이 책을 읽다 보면 유럽 중심의 고정관념에서 벗어나 새로운 시각으로 터키와 세계의 역사를 조망할 수 있게 된다. 본문에 나오는 셀주크왕조와 오스만 제국의 술탄 명단도 부록에 간단하게 정리돼 있다.

함께 읽으면 좋은 책

• 《튀르크인 이야기》 이희철 지음 | 리수
• 《우리가 미처 몰랐던 터키 역사기행》
  이종헌 지음 | 소울메이트

돌무더기 속에서 깨어나는 신화를 만나다
《그리스의 시간을 걷다》

김덕영 지음, 책세상 펴냄

그리스 여행자 가운데 많은 사람이 "하루 종일 오래된 돌무더기 밖에 본 게 없다"며 투덜거린다. 지중해의 아름다운 풍경이 없었다면 돈 아까울 뻔했다고 한다. 그런데 그 '돌'을 통해 고대 그리스의 뿌리를 되짚고 인문학적 여행의 묘미까지 즐길 수 있다니….

서양철학을 전공한 다큐멘터리 PD 김덕영 씨는《그리스의 시간을 걷다 ─이야기의 땅, 터키 이스탄불에서 델피의 신탁까지》에서 색다른 방식의 여행기를 보여준다. 그는 "신화에서 사실성을 찾거나 역사에서 상상력을 발휘하는 것은 흥미로운 일"이라며 "그 모든 재료들이 파편으로나마 남아 있다"고 말한다. 그 파편이 바로 '신화의 돌'이다.

터키에서 그리스에 이르기까지 고대 그리스 유적지라면 어디든 자리하고 있는 돌무더기. 그것의 이름은 원형 극장이다. 마치 한 사람이 만든 것처럼 모두들 닮은 모습이다. 적의 침략에 대비해 가장 전망이 좋은 곳에 설계된 원형 극장은 비극이 상연되던 무대이자 공동체의 시민들이 토론하던 광장. 그곳에서는 지금도 오페라 공연이 열리고 있다.

저자는 이런 모습을 보고 "미토스와 로고스, 파토스가 환생하는 순간"이라고 표현한다. 원형 극장의 객석은 바다를 향해 있다. 연극을 너무나도 사랑하던 그리스인들의 생존 본능일까. 대부분의 사람이 극장에 모여드니 도시는 텅 비게 되고, 적의 침입을 미리 알아채려면 바다 쪽을 봐야 했기 때문이다.

이토록 연극을 사랑한 그들이 희극보다 비극을 좋아한 이유는 무엇일까. 그들은 행복한 이야기 대신 가슴 아픈 얘기를 통해 자신을 돌아보고 '나는 누구이며 유한한 운명을 타고난 존재로서 어떤 삶을 영위해야 하는가'라는 고민을 했던 것이다.

신화로 잇는 3개의 그리스 문명

그는 터키 땅에 남아 있는 고대 이오니아 문명부터 에게 해 섬들의 크레타 미노아 문명과 키클라데스 문명, 그리스 본토의 미케네 문명과 델피의 신탁까지 아주 특별한 시간 여행을 통해 '3개의 그리스'를 발견한다. 3개의 그리스는 별개의 세계로 존재하는 것이 아니라 고대 그리스라는 하나의 세계 안에서 조화를 이루며 현재까지 이어져오고 있다.

이들 세 그리스를 이어주는 것은 신화다. 역사보다 오래된 신화와 전설이 살아 숨 쉬는 이야기의 땅. 그래서 그는 "돌무더기 속에서 신화가 역사가 되고 역사가 전설이 되는 수천 년의 결을 읽어낼 수 있다"고 말한다. 오랜 세월의 더께가 쌓인 이곳이 곧 생생한 삶의 현장이며 역사의 무대라는 것을 깨달을 때 비로소 다양한 문명과 이질적인 문화들이 섞여 조화를 이룬 고대 그리스의 참모습이 드러난다는 것이다.

그는 지도 위에 점을 찍듯이 여행의 동선을 그려나간다. 아시아의 끝 터키 이스탄불에서 시작해 고대 이오니아 지역인 에게 해에 인접한 터키의 서부 해안도시들을 훑고 크레타 섬과 키클라데스 군도를 이루는 섬들을 지나 그리스 본토인 아테네, 델피, 미케네를 거쳐 다시 이스탄불로 귀환한다.

고대 그리스를 탐사하기 위한 이 루트를 따라가면서 그는 터키 땅에 남아 있는 그리스 유적지에서 고대 문명의 다양성을 발견한다. 또 지중해에 뿌려진 섬들에서는 아름다운 풍광과 함께 고대 문명의 뿌리, 그리스 본토에서는 현재 시간 속에서 고대 그리스 문화를 찾는다.

미토스, 로고스, 파토스가 어우러진 고대 그리스의 역사를 되짚다

1부 '터키 땅, 고대 그리스'에서는 터키 땅에 남은 고대 이오니아 도시들을 어루만진다. 아시아의 끝이자 유럽으로 가는 길목. 그래서 문명의 격전지였던 이스탄불, 양피지를 탄생시킨 책의 성지이자 사라진 고대 왕국 베르가마, 에게 해 연안 최대의 고대 유적지 에페수스가 있는 셀추크, 철학이 탄생한 밀레투스, 그리스 밖 가장 웅장한 아폴론 신전이 남아 있는 종교와 신성의 도시 디디마, 성전의 현장 보드룸이 무대다.

2부 '바다 위에 뿌려진 그리스'에서는 터키에서 그리스로 옮겨 에게 해의 섬들을 항해한다. 중세 기사의 섬 로도스, 아테나 신전이 있는 승리의 섬 린도스, 현존하는 아틀란티스 산토리니, 고대의 보물창고 델로스, 꽃보다 아름다운 섬 미코노스….

3부 '세 번째 그리스, 델피로 가는 길'은 그리스 본토 여행이다. '영원한 신화의 땅' 아테네와 신성한 영감의 장소 델피의 아폴론 신전, 아티카 반도 끝에 자리 잡은 수니온의 포세이돈 신전, 황금의 도시 미케네 등을 거치면서 고대 그리스 문화의 명암을 되비춘다.

어느 민족에게나 있는 역사. 그 역사의 3가지 형태 이야기. 입에서 입으로 전해져온 이야기 미토스, 이성으로 기록된 논리적인 이야기 로고스, 인간의 희로애락이 가득 담긴 이야기 파토스가 그것이다. 그는 "이 3가지 이야기가 절묘하게 균형을 이루며 기록된 역사는 고대 그리스의 역사가 유일하다"고 얘기한다.

사실 아마추어 고고학자 슐리만이 미케네 황금궁전을 발굴해낸 것은 어릴 적 읽은 트로이 신화와 그것이 사실이라는 믿음 덕분에 가능했다. 이는 영국 고고학자 에번스가 그리스 신화 가운데 가장 많은 에피소드를 품고 있는 크레타의 크노소스 미궁 '라비린토스'

를 발굴한 쾌거로 이어졌다.

소의 머리를 한 괴물 인간 미노타우로스, 그 괴수와 맞서 싸우며 그리스를 지킨 테세우스 왕자, 그 왕자를 사랑했던 공주 아리아드네가 테세우스에게 건네준 실타래, 그 미궁을 직접 설계하고 만든 다이달로스, 그의 아들 이카로스까지 무궁무진한 이야기가 펼쳐지는 공간이 이곳에 있다.

인문학으로 여행의 깊이를 더해

진짜 여행은 떠나기 전부터 시작된다고 했던가. '아는 만큼 보이고 보이는 만큼 느끼는' 여행을 위해 그는 떠나기 전부터 배움의 여행을 시작한다. 그것이 바로 루트 여행이다. 그가 중간중간에 그리스와 관련된 여러 책과 영화, 이야기를 통해 다양한 시각을 제공하는 것도 마찬가지다.

서양 고전 문명이 그리스가 아니라 아프리카와 아시아에서 출발했다고 주장하는 마틴 버낼의 《블랙 아테나》에서 다른 시각으로 그리스를 바라볼 수 있고, 그리스 용병들의 귀환을 그린 크세노폰의 《아나바시스》에서는 영웅 크세노폰보다 그리스의 민주정신을 되새길 수 있다. 로버트 카플란의 《지중해 오디세이》를 통해서는 다양한 문명의 공존을 읽을 수 있다.

그는 이 같은 '인문 여행'을 통해 고대 그리스인의 시간과 공간을 공유한다. 이성적이었지만 삶의 중요한 순간에는 이성을 버리고 신탁에 순응했던 비이성, 낙관적인 표정의 저변에 깔려 있는 비극성 등 입체적인 그들의 내면을 탐색하기도 한다.

 "에게 해는 석양이 가장 아름다운 오후 5시에서 7시 사이에 통과한다", "그리스에서 터키로 귀환할 때는 오리엔탈 특급열차를 탄다" 등의 문장도 우리를 한껏 설레게 한다.

함께 읽으면 좋은 책

• 《유럽의 시간을 걷다》 최경철 지음 | 웨일북
• 《아트인문학 여행》 김태진, 백승휴 지음 | 카시오페아

스페인 건축에서 길을 찾다
《스페인은 건축이다》

김희곤 지음, 오브제 펴냄

"그리스인들은 스페인을 헤라클레스의 황금사과가 싹을 틔운 지구 문명의 자궁이라 불렀다. 아랍인들은 하늘이 2층이라면 1층이 스페인이라며 하늘을 받치는 기둥으로 비유했다."

천재 건축가 가우디와 현대 미술의 거장 피카소의 나라. 열정과 낭만의 춤 플라멩코, 고전 명작《돈키호테》의 세르반테스…. 스페인은 유럽 어디에서도 볼 수 없는 문화양식을 갖고 있는 예술의 나라다.

로마와 이슬람 문화, 기독교 문화 등이 혼재돼 있어 결코 한 광주리에 담을 수 없는 달걀처럼 이질적이고 독창적이다. 하지만 함께 섞이면 각각의 미각을 그대로 유지하면서도 입체적인 공감을 불러일으키는 묘약과 같다.

스페인 건축 전문가 김희곤 씨는《스페인은 건축이다》에서 "인류 문화의 살아 있는 화석으로 건축보다 더 단단한 지층은 없다. 그중

에서도 스페인 건축은 동서 문화의 두 지층이 만나 융기한 조각작
품 같다"고 평한다.

로마네스크 양식과 무데하르 양식을 계승하고 중세 고딕 양식과
르네상스 양식, 바로크 양식, 로코코 양식, 신고전주의 양식을 차례
로 융합해 스페인만의 독특한 양식으로 발전시켰다는 것이다.

열정과 낭만의 스페인 건축문화 답사기

마흔 중반에 마드리드 건축대학교로 유학을 떠나 복원·재생 건
축을 공부하고 돌아온 그는 마드리드와 톨레도, 안달루시아, 카스티
야라만차, 바르셀로나 등을 돌며 스페인의 위대한 건축문화 답사기
를 재미있게 들려준다.

그의 여정은 수도인 마드리드에서 시작해 돈키호테 하면 떠오르
는 카스티야라만차 지역과 안달루시아, 바르셀로나, 빌바오 등으로
이어진다.

그에 따르면 스페인 건축의 독특한 아름다움은 로마 건축과 기독
교 건축, 유대 건축, 이슬람 건축 등의 유산이 빚어내는 혼종의 문화
에서 나온다. 서로 다른 문화가 장단점을 인정하고 경쟁하며 공존
하는 과정에서 스페인 건축이 한층 더 풍부해졌다는 얘기다.

중세 유적이 화석처럼 박혀 있는 마드리드 카탈란 문화와 이슬람
의 여운이 짙게 남은 남부 안달루시아 문화, 바르셀로나 민족주의의
산실 카탈루냐 문화, 독립투쟁의 화신 칸타브리아 바스코 문화와

대서양 연안의 갈리시아 문화가 모두 스페인 건축문화를 살찌웠다. 이런 문화적 다양성이 마침내 바르셀로나의 위대한 건축가 가우디를 잉태했던 것이다.

답사여행의 출발지인 마드리드는 주요 광장의 표정에 그 역사가 거의 다 배어 있다. 코르도바 왕국의 모하메드 1세가 854년에 건설한 옛 도시답게 곳곳에 숨겨진 이야기도 많다.

그는 젊음과 열정으로 들끓는 마요르 광장을 비롯해 마드리드의 축복이라 할 수 있는 부엔 레티로 공원, 일상의 상처를 치유할 수 있는 스페인 광장의 과거와 현재 모습 위에 늦깎이 유학생의 소소한 체험담까지 펼쳐 보인다.

"건축물로 가득 찬 도시의 진짜 모습을 보기 위해선 그 도시에서 활화산처럼 분출하는 축제를 즐겨 봐야 한다. 마드리드의 펄떡거리는 심장소리를 들어볼 수 있는 기회는 축제밖에 없다. 마드리드의 모든 축제는 마요르 광장에서 시작된다."

다음으로는 카스티야라만차 지역의 중세 도시 톨레도와 과달라하라, 아란후에스 등을 보여준다. 그중에서도 톨레도는 중세 기독교 왕국의 박해를 이겨내면서 지금까지 화석처럼 빛나는 유대 건축물과 이슬람 건축물이 많이 남아 있는 도시다. 그래서 '작은 로마', '이슬람의 메카', '작은 예루살렘'이라고 불린다. "톨레도를 보지 않았다면 스페인을 본 것이 아니다"는 말이 있을 정도로 아름답다.

안달루시아 지역에서는 그 유명한 알람브라 궁전과 세비야 등 전 세계의 관광객이 몰리는 명소를 두루 살펴본다. 그라나다의 알람브라 궁전은 13세기에서 15세기에 걸쳐 만든 이슬람 건축예술의 정수다.

스페인의 이슬람 건축양식을 칼리프 양식이라고 하는데, 무어인들이 돌에 코란을 새기듯 정성껏 구축한 알람브라는 무엇과도 바꿀 수 없을 만큼 소중하고 아름다워서 전쟁통에도 살아남았다. 그래서 저자는 이 궁전은 스페인을 떠나기 전에 마지막으로 보라고 권한다.

책의 후반부에서는 바르셀로나와 가우디의 이야기가 중점적으로 펼쳐진다. 동심의 상상이 꿈틀대는 구엘 공원과 카사밀라, 구엘 성당, 성가족 대성당 등 위대한 천재의 건축물이 가득한 도심 곳곳을 누비며 그의 인생 역정도 함께 들여다본다.

가우디 건축의 특색은 누구도 흉내 낼 수 없는 곡선의 상상력에서 나온다. 자연에서 모티브를 찾았기 때문에 그의 작품에는 도마뱀, 옥수수 등 무수한 동식물이 등장한다. 그래서 같은 디자인을 반복하지 않고도 풍부한 표현력을 발휘할 수 있었다고 한다.

"담장 위 세라믹 간판에서 구엘 공원이라는 선명한 글자를 발견하지 않았다면 요정의 나라에 온 것으로 착각했을 정도다. 구엘 공원 앞에 서는 순간 이제까지 품어왔던 건축물에 대한 고정관념, 이른바 '건축물은 이런 것이다'라는 공식이 여지없이 허물어지고 말았다."

마지막 장은 중세의 숨결이 살아 움직이는 대학도시 살라망카, 프랭크 게리의 독특한 건축양식을 만날 수 있는 빌바오 구겐하임 미술관, 가우디의 후예인 산티아고 칼라트라바의 건축을 볼 수 있는 발렌시아 지역까지 아우른다.

위대한 건축물 앞에서 만난 가슴 뛰는 삶의 의미

이런 여정을 통해 저자는 "스페인 건축은 나에게 인생의 집을 어떻게 설계해야 하는지, 영혼의 집을 어떻게 바꿔야 하는 것인지 알려주었다"고 고백한다. 인생의 직선 주로에서 과감하게 벗어나 아름다운 스페인 건축문화의 신수를 만나고, 그 속에서 가슴 뛰는 삶의 의미를 새롭게 발견했으니 그럴 만하다.

사실 위대한 건축은 우리 영혼의 창과 지붕을 다시금 돌아보게 해주는 거울이다. '인간이 집을 짓고 사용하는 것 같지만 알고 보면 집이 사람을 키우고 살찌우는 것'이라는 깨달음도 그 속에서 나온다.

케이블TV 프로그램의 〈꽃보다 할배〉의 주인공들이 감동한 것도 스페인에서 발견한 그 성찰의 깊이 때문에 더 웅숭깊고 의미 있다.

함께 읽으면 좋은 책

• 《스페인 미술관 산책》 최경화 지음 | 시공아트
• 《스페인 디자인 여행》 유혜영 지음 | 안그라픽스

특별한 유럽을 만나다
《나만 알고 싶은 유럽 TOP 10》

정여울 지음, 홍익출판사 펴냄

목적 달성 위주의 여행이 아닌 길에서 길로 이어지는 생생한 여행의 과정이 훨씬 사람의 가슴을 두근거리게 한다. 진정 아름다운 공간은 그 공간을 나에게 맞추는 것이 아니라 자석에 이끌리듯 그 장소에 맞게 나의 모든 것을 맞추게 되는 곳이다. 그것이 여행이 가진 신비한 마력이다.

"두브로브니크에선 왠지 좋은 일이 일어날 것만 같았다. 머릿속에 먹구름처럼 잔뜩 찌푸려 있던 우울의 기미가 말끔히 가셨다. 먼 나라의 밤하늘에서 이국적인 풍경이 아니라, 열네 살 때 우리 집 옥상에서 하나하나 손으로 짚어가며 찾던 내 마음의 별자리를 되찾게 될 줄이야." (생각이 깊어지는 그곳, 슬픔마저 끌어안은 두브로브니크)

"버리고 사라져야 비로소 처절하게 깨달아지는 것들을 나에게 가르쳐준 곳 폼페이. 모든 것이 가득 차 있기 때문에 보이지 않는 것들을 비로소 보이게 해주는 폐허의 아름다움. 뭔가 비어 있고 뭔가 결핍되어 있는 것들 때문에 더 확연하게 보이는 삶의 진실에 대해 가르쳐준 곳."(인생도 여행도 휴식이 필요해, 폼페이)

문학평론가 특유의 감각이 녹아든 여행 에세이

문학평론가 정여울 씨의 《나만 알고 싶은 유럽 TOP 10》은 아주 새로운 형태의 여행 에세이다. 많은 사람이 가보고 싶어 하는 테마 여행지를 문학평론가 특유의 감각으로 그려내면서 시간의 역사성과 장소의 공간성을 입체적으로 버무린 이른바 '유럽 인문학 여행서'다. 일반적인 여행 방식인 '전망대의 시점'보다 우연에 몸을 맡기는 '산책자의 시점'으로 바라보는 게 가장 큰 장점이다.

2014년 상반기 최고 베스트셀러로 30만 독자가 열광한 《내가 사랑한 유럽 TOP 10》의 두 번째 이야기인데 전작보다 감성이 더 깊어졌다. 첫 번째 이야기에 포함되지 않아 아쉬움을 남겼던 런던, 파리, 베를린 등 대도시와 소울 푸드를 함께 먹으며 거닐고 싶은 헬싱키, 그레이스 켈리와 모나코 국왕이 결혼식을 올린 세인트 니콜라스 대성당 등도 포함됐다.

소주제 역시 매력적이다. 경험해보지 못한 이색적인 일정을 소개하는 '특별한 하루를 부탁해', 관광지가 아니라 현지인의 진짜 삶을 엿볼 수 있는 '그들처럼 살아보는 하루', 조용히 거닐며 사색에 잠기기 좋은 '생각이 깊어지는 그곳', 소설과 영화 주인공이 되어보는

'작가처럼, 영화 주인공처럼' 등 누구나 꿈꾸는 여행지의 테마를 감성적으로 터치한다.

그는 서로의 우연이 중첩되는 순간에 일어나는 '사건'과 그 경계에서 시작되는 타인과 나의 욕망, 그 접점에서 피어오르는 '이야기'에 초점을 맞춘다. 그래서 파리를 배경으로 탄생한 수많은 문학작품을 "바로 그 우연의 불씨들이 점화하여 타오르는, 생의 모든 빛깔을 아낌없이 분출하는 장엄한 불꽃놀이 같다"고 표현한다.

"관광객들은 보통 여행책자와 지도에 나와 있는 유명한 랜드마크를 중심으로, '점에서 점으로' 이동하는 계획을 세운다. 그런데 실제로 여행을 하다 보면 '점에서 점으로' 이어지는 목적 달성 위주의 여행이 아닌 '선에서 선으로' 우연히 교차되는 여행의 생생한 과정이 훨씬 가슴을 두근거리게 한다."

나를 변화시키는 공간의 미학, 여행의 마력

그의 말처럼 여행은 '선'이고 '길'이다. 그는 "수십 권의 책을 읽는 것보다 유서 깊은 장소를 직접 방문해보고 내 머리와 내 마음으로 그 장소의 뿌리를 탐구하는 몸짓이 이 세상을 이해하는 가장 멋진 지식 탐구의 길이라는 것을 깨달았다"고 말한다. 그리고 "진정 아름다운 공간은 그 공간을 나에게 맞추는 것이 아니라 자석에 이끌리듯 나 스스로 그 장소에 맞게 나의 모든 것을 맞추게 되는 곳이라는 것도 알게 됐다"고 한다. 그 장소를 사랑하기 위해 나를 기꺼이 바꾸는 일이야말로 여행이 가진 신비한 마력이라는 것이다.

"나는 믿는다. 시간은 사람을 바꾸지 못하지만 장소는 사람을 바꾼다는 것을. 여행에 진정으로 중독된 사람들은 특정 장소를 사랑하는 것이 아니다. 그 장소에 가면 그 장소에 맞게 자신도 모르게 놀라운 화학 변화를 일으키는 자기 자신을 사랑하는 것이다."

바캉스를 떠나지 못한 사람들을 위해 파리 센 강변에 인공 백사장을 만들고 '도심의 오아시스' 역할을 하도록 한 파리 플라주 풍경, 루브르박물관 앞의 보행자 전용 다리 퐁데자르에 걸린 수많은 사랑의 자물쇠, 런던 대영박물관에서 낭만주의 시인 윌리엄 블레이크의 시화집 초판본에 실린 수채화를 발견하고 말할 수 없는 감동으로 심장이 팔딱거리던 추억, 한 해의 마지막 날 자정 포도알에 소원을 담아 꿀꺽 삼키는 스페인 마드리드의 특별한 축제….

철학적 사유에 더해 예술에 관한 이야기 한 스푼

철학적 사유뿐만 아니라 문학작품과 음악, 미술, 영화 이야기도 재미있다. 그는 작가의 고향이나 문학작품의 배경이 된 장소를 특히 좋아한다. 친구의 집에 놀러가면 그 친구의 깊은 속내와 소소한 습관들을 더욱 잘 이해하게 되듯이 작품 속 공간을 직접 여행한다는 것은 한 작가의 삶 속으로 더욱 깊숙이 빨려들어 가는 계기가 된다는 것이다.

"안개 속을 더듬는 것처럼 희미하게만 보였던 작품이 비로소 선명하게 이해되기도 한다. 좋아했던 작가가 살아온 삶의 흔적을 더듬으며 그의 작품을 더욱 깊이 사랑하게 되는 여행이야말로 내가 꿈꾸던 여행이었다."

그의 꿈은 독일 프랑크푸르트에서 만난 괴테의 흔적과 덴마크 오덴세의 안데르센, 스위스 몬타뇰라의 헤르만 헤세, 프랑스 마르세유의 알베르 카뮈 등을 통해 현실에서 이뤄진다. 파리를 배경으로 한 영화 〈비포 선셋〉부터 헬싱키의 〈카모메 식당〉, 부다페스트의 〈글루미 선데이〉, 이스탄불의 〈오리엔트 특급 살인〉 등 명작 스크린으로도 펼쳐진다.

입안 가득히 고여오는 달콤한 맛의 느낌도 즐길 수 있다. 이탈리아 젤라토의 부드러운 유혹, 프랑스 마카롱의 강한 단맛…. 이 대목에서 그는 "오래전에 처음 먹어본 마카롱은 너무 달콤해서 조금은 죄책감이 느껴지는 맛이었다"고 고백한다. "인생은 이렇게 달콤하지 않은데, 이렇게 달달한 것을 먹어서 쓰디쓴 인생을 속이는 것이 아닐까."

역사의 상흔 속에서 서서히 제 모습을 되찾아가는 도시들을 보면서 진정한 복원의 의미도 되새겨본다. "복원의 가치는 '옛 모습과 똑같은 그 무엇'을 복제하는 것이 아니라, 치유할 수 없는 상처를 꿰매고 쓰다듬고 어루만져 또 하나의 새로운 스토리텔링을 빚어내는 것이다."

때로는 '무엇을 하기'보다 '무엇을 하지 않기'에 여행의 묘미가 있다는 것도 일깨운다. 사진을 많이 찍는 것보다는 최대한 사진기를 덜 쓰고 오랫동안 걸어 다니며 수많은 풍경을 가슴에 담는 것이 훨씬 기억에 남는 여행이라는 것이다. 그렇게 하다 보면 가장 나다운 삶이 무엇인가를 깊이 성찰하는 시간도 자연스레 갖게 된다.

"길을 떠난 뒤 집에 돌아왔을 때 그 집을 더욱 사랑할 수 있게 되는 것. 내 삶을 잠시 접어두고 오랜 방랑의 길을 걷다가 다시 돌아와 보니 내 삶이 더 소중해지는 것. 내가 반드시 고쳐야 할 나 자신의 그릇됨을 통렬하게 돌아볼 수 있는 여행이야말로 힐링보다 더 절실한 우리 마음의 여행이다."

여행을 떠나기 전에 미리 읽어봐도 좋고, 배낭 속에 넣어가 여행지에서 틈틈이 펼쳐봐도 좋고, 부득이 휴가를 떠나지 못하는 경우에는 멋진 사진과 달콤한 문장만으로도 충분히 대리만족을 누릴 수 있는 책이다.

함께 읽으면 좋은 책

- 《내가 사랑한 유럽 TOP 10》 정여울 지음 | 홍익출판사
- 《바람이 분다 당신이 좋다》 이병률 지음 | 달

미술사 흐름 따라 세상과 만나다
《세상을 비추는 거울, 미술》

|

줄리언 벨 지음, 신혜연 옮김, 예담 펴냄

고대 조각에서 현대 회화까지

1879년 어느 날 일곱 살 소년이 스페인의 알타미라 동굴에 들어 섰다. 아버지의 탐사여행에 따라나선 길이었다. 땅에 묻힌 보물을 찾기 위해 횃불을 밝히는 순간, 그는 동굴 천장을 올려다보고는 깜 짝 놀라 소리쳤다. "아빠, 저기 황소가 있어요!"

이는 인류의 회화 역사사를 획기적으로 앞당긴 '사건'이었다. 이 벽화는 기원전 1만 7000년 이후 그려졌을 것으로 추정된다. 그러 나 1994년 발견된 프랑스의 쇼베 동굴벽화는 회화의 역사를 이보다 1만 년 전인 기원전 2만 8000년으로 끌어올렸다.

목탄으로 말과 들소의 머리를 겹쳐 그리는 방식은 서유럽 고대 벽 화에 자주 나타나지만, 이 벽화 속의 '두 코뿔소가 싸우는' 장면은 매우 특이하다. 동굴 미술에서는 그림 속의 소재가 서로에게 영향을 끼치는 모습으로 묘사된 경우가 극히 드물기 때문이다.

또 하나 눈길을 끄는 작품이 있다. 독일 남부의 홀렌슈타인-슈타델 동굴에서 발견된 반인반수의 작은 입상은 기원전 3만 1000년 무렵의 작품으로 밝혀졌다. 맘모스의 상아로 만든 팔뚝 크기의 이 조각은 인간처럼 두 발로 서 있지만 머리 모양은 사자와 비슷하다.

미술평론가이자 화가인 줄리언 벨은《세상을 비추는 거울, 미술》에서 "이 작품을 놓고 볼 때 인류가 자연물에 형체를 부여하기 시작한 시기는 기원전 3만 1000년경일 것"이라고 말한다.

그는 "오스트리아의 갈겐베르크에서 발견된 춤 추는 여인상이나 근처 독일의 동굴에서 발견된 몇 점의 손바닥만 한 말과 들소, 새 조각상은 이 사자상만큼 오래된 것들"이라며 "이것들은 모두 대담하면서도 정교한 솜씨로 제작됐고 인간이 도끼를 만들 때 발휘한 형태감과 세밀함은 인체 형태를 띤 작품이라는 새로운 결과를 낳았다"고 분석했다.

대칭과 비율, 팔을 조각한 부분의 균일한 공간감, 두상의 부드러운 표현 등 조각의 기본적인 기준이 이때 마련됐다는 것이다.

그는 또 "홀렌슈타인-슈타델 동굴 안에서 이 모든 요소는 상상력을 위해 존재한다"면서 "이 테리안스로프Therianthrope, 즉 반인반수는 눈으로 관찰 가능한 자연물이 아닌 초자연적 신화에서 그 의미를 따왔음이 틀림없다"고 단언한다.

이처럼 미술의 역사는 인류사에서 무한한 가치와 의미를 되비춰

주는 거울 역할을 한다. 그래서《세상을 비추는 거울, 미술》을 읽다
보면 파리의 루브르박물관이나 뉴욕의 메트로폴리탄미술관, 뉴욕
현대미술관MoMA을 한자리에서 둘러보는 느낌을 갖게 된다.

역사를 꿰뚫는 통찰력 돋보여

그는 고대부터 현대까지 세계 미술사를 종횡무진 누비며 우리를
이끈다. 3만 3000년 전의 원시 미술부터 20세기의 현대 미술까지
다루면서 특정 시대에 치우치지 않고 동서양을 함께 아우른다.

옥스퍼드 맥달란 컬리지에서 영문학을 공부한 그는 런던미술학
교 '시티 앤 길드'를 졸업하고 1970년대부터 화가와 작가로 이름을
날리고 있다. 예술가이자 비평가인 쿠엔틴 벨의 아들이자 화가 바
네사 벨의 손자인 그는 버지니아 울프의 조카손자이기도 하다. 그
의 혈관에는 예술가의 유전자가 흐른다는 말이 과장이 아니다.

그는 이 책에서 자유로운 글쓰기 방식으로 일반 미술사와 다른
시각을 제공한다. 거의 500쪽에 이르는 분량에 352점의 도판까지
곁들였다. 언뜻 미술사의 고전인 곰브리치의《서양미술사》같은 느
낌을 주기도 하지만, 곰브리치의 책이 서양미술 중심이었던 것과 달
리 유럽 중심의 미술사를 극복하고 동서양 미술을 고루 다뤘다는
점에서 주목된다.

특히 해당 작품이 만들어진 시기의 눈높이로 독자의 상상력을
부추기며 이야기를 풀어가는 방식이 돋보인다. 예술과 인문, 역사에

대한 지식과 통찰력, 번득이는 영감으로 인류 공통의 경험을 거울처럼 투영하는 솜씨도 압권이다.

무엇보다 영문학을 전공한 그의 문학적인 글쓰기는 인류를 매혹해온 세계 미술사의 아름다운 오솔길들로 독자를 초대한다.

한국 화가에게도 애정 있는 눈길

그는 "미술사가 어떤 독립적인 미적 영역을 향해 열린 창이라기보다는 세계의 역사를 우리에게 되비춰주는 하나의 프레임일 것"이라면서 "이는 모든 사물을 새로운 관점에서 바라볼 수 있게 해 준다"고 설명했다. 에드워드 번존스의 '황금 계단'을 얘기할 때도 마찬가지다.

그는 이 작품을 보여주면서 "산드로 보티첼리의 그림에서 나온 것 같은 처녀들이 한 줄로 늘어서서 계단을 내려오는 모습은 마치 소녀에서 여인으로 성장하는 과정을 보여주는 듯한데, 계단을 내려오는 이 장면의 강조점은 1873년 영국의 학구적인 월터 페이터가 묘사한 감정에 바탕을 두고 있다고 보는 편이 더 맞을 것"이라면서 '모든 예술은 항상 음악적인 상태를 동경한다'는 말의 의미를 일깨운다.

그러면서 파리에서 인상주의가, 상트페테르부르크에서 사회사실주의가 유행하던 1870년대 런던에서는 모든 예술 분야에서 '아름다움'을 찾고 '예술을 위한 예술'을 추구하는 심미주의가 전성기를 누리고 있었다는 배경설명을 곁들인다.

또 이것이 오스카 와일드 같은 작가들과 오브리 비어즐리 같은 삽화가들에 의해 1890년대로 이어지면서 훗날 추상회화의 부상에 영향을 미치게 될 공감각적인 주제를 제공했다는 얘기까지 들려준다. 한국 미술사와 관련된 내용도 있다. 도판으로 삽입된 윤두서의 '자화상'에 대해 그는 이렇게 설명한다.

"1700년 이전의 동아시아 미술에서는 윤두서의 '자화상' 같은 작품을 발견하기 힘들다. 서양 문헌을 접하면서 한국의 유교를 근대화하려는 개혁의 움직임에 연루된, 이 박학한 양반은 알브레히트 뒤러처럼 내면에 대한 정밀한 탐구를 시작했다. 하지만 이 위엄 있는 '나'의 뒤에 숨어 있는 동기를 찾으려면 지적인 르네상스를 경험한 나라의 역사 속으로 깊숙이 들어서야 한다. 이 나라의 르네상스는 서양 못지않게 인간중심적이었다."

한국 현대 미술의 거장 이우환의 작품도 비중 있게 다뤘다. 저자는 1970년대 초 도쿄의 급진파 대부분이 당시 체제에 더 많은 작품을 내주지 않기 위해 의도적으로 작품활동을 중단하던 시기에 한국 출신의 이우환이 그림을 그리기로 결정한 과정을 언급하면서 '인간은 모든 것을 있는 그대로 보는 법을 배워야 한다'는 이우환의 예술론을 소개한다.

그리고 "'바람과 함께'라는 제목의 연작 중 한 점인 1990년 작품은 흔적들 외에 다른 것도 존재함을, 그리고 그것을 표현해주는 말 외에 다른 것도 있음을 보여준다"고 평가했다.

3장

역사가 우리에게
가르쳐 주는 것들

350년 전의 징비록이 남긴 교훈
《비열한 역사와의 결별 징비록》

배상열 지음, 추수밭 펴냄

1592년 4월 30일, 선조가 한양을 떠났다. 왜군이 상륙한 지 불과 17일 만이었다. 그는 애원하는 백성을 거짓으로 달래고 몰래 도성을 빠져나갔다. 막아서는 류성룡은 파직되었다. 결국 왕에게 버림받은 것을 안 백성이 경복궁을 불태웠다.

선조는 곧 개성을 버렸고 평양도 버렸다. 이어 명나라로 망명하겠다는 뜻을 노골적으로 내비쳤다. 그러자 평양성 관리와 백성들이 칼을 들고 길을 가로막았다. 부녀자와 아이들까지 격노해 "성을 버리기로 했으면서 왜 우리를 불러들여 적의 손에 죽게 하는가"라며 소리쳤다.

류성룡은 이리 뛰고 저리 뛰며 난국을 타개할 각종 방안을 올렸다. 전쟁에 익숙한 평안도 강변 지역 병사들을 적극 활용하되 여러 번 징발됐던 그들의 원망을 어루만지며 구휼할 것, 국가 창고를 약탈하는 무리도 원래 폭도가 아니라 먹을 게 없어 그러니 받아들여 반격의 토대로 삼을 것 등 온갖 아이디어를 다 냈다.

그러나 선조는 백성의 반역을 입에 달고 살았다. 도성을 버린 다음에는 도성의 백성을, 개성을 떠난 다음에는 개성의 백성을, 평양을 떠난 다음에는 평양의 백성을 반역자로 의심하고 욕했다. 나중에 도성이 수복된 뒤에는 적에게 부역했다며 남아 있던 백성을 처벌하기까지 했다.

과거를 반면교사 삼기 위해 징비록을 집필하다

《비열한 역사와의 결별 징비록》은 이런 비극적인 역사의 그늘에 현대사의 아픔을 오버랩시킨다. 6·25 때 서울 사수를 외치다 몰래 한강을 건넌 뒤 다리를 끊어버린 '또 다른 선조'를 떠올리면서 인민군에게 부역했다는 죄로 시민을 처벌한 것까지 놀라울 정도로 닮았다고 얘기한다.

역사저술가인 저자는 이 책에서 임진왜란 전 과정을 기록한 류성룡의 《징비록》을 따라가며 지난한 역사의 되풀이를 안타까워한다. 그 행간에는 350여 년 전 류성룡의 시각을 빌려 지금 이 시대의 굴곡을 살피려는 의지가 녹아 있다. 책 속으로 들어가보자.

선조는 목숨 걸고 나라를 구한 의병들도 철저히 외면했다. 나중엔 논공행상에서 곽재우의 공조차 인정하지 않았다. 도리어 의병들에게 역모 혐의를 걸어 죽이는 일조차 서슴지 않았다.

선조가 볼 때는 늦게나마 원군을 보내준 명나라가 제일 중요했고, 그 명군을 데려온 일등공신은 자기였다. 이순신을 포함한 조선군과 전국 각지의 의병은 눈에 들어오지도 않았다. 급기야 전란을 극복하고 종묘사직을 지킨 공이 자신에게 있다며 스스로 존호를 부여하는 지경까지 이르렀다.

그러나 류성룡의 시각은 달랐다. 그는 임진왜란이 끝난 후에 쓴 《징비록懲毖錄》에 당시 상황을 꼼꼼하게 묘사해놓았다. 제목의 징계할 징懲과 삼갈 비毖가 《시경》의 '징계해서 후환을 경계한다(여기징이비후환予其懲而毖後患)'는 구절에서 따온 것인 만큼 그는 전쟁을 예방하지 못한 통한의 반성부터 기록했다.

신숙주가 성종에게 일본과의 화의를 잃지 말 것을 유언으로 남겼음에도 일본 정세 변화를 파악하지 못한 게 임진왜란의 원인 중 하나라고 그는 첫머리에 썼다.

그는 도체찰사(전쟁 때 군무를 맡아보던 최고 군직)로서 임무를 수행하며 보고 겪은 내용, 전쟁 전개 과정, 다른 사람들의 체험까지 관련 공·사문서와 함께 기록했다.

그에 따르면 선조가 그토록 떠받든 명나라 군대는 군량미도 없이 압록강을 건너와 민폐만 끼치고 중요한 전투마다 모두 패했다. 식량을 비롯해 보급품 전체를 책임져야 했던 류성룡으로서는 견디기 힘든 고통이었다. 전쟁 중 훈련도감 설치를 주장하고, 군사제도를 개혁하는 등 병학가로서의 업적을 남겼지만 그가 처한 현실은 너무나 절망적이었다.

그럼에도 명은 자신들이 조선을 구했다고 큰소리를 쳤다. 조선 출병을 '항왜원조'라고 표기한 것도 이 때문이다. 이 역사는 350여 년이 지나 재연된다. 중공군이 6·25 때 내세운 기치가 바로 '항미원조'였으니 참으로 얄궂은 역사의 반복이다.

명군의 잇단 참패 후에 극적으로 등장하는 사람이 이순신이다. 《징비록》을 보면 명군의 1차 평양성전투(1592년 7월 17일) 패배 기사 다음에 시간순 배치를 거슬러 이순신의 한산도 대첩(7월 7일) 승리 기사가 등장한다.

이후 조·명 연합군과 일본군의 일진일퇴가 그려지다가 책 말미에 이순신의 체포와 백의종군, 일본군 퇴각을 막다가 전사했다는 기사가 나온다. 마지막에는 이순신의 숱한 일화와 함께 "여러 장수가 이순신을 신으로 여겼다"는 문장으로 본문이 끝난다.

난세의 지식인 류성룡… 그가 남긴 유산

《징비록》이 보여주는 임진왜란 7년은 류성룡의 통한과 반성, 이순신 천거, 이순신의 승전과 장렬한 최후의 세 부분으로 구성돼 있다고 해도 과언이 아니다. 이순신이 마지막 노량해전에서 전사한 그날 류성룡은 북인들의 탄핵을 받아 파직됐다. 임진왜란과 《징비록》은 공히 이순신의 전사와 류성룡의 파직이라는 2가지 상징적인 사건으로 막을 내린 셈이다. 그러니 임진왜란 때 조선의 영웅이 이순신이라면 그를 '불멸의 이순신'으로 영구히 새긴 것은 류성룡이었다.

이순신에 대한 류성룡의 관점은 일본에서도 그대로 받아들여졌다. 《조선태평기》와 《조선군기대전》 등은 이순신을 '영웅'이라고 칭하며 그의 활약이 일본 장군들보다 오히려 컸다고 기록했다.

일본 내 류성룡에 대한 관심도 높아져 18세기부터 연극(가부키)에 등장하는가 하면, 19세기 역사소설에도 그의 행적과 삽화가 실려 있다. 이런 과정을 통해 우리는 국익 우선의 현실주의 정치인이자 균형감각을 지닌 외교관, 뛰어난 전략과 전술을 보여준 지략가 류성룡의 가치를 새롭게 발견할 수 있다.

그뿐만이 아니다. 일본의 침략에 대비해 미리 이순신을 발탁하고 전란 수습을 총지휘하는 중에도 북쪽 여진의 누르하치에 대한 방비까지 논의한 선견지명의 지도자, 백성과 시대를 품은 경세가로서의 면모도 확인할 수 있다.

그는 조선의 많은 문헌이 일본을 '왜' 또는 '적'이라고만 부른 것과 달리 《징비록》에서 일본을 지칭할 때 '적'이라는 호칭과 '일본'이라는 정식 국호를 동시에 사용했다. 임진왜란을 일으킨 일본을 단순한 도적 떼로 바라보지 않고, 조선이라는 국가와 일본이라는 국가 간 정식 전쟁으로도 파악하고자 한 것이다.

그 덕분에 《징비록》은 임진왜란과 관계있는 여러 나라에서 집필된 문헌 중 전쟁의 전체상을 가장 포괄적이고도 객관적으로 담아낸 기록유산으로 평가받고 있다. 그가 1604년에 쓴 《징비록》은 1647년 그의 후손에 의해 전 16권 7책으로 간행됐다. 몇십 년 뒤인 1695년에는 일본 막부에 의해 《조선징비록》이라는 제목으로 간행됐다. 이는 조선 관련 최고급 정보를 담은 귀중본으로 읽혔고, 곧 중국에서도 간행돼 동아시아 전역의 베스트셀러가 됐다.

그러나 조선은 지난 일을 반성해 미래를 대비한다는 《징비록》의 교훈을 제대로 체득하지 못하고 불과 30년도 안 돼 정묘호란(1627년)과 병자호란(1636년)을 연달아 겪는 치욕을 겪었다. 저자는 이를 안타까워하며 광해군 시대와 인조반정, 병자호란 직전까지의 동아시아 정치 지형 및 조선의 내부 상황을 별도 챕터로 곁들여 설명하고 있다. 어쨌든 조선 지식인들은 국토의 남과 북에서 망국의 변란을 당하고 나서야 《징비록》의 가치를 재인식하고 필독 교재로 삼아 자신을 경계했다. 대표적인 실학자 다산 정약용도 이 책을 수없이 탐독하고 독후감을 남겼고, 유배지에서 아들에게 편지를 보내 반드시 읽으라고 당부했다.

그때나 지금이나 다를 게 없다. 옛일을 되새기는 것은 새날의 안위를 경계하고자 하는 것이기 때문이다.

함께 읽으면 좋은 책

• 《교감·해설 징비록》 류성룡 지음 | 김시덕 옮김 | 아카넷
• 《징비록: 지옥의 전쟁 그리고 반성의 기록》
　류성룡 지음 | 김흥식 옮김 | 서해문집

치욕의 병자호란 속에서 'G2 시대'를 읽다
《역사평설 병자호란 1, 2》

|

한명기 지음, 푸른역사 펴냄

그는 병자호란이 일어난 1636년 청군에 붙잡혀 선양으로 끌려갔다. 1644년 청이 베이징을 차지하자 주인을 따라 그곳으로 옮겨갔다. 그로부터 30년간 고국으로 돌아가고 싶은 마음이 굴뚝같았지만 그에게는 뾰족한 방법이 없었다.

1674년 기회가 찾아왔다. 오삼계 등의 반란으로 강남이 혼란에 빠지자 주인이 진압군으로 차출돼 떠났다. 주인이 돌아올 기미가 보이지 않자 그는 탈출을 감행했다. 청으로 끌려간 지 38년 만이었다.

이 사내의 이름은 안단安端. 베이징을 떠나 산해관을 통과하고 심양을 거친 그는 만주 벌판까지 무사히 가로질렀다. 드디어 압록강의 중강中江에 도착한 뒤 의주의 조선 관리들에게 입국을 허용해달라고 호소했다.

하지만 운명의 여신은 그를 외면했다. 의주에 청나라 칙사들이 와 있었는데, 의주부윤에 의해 그는 칙사들에게 넘겨졌고 곧 포승에 묶여 압송됐다. 참담한 일이었다. 끌려가면서 그는 "고국을 그리는 정이 늙을수록 더욱 간절한데 왜 나를 죽을 곳으로 내모느냐"며 절규했다.

《역사평설 병자호란 1, 2》의 저자 한명기 교수는 이 기막힌 사내의 사연으로 서문을 연다. 이 불행한 사내처럼 청으로 끌려간 조선인은 30만~50만 명이나 된다. 국왕이 무릎을 꿇었고 수많은 백성이 죽거나 다치고 집을 잃었다. 피로인被擄人(병자호란 당시 후금에 끌려간 사람)들의 고통과 슬픔은 이루 말할 수 없을 정도였다.

이 참혹한 전쟁의 책임은 누구에게 물어야 하는가. 우리는 병자호란을 통해 어떤 교훈을 얻어야 하는가. 저자는 "병자호란을 살피는 것은 단순히 '과거의 역사'를 되돌아보기 위한 게 아니라 한반도와 한민족의 운명에 외교가 얼마나 결정적인 역할을 하는지 되짚어보기 위한 것"이라고 설명한다.

그는 명과 청이라는 패권국 사이의 조선, 미국과 중국이라는 두 강대국 사이에 끼어 있는 대한민국을 교차시킨다. 미국과 중국 중심의 G2 시대에 두 강국의 갈등이 고조되면 우리는 어떻게 해야 할까. 그는 병자호란의 참상을 반면교사 삼아 '지금 여기', 앞으로 우리가 나아가야 할 길을 찾자고 말한다.

병자호란이란 1636년 12월 9일부터 1637년 1월 30일까지 벌어진 청의 조선 침략 전쟁이다. 1592년의 임진왜란, 1627년의 정묘호란으로 이미 쇠약해진 조선은 청이 국경을 넘은 지 50여 일 만에 항복하고 만다. 정묘호란 뒤 후금後金이 조선과 형제관계를 맺으면서 평화 유지를 약속했는데 어떻게 이런 일이 벌어졌을까.

여러 요인이 있지만 조선 집권층의 강한 숭명배금崇明排金 사상이 문제였다. 명에 대한 맹목적인 추종 앞에 후금과의 실리적 외교는 무색할 뿐이었다. 세력을 키우던 후금이 1636년 4월 국호를 청으로 고치고 황제 즉위식을 갖는 순간에도 그랬다. 즉위식에 참석한 조선 사신 2명이 절을 거부하고 뻣뻣하게 버티는 바람에 황제의 분노를 샀다. 청태종은 조선이 왕자를 보내 사죄하지 않으면 쓸어버리겠다고 위협했다.

그 와중에 조선 조정은 패를 나눠 싸우며 현실성 없는 명분론만 외쳐댔다. 청군이 그해 12월 압록강을 건너 쳐들어오자 조선은 순식간에 쑥대밭으로 변했다. 철기군의 놀라운 기동력과 전투력에 혼이 빠진 군사들은 제대로 싸워보지도 못하고 무너졌다. 허겁지겁 도망친 인조는 강화도로 피할 겨를도 없이 남한산성에 숨어들었다가 45일 만에 항복하고 말았다. 삼전도에서 결국 삼배구고두례三拜九叩頭禮(3번 절하면서 그때마다 9번씩 머리를 땅에 조아리는 것)를 행했다. 이루 말할 수 없는 치욕이었다.

백성들의 참상은 더했다. 청에 포로로 끌려간 백성들은 비싼 속환가 때문에 고국으로 돌아오기 어려웠다. 운 좋게 돌아왔다 해도 '화냥년' 굴레에서 벗어나지 못하고 평생 손가락질을 받았다. 왜 이 지경이 됐을까.

외교와 내정, 안팎으로 무능했던 인조 정권

저자는 반정 후 정권 안보에만 급급했던 인조와 그 휘하 세력들의 난맥상에 렌즈를 들이댄다. 인조반정은 나름대로 명분이 있었지만 집권 후에 달라진 모습을 보여주지는 못했다. 광해군 시절의 부정과 비리를 질타했지만 권력을 잡은 뒤에는 그들 또한 개혁 대상으로 전락했다. 그러다 이괄의 난까지 겪었다. 난 진압 후에는 어렵게 되찾은 정권을 지키느라 허둥대다 날이 샜다.

전시대응 체계도 마찬가지였다. 인조 정권은 '유사시 강화도로 들어가 청에 저항한다'는 계획을 세웠지만 정작 강화도에는 들어가지도 못했다. 청군의 침략 사실조차 제대로 보고하지 않은 김자점은 한 번 패한 뒤 아예 숨어버렸다.

그뿐인가. 아들을 강화도 검찰사로 임명하는 데 동의하고 군사의 기본조차 모르면서 장졸들을 사지로 내몬 김류, 자신의 가족과 인척들을 강화도행 배에 먼저 태우고 세자빈마저 김포 쪽에 방치했던 김경징 등 국정 전반이 썩을 대로 썩어빠진 상태였다.

인조는 인조대로 바보짓만 골라서 했다. '명을 배신한 패륜 정권을 응징한다'는 명분으로 집권했지만 그것을 지킬 수 없었고, 즉흥적인 대책으로 곤경을 자초했다. 국방 대책과 민생 안정책을 마련하라면서도 정작 거기에 필요한 실행방안은 모르쇠로 일관했다. 그러다 일이 터지면 그때마다 백성들에게 사과 성명만 잇달아 발표했다.

한마디로 과거 정권을 뒤엎는 '파괴'에는 성공했지만 새로운 차원의 '건설'에는 실패했으며, '정권 안보'에만 급급하다가 '국가 안보'를 제대로 챙기지 못했기에 당한 비극이었다. 그 피해는 온통 백성들이 뒤집어썼다.

명과 후금의 실체를 제대로 파악하지 못하고 헛발질만 계속한 것은 엄청난 과오였다. 종이호랑이가 된 명이 후금을 토벌할 능력이 없는데도 인조는 앞장서 병력을 동원해 돕겠다고 큰소리를 쳐댔다. '근거 없는 자신감'에 사로잡혀 실현 가능성이 없는 약속이나 남발한 대가는 실로 컸다.

'복배수적'의 한반도, 활로는 어디에 있나

이 대목에서 저자는 '복배수적腹背受敵의 현실'을 돌아보자고 말한다. 우리는 예부터 배腹와 등背 양쪽에서 적이 몰려오는 지정학적 조건을 안고 살아왔다. 조선은 정면의 중국 대륙과 배후의 일본 열도 사이에 '끼인 자'라는 사실을 잘 알고 있었다. 평화로운 시절에는 문제가 없지만 기존 질서의 판이 바뀌면 심각해진다.

그의 지적대로 몽골족의 원이 쇠퇴하고 한족의 명이 떠오르던 14세기 후반에는 왜구의 발호가 극심해지고 홍건적이 고려로 밀어닥쳤다. 명이 쇠망 조짐을 드러내고 일본이 굴기하던 16세기 말에는 임진왜란이 일어났다. 임진왜란으로 명이 더 쇠약해지고 누르하치의 만주가 떠오르던 17세기 초반에는 병자호란을 겪었다. 아편전쟁 이후 청이 쇠퇴하고 일본이 다시 굴기하던 19세기 말, 20세기 초에는 청일전쟁과 러일전쟁이 한반도를 할퀴었다.

현재도 마찬가지다. G2로 떠오른 중국의 자신감과 넘버 3로 내려앉은 일본의 초조감에 일본을 지렛대 삼아 중국을 견제하려는 미국의 조바심이 맞물리면서 주변 정세가 예측불가 상황을 맞고 있다. 어찌해야 할까?

그는 "전략적인 사고를 바탕으로 미·중, 중·일 사이에서 활로를 찾되 우리의 역량을 최대한 키워야 한다"고 강조한다. 독자적인 역량이 없으면 외교적 노력도 한계에 직면할 수밖에 없다는 것이다. 그래서 경제적 실력, 군사적 역량, 문화적 매력 등에서 주변 열강이 무시할 수 없는 '근사한 민주국가'가 되도록 노력해야 한다고 그는 역설한다.

그런 점에서 이 책은 병자호란을 국제전쟁으로 조망한 최초의 본격 통사通史라 할 만하다. 중국과 일본사 연구 성과를 폭넓게 아우르면서 '과거'를 넘어 '오늘'의 과제를 살피는 데에도 도움을 준다. 옛 아픔을 반면교사로 승화시킨 문제의식, 복잡한 역사를 간결하면서도 유려하게 재구성한 스토리텔링의 맛까지 돋보인다.

조선 최고 엘리트, 선비의 두 얼굴
《우리가 아는 선비는 없다》

계승범 지음, 역사의아침 펴냄

선비의 불편한 민낯

　조선시대의 선비는 어떤 사람들이었을까.

　계승범 서강대학교 교수는《우리가 아는 선비는 없다》에서 '유교 국가인 조선에서 유교적 지식과 윤리로 무장하고 지배층을 형성한 최고 엘리트 집단, 곧 사대부'라고 선비를 정의한다. 다른 말로 하자면 '성리학적 가치를 체득하고 실천한 유학자와 그 학생들로 조선시대를 지배한 특권 지식인 계층'이다.

　개인적으로는 전인격체의 이상적인 인간상이었고 사회적으로는 독점적 지배층이자 유일한 지식인 계층이었으며 정치적으로는 조선 왕조의 실세이기도 했다.

　유교적 덕목과 경제력, 정치권력까지 갖춘 선비들의 나라 조선은 왜 가난했을까. 왜란과 호란으로 나라가 거덜 날 정도로 군사력이 약한 이유는 무엇이었을까.

저자는 "선비들이 조선의 당면 문제와 모순을 해결하기 위해 적극적으로 나서지 않았고, 미증유의 국난을 겪으면서도 국방력을 강화하기 위해 와신상담하지 않았으며, 부국정책을 위한 노력도 기울이지 않았기 때문"이라고 지적한다. 조선의 세습적 지배 엘리트로서 500년의 역사 공간을 장악하고 군림했지만 본연의 업무를 게을리한 데다 비전도 제시하지 못한 무능력자였다는 것이다.

저자가 선비를 판단하는 기준은 3가지다. 조선 사회의 보편적인 가치에 어느 정도 충실했으며 좀 더 나은 가치를 창출하기 위해 얼마나 주도적인 역할을 했는지, 그 인물의 삶이 시공을 초월해 현재에 이르기까지 어떤 선의의 보편적 의미를 지니는지, 그 사람에게 주어진 직책이나 지위에 얼마나 잘 부응했는지를 입체적으로 검토해보는 것이다.

기존 평가를 뛰어넘어 균형 잡힌 선비의 의미를 들춰보면서 조선을 통치한 위정자로서의 모습을 다층적으로 규명해보자는 게 저자의 의도다.

이런 기준으로 비춰본 조선 선비의 실체는 우리가 알고 있던 것과 너무나 다르다. 워낙 딴판이어서 마음이 불편해질 정도다. 저자의 지적처럼 긍정적인 특정 사안만을 드러내 그것이 선비의 전체 이미지인 것처럼 단정해버린 것은 아닌지 곤혹스러울 정도다.

중화 사상의 맹목적 추종자

먼저 '선비들의 지조와 의리는 누구를 위한 것이었나'부터 보자. 이는 조선 선비들이 목숨보다 중시한 유교 덕목이었다. 나라가 위태로울 때 선비들이 펼친 의병활동도 그 가치의 실천 사례 중 하나다. 그러나 저자는 '난신적자를 처단하기 위해 일어난' 의병은 실제로 '명나라가 주도하는 중화 질서 혹은 중화 문명을 수호하기 위한 것'이라고 비판한다. 왜란 때 조선에서 봉기한 의병이 명나라에서도 의병으로 불릴 수 있던 것은 그런 이유 때문이라는 것이다.

호란 때 삼학사가 죽음까지 불사하며 지키려 한 지조와 의리도 그 본질은 중화 질서와 유교적 가치였다. 후금을 치기 위한 명나라의 파병 요청을 거부하려는 광해군에게 비변사 당상관들이 "차라리 전하에게 죄를 범할지언정 천자에게 죄를 범할 수 없다"고 말한 것도 마찬가지다.

19세기 후반 위정척사 운동에서 선비들이 지키고자 한 것 역시 중화에 바탕을 둔 보편적 유교 문명이었으며, 조선 선비들이 충성을 바치고자 한 궁극의 대상 또한 조선 왕이 아니라 중국의 천자였다는 것이다.

"조선의 선비들이 국왕을 '우습게' 여긴 이면에는 그들의 사대적事大的·모화적慕華的 문명관도 자리하고 있었다. 조선의 왕은 하늘로부터 직접 권위를 받은 것이 아니라 중국에 있는 천자라는 대리인을 통해 그 정통성과 정당성을 인정받았다. 이는 조선의 왕은 하늘과 직접 교통할 수 없다는 의미로, 하늘의 유일한 '에이전트'인 명나라의 천자로부터 받는 책봉이 조선에서 정통성의 가장 강력한 요건이었던 이유는 바로 여기에 있다. 따라서 이미 앞 장에서 다루었듯이 조선의 사대부들이 충성을 바칠 최종 대상은 자기 나라 왕이 아니라 중국의 천자였던 것이다."

청빈과 안빈낙도, 실상은 부유한 선비의 유유자적

또 하나, 가난한 선비의 '청빈'과 '안빈낙도'는 얼마나 신선한 덕목이던가. 그러나 내막은 우리가 막연히 알던 것과 천지차이다. 조선 선비들은 대개 먹고사는 데 아무런 문제가 없는 재산가였다. '사림'의 상징으로 알려진 김굉필, 정여창, 김일손, 이황, 이이 등도 서울과 지방에 엄청난 논밭과 노비를 보유한 부호였다. 그래서 저자는 선비들의 청빈과 안빈낙도는 빈곤과는 아무 관련이 없는 가진 자들의 유유자적일 뿐이었다고 꼬집는다.

"영남사림파의 종장 위치에 오른 김종직은 선산과 밀양과 금산 일대에 전답을 보유했으며, 소유한 노비는 그 전답에 따라 사는 외거노비를 제외하고도 뜰에 가득할 정도로 많았다. 정여창도 전택이 서울과 함양과 악양 등지에 널려 있었으며, 소유한 노비도 수백 명에 달할 정도로 부호였다. 김굉필도 마찬가지였다. 그의 전택은 서울에 두 채를 비롯해 현풍, 성주, 야로, 성남, 미원 등지에 분포했으며 노비도 그만큼 넓게 산재해 있었다. 김일손의 전택과 노비도 경향

각지에 분포했는데, 가는 곳마다 큰돈을 들여 정사와 누정을 세울 정도로 공고한 경제력을 갖추고 있었다. 조선시대 가장 대표적인 선비라 할 수 있는 이황도 소유 노비가 367명이었으며, 예안·봉화·영천·의령·풍산 등지에 걸쳐 논은 1166마지기, 밭은 1787마지기라는 엄청난 규모의 전답을 보유했다. (…) 최소한의 면적으로 계산하더라도 34만 평 이상을 보유한 셈이다. 그는 굳이 벼슬을 하면서 국가의 봉급을 받을 필요조차 없는 부호였다.”

그러나 이들은 국가경제의 부침에 대해서는 별로 관심이 없었다. 당시 중국과 일본의 부유한 사정을 사신과 통신사들을 통해 알고 있었음에도 부국강병을 위한 전략을 세우는 것은 뒷전이었다.

“전쟁 당시의 기록을 보면 언제나 문제는 군량이 없다는 것이었다. 명나라 장수와 병사들이 겪은 어려움 가운데 하나도 조선에서는 은을 주고도 필요한 용품을 구입할 수 없다는 점이었다. 이미 동아시아 전체가 은을 교환화폐로 한 경제권으로 완전히 묶였는데도 오직 한반도의 조선만이 그런 흐름에서 벗어나 자급자족 농업경제를 유지하고 있었다는 뜻이다. 심지어 전쟁 당시 조선에는 전국적으로 통용되는 화폐조차 없었다.”

조선의 위정자들이 ‘가난한 집안에서 콩알 한 쪽을 나누어 먹는 데에는 그나마 마지못해서라도 관심을 기울였으나 콩알의 개수를 늘리는 데에는 생각이 거의 미치지 못했다’는 지적도 따갑다.

“정약용조차도 호포제의 실시를 주장했을 뿐, 양반들도 스스로 무기를 갖추고 군복무를 해야 한다는 말은 한마디도 하지 않았다.

따라서 이런 선비들이 장악한 조선 후기에는 어떤 식의 논의도 실질적인 국방력 강화로 나아갈 수 없었다. 요즘 말로 하자면 선비가 건설한 조선은 '노블레스 오블리주'가 전혀 없는 나라였다."

참된 유학은 '나라를 다스리되 백성을 편안케 하고, 이적을 물리치고, 재정을 풍족하게 하고, 문무에 정통하여 무엇이든지 담당할 수 있도록 하기 위함'이라고 했다. 그런데 우리는 조선 선비들의 시문과 예술에 기대어 그들의 유학이 한국 문명사에 어떤 역할을 했는가를 진지하게 평가하지 않고 오히려 외면하지는 않았는지 책을 읽는 내내 자신을 돌아보게 된다.

시종 비판적인 논조로 일관한 저자는 마지막 페이지에서 이렇게 말한다.

"선비를 역사의 한 페이지로 흘려보내주자. 그리고 난 후에 허심탄회한 마음으로 다시 불러내자. 그러면 그동안 보이지 않던 면들이 보일 것이다. 보다 객관적으로 보일 것이다. 그런 객관화의 과정을 밟은 후에야 유교와 선비는 진정한 전통으로 자리매김을 다시 할 수 있을 것이다."

조선을 움직인 건 9급 관원이었다
《하찮으나 존엄한 조선의 9급 관원들》

김인호 지음, 너머북스 펴냄

조선시대 공직사회에서 정년이 가장 짧은 직업은 무엇이었을까. "주상 전하 납시오" 하고 임금의 행차를 알리는 중금中禁이었다. 이들은 용모가 단정하고 목소리가 맑은 15세 이하 청소년 중에서 뽑았는데 변성기가 되는 16세가 정년이었다. 목소리뿐만 아니라 얼굴도 잘생긴 꽃미남이었기 때문에 이들끼리의 동성애 사건도 종종 생겨 호사가들을 즐겁게 했다.

김인호 한국역사고전연구소 연구원 겸 광운대학교 초빙교수가 쓴 《하찮으나 존엄한 조선의 9급 관원들》에 나오는 대목을 한 번 보자.

"연산군 때 도승지 등은 중금 노형손과 장효순이 벌인 일을 놓고 머리를 맞댔다. 장효순은 노형손보다 나이가 좀 적었고 꽃미남이기도 했다. 그래봐야 두 사람은 10대였고 평소에 단짝이었다. (…) 그런데 이 두 사람이 가까운 것은 단지 우정 때문만은 아니었다. 같이 잠을 자면서 이상한 짓도 했다. 그들은 서로 사랑하는 사이였던 것이다."

호랑이 잡는 착호갑사 이야기도 흥미롭다. 《태종실록》에 '경상도에 호랑이가 많아서 지난해 겨울부터 금년 봄까지 호랑이에게 죽은 사람이 거의 100명'이라는 기록이 있다. 당시 '호환'은 백성들에게 큰 위협이었다. 실록에 따르면 1392년부터 1863년까지 호랑이가 937회 나타났으며 피해를 입은 사람이 3989명이나 됐다. 그래서 조선 왕조에서는 호랑이 전문 사냥꾼을 양성했는데 이들이 바로 하급 관원인 착호갑사다.

《경국대전》에 규정된 착호갑사의 정원은 440명이었다. 호랑이 사냥은 맹수를 없애는 것 이상의 의미를 갖고 있었다. 기우제에 호랑이 머리를 썼으며 가죽은 주요 공물이자 이익 수단이었다. 면포 30여 필 값이던 호랑이 가죽은 15세기 말 80여 필, 16세기 중엽 400여 필에 이르렀다. 그만큼 수요가 많았기 때문이다. 착호갑사는 위험한 일인 만큼 출세할 수 있는 전문직이었다.

이들 외에 통역 임무를 담당하는 통사通事와 풍속 위반자를 단속하는 소유所由, "길을 비켜라. 누구의 행차다"라고 외치며 관리의 앞길을 인도하는 구사丘史, 주요 교통수단인 말을 치료하는 마의馬醫, 계산 등 수학과 관련된 일을 하는 산원算員 등 수많은 하급 관원이 있었다.

하급 관원들의 삶을 통해 본 조선 관료제의 단면

저자는 조선왕조를 지탱하는 '손과 발' 같은 이들 '9급 관원'의 삶을《조선왕조실록》등의 자료를 통해 생생하게 복원했다. 이들은 '양반과 백성 사이에서 천시당하기도 했고, 때로는 권력자와 가깝다는 위치를 이용해 이익을 챙기기도 했지만 모두가 조선왕조를 지탱하는 실핏줄 같은 존재'였다.

산원은 지식과 기술을 이용해 땅의 면적과 수확량을 측정하고 정부 물품을 관리하는 실무자였다. 400여 년 전인 1620년 광해군 때의 일이다. 호조좌랑 이둔과 수하 산원이 세금 매기는 임무를 맡고 남쪽으로 향했다. 그런데 좌랑 이둔은 기생을 끼고 술 마시며 주정 부리느라 정신이 없었고 일은 산원이 다 했다. 세금은 뇌물의 양에 달렸고 수확량의 풍흉과도 상관이 없었다. 그 결과 세금을 추징할 고을과 아닌 고을이 서로 뒤바뀌어버렸다. 산원은 백성들에게 이렇듯 무서운 존재였다.

"수법은 간단했다. 산원 등의 실무자는 고을에서 올라온 공물을 자기 집에 쌓아놓는다. 그리고 이들은 이 물건을 수납하지 않거나 수납의 대가로 인정(심부름값)을 크게 요구한다. 뇌물을 받기 전까지 접수증을 내주지 않는다. 심지어 이들은 공물을 받은 후에 장부에 기록도 하지 않은 상태에서 그에 대한 인정을 요구하기도 했다."

구사는 일종의 수행원으로 나라에 소속된 남자종이었다. 그런데 이들은 왜 관리의 길잡이 노릇을 했을까.

"고위 공무원이나 국회의원 등에게 국가에서 전용 자동차, 비서 등을 내주는 것과 마찬가지다. 그래서 신분에 따라 나라에서 내려주는 구사의 수가 달랐다. 세종 때에 정한 숫자는 대군 10명, 정1품 9명, 종1품 8명 (…) 양반의 자제로 관직 없는 자는 1명이었다. 혹 비나 눈이 올 경우에는 개인이 고용한 구사 2명을 더하고 2품 이상으로 늙거나 병이 들어 교자를 타는 경우에는 역시 개인 구사 6명, 5·6품의 대간은 1명을 더하도록 했다. 대간은 국왕의 눈과 귀에 해당하는 중요 직책이라 권위를 세우도록 해준 것이다."

관청마다 소속된 구사가 따로 있었지만 홍문관에는 없었던 모양이다. 홍문관 관리들이 다른 곳의 구사를 빌려 행차했다는 기록이 있다.

성종 대에 홍문관 응교應敎(정4품)가 된 정석견鄭碩堅은 청렴해서 다른 사람들처럼 구사를 빌리지 않았다. 오직 앞과 뒤에 종 한 사람씩만 데리고 다녔는데 사람들은 그를 '산자관원山字官員'이라며 비웃었다. 세 사람이 한 줄로 나란히 걸어가는 모습이 마치 '山(산)' 자와 같다고 놀려댄 말이었다.

조선시대의 비정규직 공무원들

관원은 아니지만 나랏일을 맡던 '비정규직 공무원'도 많았다. 시체를 검시하는 오작인仵作人과 사형을 집행하는 회자수劊子手, 세금으로 거둔 곡물 운반선인 조운선을 운행하는 조졸漕卒, 전쟁에서 상대의 고급 정보를 빼내 오는 간첩間諜, 말을 기르는 목자牧子, 소금을 만드는 염간鹽干, 백정으로 알려진 소 잡는 전문꾼 거골장去骨匠 등이 그들이다.

"오작인의 주임무는 자살인지 타살인지를 가려내고 사망 원인을 찾는 것이었다. 2번의 검시는 필수였고 의심이 나면 네 차례까지 했다. 회자수들은 사형수 가족들에게 돈을 요구하기도 했다. 단칼에 깨끗하게 죽여주는 대가였다. 천시받았을 망나니들이 가지고 있던 유일한 힘이었다. 조졸들은 배가 침몰하면 형벌뿐만 아니라 배상금까지 물어내야 했다. 일부 유혹을 못 이긴 조졸들이 배를 일부러 암초에 부딪쳐 침몰시킨 후 물에 빠진 쌀을 건져 말린 후에 니디 팔기도 했다."

이들은 모두 조선 사회에서 차별받던 사람이었다. 저자는 "이들이 지금의 통념으로 불행했다고 재단할 수는 없다"고 말한다. 자신이 억울한 일을 당하기도 했지만 권력의 끝자락에서 수탈에 앞장서거나 부정을 저지르기도 했기 때문이다. 예나 지금이나 나랏일을 하면 작은 권력이라도 누렸던 것이다.

광대들은 어땠는가, 궁궐 공연은 주로 민간에서 일어난 일을 주제로 삼았는데 이들의 공연으로 관청의 횡포가 어땠는지 알 수 있었다. 이들은 풍자와 해학을 통해 임금과 좌중을 깨우치는 일도 했다.

"관청이 무당에게 세금으로 포를 너무 많이 거둬들이던 때가 있었다. 관리들이 세금을 받으러 오면 무당집은 술과 음식으로 대접하면서 기한을 연기해달라고 빌었던 것이다. 당연히 무당들은 너무 괴로워했다. 광대들은 이 내용을 대궐에서 공연했다. 이를 본 세조가 무당의 괴로움을 알고 세금으로 내는 포를 면제해주었다."

　사헌부 관료의 과거시험지 유출과 왜통사 살인사건, 소유와 구사 간의 폭력, 호조의 회계장부 조작과 사기 등 숱한 뒷얘기도 읽는 재미를 더해준다. 이 책에 등장하는 다양한 사람들은 기록에 나오는 실존 인물이다. 그런 점에서 조선시대 생활사의 단면을 촘촘하게 복원해낸 저자의 노력이 더 빛난다.

함께 읽으면 좋은 책

• 《조선의 엔터테이너》 정명섭 지음 | 이데아
• 《조선 전문가의 일생》 규장각한국학연구원 지음 | 글항아리

500년 전 조선에는 어떤 직업이 있었을까?
《조선직업실록》

정명섭 지음, 북로드 펴냄

조선시대의 소방대원 '멸화군'

1426년 2월 한양에서 대화재가 발생해 이틀 만에 가옥 2400여 채가 불탔다. 세종은 계속된 화마를 막기 위해 최초의 소방기구인 금화도감을 설치했다. 24시간 불을 감시하고 최전방에서 화재를 진압하는 금화군禁火軍도 배치했다. 이들은 방화벽과 우물을 만들고 물독을 설치하면서 체계적인 소방 방재 시스템을 만들기 시작했다.

세조 때인 1467년 12월에는 궁궐의 음식을 관장하는 사옹원에서 불이 나 불경의 번역 및 간행기관인 간경도감과 창고 안 곡식까지 타버렸다. 민가에도 불이 옮겨붙어 수십 채가 잿더미가 됐다. 세조는 병조판서와 도총관을 호출해 궁궐 안 군사들을 이끌고 불을 끄게 했다.

이 사건을 계기로 각 부서에서 차출한 금화군만으로는 대규모 화재 진압에 한계를 느껴 멸화군滅火軍으로 확대 개편했다.

멸화군은 말 그대로 불을 없애는 소방대원이다. 그러나 시대에 따라 부침을 겪다 나중에는 축소되거나 없어지기도 했다. 지금 돌아봐도 부서 특성상 어려움이 많았을 듯하다. 재난방지 부서라는 게 일이 안 생기면 쓸모없어 보이고, 대형 사건이 터지면 아무리 대응을 잘해도 질타만 받게 된다. 그러다 보니 제대로 평가받기 힘들고 업무충성도도 떨어질 수밖에 없었을 것이다.

21개의 직업으로 살펴본 조선의 실감나는 시대풍경

《조선직업실록》은 이렇듯 특이한 조선 백성들의 직업 21개를 보여준다. 교과서에서는 볼 수 없는 우리 선조들의 밥벌이 풍경이다. 조선시대의 직업이라면 논밭을 일구는 농부나 물건을 사고파는 상인, 주모와 보부상, 백정, 기생 등을 먼저 떠올리겠지만 인구가 수백만 명이나 됐으니 백성의 직업도 각양각색이었다.

책에 따르면 조선의 직업은 크게 3가지로 나뉜다. 첫째는 국가의 녹을 먹는 공무원 부류다. 관료집단 외에도 갖가지 직업이 많았다. 목조 건물이 많아 화재에 약했던 한양에 멸화군이 등장한 것은 필연적이었다.

매를 잡아 나라에 바치는 공무원도 있었다. 이들은 시파치라고 불렸다. 임금의 명을 받고 명나라에 바칠 매를 잡아 바치느라 웬만

한 조정 관리들 앞에서는 말에서 내리지도 않을 만큼 권세를 부렸다. 조공은 바쳐야겠는데 날아다니는 매를 마음대로 잡을 수도 없는 노릇이라 시파치들의 몸값은 날로 뛰었다.

억불정책의 희생자인 승려들은 국책사업에 동원돼 한증소汗蒸所를 운영하거나 시신을 거둬 묻는 일을 했다. 한증소는 정부가 운영하는 사우나였다. 돌로 만든 커다란 움집에서 활활 타는 소나무 가지 위에 물을 부어 수증기가 차오르게 했다. 주로 환자 치료용으로 쓰였는데 이를 운영하는 승려를 한증승汗蒸僧이라 했다. 승려는 농사를 안 짓기에 사우나 관리 인력으로 동원하기 편했다. 한양과 변두리를 돌며 시신을 수습하는 승려는 매골승埋骨僧이라고 불렸다.

남녀유별이 엄격한 사회여서 여형사는 여노비가 맡았다. 포도청의 다모 채용조건을 보면 키가 5척 이상(160cm)에 쌀 다섯 말을 번쩍 들 수 있는 힘이 있어야 했다. 막걸리 세 사발을 단숨에 마시는 배포도 필요했다. 치마 속에 쇠도리깨를 숨기고 있다가 대문을 박차고 들어가 역적의 머리채를 잡아끌고 왔다는 이야기도 있다.

둘째 부류는 스스로 벌어먹는 '자영업'이다. 선조 때 잠시 민간에서 신문을 발행했던 기인, 인조 때 윤선도를 상대로 70여 명의 노비가 걸린 재판에 나선 변호사 외지부, 운종가에서 상인과 소비자를 이어준 이른바 '삐끼' 역할로 먹고산 여리꾼, 사람들 앞에서 재미있는 이야기를 들려주면서 생계를 이어간 재담꾼 등이 여기에 속한다.

외지부로 불린 조선의 변호사는 의외로 많은 일을 했다. 조선은 소송이 제기되는 것을 극도로 싫어하면서도 소송 자체를 막지는 않았다. 평민이나 천민도 자유롭게 소송을 제기할 수 있는 권리를 보장했다.

이들이 양반을 상대로 소송하는 것도 막지 않았다. 3번까지 소송하는 것을 허용하고 공소시효까지 뒀으니 현대의 법률체계와 비교해도 손색이 없었다. 그러니 변호사들의 일감이 넘쳤다.

여리꾼은 지금의 호객꾼과 같다. 상점 앞에 늘어서서 손님을 기다린다는 뜻의 열립군列立軍에서 유래했다. 이들은 손님과 상점주인 사이에서 거래를 성사시키고 대가를 받았다. 남의 눈에 잘 띄게 까치등거리(검정색에 흰 바둑판 모양 줄무늬를 그린 옷)를 입거나 노란 갓을 쓴 것도 이 때문이었다.

중고책방을 운영하는 책쾌라는 직업도 있었다. 정약용의 기록에 등장하는 조생이라는 사람은 모든 책에 대해 모르는 게 없어 마치 군자와 같았다고 한다. 한양 안팎을 바람처럼 누비며 식자들의 지식욕을 충족시켜준 그는 머릿속에 모든 책의 판본과 주석까지 꿰고 있어 사람들을 놀라게 했다.

"나에게 책을 사 읽어서 출세한 집안이 손자대에 몰락해서 책을 도로 파는 일을 종종 보게 되오. 책을 사고팔면서 세상이 어찌 흘러가는지 어떤 이치로 움직이는지 알았다오. 그러니까 죽을 때까지 책을 사고파는 일을 할 것이오."

셋째는 먹고살기 위해 뭐든지 해야 했던 슬픈 직업군이다. 남의 장례식에서 대신 울어주는 곡비哭婢, 태형을 대신 받아주는 매품팔이, 과거시험에서 자리를 잡아주는 선접꾼과 글도 대신 써주는 거벽과 사수, 도망간 노비를 잡아오는 추노객 등이 그렇다.

곡비의 가장 큰 고객은 선왕의 장례를 치르는 왕실이었다. 세종 1년 《조선왕조실록》에 "선왕의 장례식에 저자의 여자들을 불러다 울면서 상여를 따라가게 했다"는 기록이 있다. 하지만 아무나 곡비가 될 수는 없었다. 숙종 때 사헌부 지평 한영휘는 어머니 장례식에 기생을 곡비로 썼다가 탄핵을 당하기도 했다.

이 같은 직업의 다양한 이면을 통해 조선 사회의 여러 단층을 비춰주는 게 이 책의 장점이다. 소설이나 드라마처럼 재미있는 스토리로 이야기를 풀어나가는 것도 흥미롭다. 소설가이기도 한 저사의 글솜씨 덕분인데, 직업별로 맞는 이야기의 옷을 잘도 입혔다.

함께 읽으면 좋은 책

- 《조선백성실록》 정명섭 지음 | 북로드
- 《조선의 중인들》 허경진 지음 | RHK 두앤비컨텐츠

지도로 보는 생생한 한국사와 일본사
《아틀라스 한국사》,《아틀라스 일본사》

한국교원대학교 역사교육과 교수진 / 일본사학회 지음, 사계절 펴냄

"대부분의 역사서가 시간의 흐름에 따라 사건을 기술하는 연대기적 성격을 띠고 있다. 이제는 종적인 시간의 흐름에 횡적인 지리 공간을 더함으로써 역사의 내용을 더욱 풍부하게 할 때가 됐다. 나무에 비유하자면 그동안은 가지와 잎은 앙상한 채 키만 높이 솟았으나 이제 다채로운 가지들과 우거진 잎들을 통해 나무를 풍성하게 만들 필요가 있다는 것이다."

사계절출판사의 '아틀라스 역사 시리즈'는 이렇게 우리 역사의 빈 공간을 채우기 위해 기획한 고급 역사 교양서다. 《아틀라스 한국사》를 시작으로 《아틀라스 세계사》, 《아틀라스 중국사》에 이어 《아틀라스 일본사》, 2016년에는 《아틀라스 유라시아사》까지 출간됐다.

이 시리즈는 역사서 출판의 새 트렌드를 만들어냈으며, 텍스트와 지도를 함께 엮은 책들의 출간 붐을 이끌었다는 평가를 받고 있다.

특히 실제 지형과 지세를 실감할 수 있는 음영기복 지도를 사용한 것이 눈길을 끈다. 그동안 '역사부도'에 나온 것들은 대부분 평면 지도였다. 이는 지형의 고저를 반영하지 못했고 특정 사건이 일어난 장소의 구체적 지형과 지세를 보여주지도 못했다. 그래서 학생이나 역사책 독자들이 지도라면 재미없고 복잡하다고 인식하게 됐다.

이 시리즈는 각각의 테마를 2페이지 분량으로 편집하고 텍스트, 지도, 다이어그램, 도판을 해당 주제에 맞게 배치해 시각적인 효과를 높였다. 왼쪽 첫머리에는 연표가 실려 있어 찾아보고 싶은 시대나 주제별 페이지를 쉽게 찾을 수 있도록 했다.

크고 작은 지도들은 정치적 사건의 전개, 인구와 물자의 이동, 산업과 문화의 분포 등을 입체적으로 보여준다. 산맥과 강줄기, 고원과 평지가 드러나는 입체지도는 점, 선, 면을 컬러로 활용해 역사적 사건이 발생한 지점이나 국경·세력 범위를 명확하게 구분하고 화살표와 아이콘 등으로 세세한 설명까지 추가했다.

아틀라스 한국사 – 한·중·일 주요 연대표 실어

《아틀라스 한국사》는 한반도뿐만 아니라 옛 고조선과 부여, 고구려, 발해의 터전이던 만주 평원까지 포함한 지도를 요소별로 싣고 특별히 중요한 사건에 대해서는 그 장소를 세밀하게 보여주는 상세 지도를 그려넣었다. 한국교원대학교 역사교육과 교수진이 공동으로 집필하고 상호 고증을 거쳐 신뢰도를 높였다.

책을 열면 4페이지에 달하는 '접이식 목차'가 병풍처럼 펼쳐진다. 그 뒷면에는 한국, 중국, 일본과 세계의 주요 연대표가 그림과 함께 실려 있다. 1장은 원시시대부터 고대 국가로 발전한 고구려, 백제, 신라와 주변 국가에 관한 얘기가 담겨 있다.

'한국인의 기원'에 대해서는 한반도에 사람이 살기 시작한 50만 년 전 평양 검은모루동굴 유적을 비롯해 대현동 구석기 유적 등을 분석한 결과 '북방계 몽골로이드'라고 소개하면서 약 1만 년 전 신석기 문명을 일으킨 주인공도 이들이라고 설명한다.

오른쪽 페이지에 우리나라와 중국, 몽골, 일본을 아우르는 대형 지도를 넣고 고아시아 인류와 몽골 인종의 이동 경로를 색깔별로 구분해 표시했다. 그 아래에는 북방계 몽골로이드와 남방계 몽골로이드의 차이를 쌍꺼풀, 코, 입 등의 특징과 함께 비교해 보여주는 그림을 실었다. 왼쪽 페이지에는 동아시아 전체의 인종 분포도와 Y염색체 분석에 따른 아시아 인종의 친밀도 관계를 도표로 싣고 자세한 설명을 곁들였다.

아틀라스 일본사 - 214개 도판자료 눈에 띄어

《아틀라스 일본사》는 일본 열도의 탄생부터 '잃어버린 10년'으로 불리는 1990년대 이후 장기불황시대까지 일본 역사를 다뤘다. 일본사 연구자 단체인 '일본사학회' 소속 저자 8명이 교과서식 서술에서 벗어나 통합적인 '하나'의 일본사를 구성한 것이다.

먼저 이 책은 214개의 도판 자료가 실려 있어 주목된다. 다이센 고분의 웅장한 모습은 고분시대 일본의 강력한 왕권을 상징적으로 보여주고, 전국시대 다이묘의 활약상도 지도를 중심으로 인물 그림으로 파악할 수 있게 했다. 또한 무대가 툭 튀어나온 가부키 극장 등 일본 근세의 문화적 특징을 포착할 수 있도록 해준다.

'무사의 등장'을 다룬 부분을 보자. 본문은 10세기 중엽 무사 세력이 역사 무대에 최초로 등장하게 된 '다이라노 마사카도의 난', '후지와라노 스미토모의 난'에 대한 설명과 함께 무사(사무라이) 집단의 생성 과정을 설명한다.

오른쪽 페이지에는 큰 지도 한 컷과 작은 지도 세 컷이 배치돼 있다. 메인 지도는 무사 세력이 일본 곳곳에서 등장하고 있음을 보여주는 동시에 각기 다른 모양과 색깔의 기호로 각 무사 집단의 계통을 표시한다. 서브 지도는 메인 지도의 주요 사건을 확대해 펼치면서 무사 집단이 할거하고 쟁투하던 당시의 상황을 전달한다.

왼쪽 도판은 무사들의 전투 장면을 생생하게 묘사하고, 오른쪽 아래에는 무사단 구성을 한눈에 이해할 수 있도록 표현한 다이어그램을 실었다.

이 같은 지식을 바탕으로 '오다 노부나가 정권'의 활약상을 다룬 부분을 보면 앞뒤 정황을 더 쉽게 이해할 수 있다. 오다 노부나가는 무사 집단의 할거로 분열돼 있던 일본의 전국 통일을 시도했다.

그는 피비린내 나는 통일 전쟁을 거치면서 중세의 정치, 경제, 사회를 넘어 새로운 지배 질서를 창출하고자 했다. 실제로 그의 경제·

종교·도시·토지 정책은 일본의 근세를 앞당긴 선구적인 정책으로 평가되고 있다.

이 대목에서는 노부나가의 전국 통일 과정을 짙은 색부터 옅은 색으로 표현해 세력의 확장 양상을 보여주는 지도를 오른쪽에 배치했다. 그 밑에는 노부나가의 권력을 상징하는 아즈치성 사진을 싣고 왼쪽 아래에는 조총을 이용해 다케다 가쓰요리의 기마군단을 격파한 그림 '나가시노 합전병풍도'를 수록했다.

책의 중간쯤에는 '어느 화가의 그림 여행'이 펼쳐진다. 근세 일본의 생활상을 여행기와 풍경화로 살펴볼 수 있다. 안도 히로시게가 1832년 막부의 관리와 함께 도카이도를 여행하며 그린 풍경화다. 그의 '도카이도 고주산쓰기東海道五十三次' 그림을 여행 순서대로 놓고 보니 근세 일본의 모습이 한눈에 보이는 듯하다.

숙박업소에서 화장을 하거나 손님의 식사 시중을 들고 있는 여성들의 모습, 니혼바시를 오가며 생계를 이어가는 에도 서민들의 일상, 눈 내리는 밤에 도롱이를 걸치고 걸어가는 사람, 마리코의 명물 국물을 파는 업소 등이 흥미롭다.

제국주의 일본이 꿈꾼 '대동아 공영권'의 환상도 가감 없이 소개한다. 1941년 12월 진주만 공격으로 시작된 태평양전쟁은 제국주의 일본이 '대동아 공영권'이라는 야욕에 사로잡혀 저지른 역사의 비극이다. 태평양전쟁 중 일본과 연합군의 공격 진로 등 구체적인 모습을 상세하게 그린 지도 및 국제 관계를 일목요연하게 정리한 도표가 당시의 상황을 압축적으로 보여준다.

책의 맨 뒤에는 주요 사건을 집약한 '일본사 연표'를 실어 독자들의 이해를 돕는다. 일본사의 특성인 천황의 존재와 함께 같은 천황이라도 연호가 다른 경우, 막부시대의 실질적 통치자인 쇼군, 근현대의 수상(총리)들까지 복잡한 내용을 천황, 연호, 쇼군, 수상의 재위기간과 함께 정리했다.

함께 읽으면 좋은 책

- 《세계사 편력》

  자와할랄 네루 지음 | 남궁원, 곽복희 옮김 | 일빛

- 《지도로 보는 아프리카 역사 그리고 유럽, 중동, 아시아》

  장 졸리 지음 | 이진홍, 성일권 옮김 | 시대의창

인생을 배우는 역사읽기
《테마로 보는 한국사》

이동춘 지음, 아이비북 펴냄

2000년 한국사를 통관하다

청나라 학자 첸다신錢大昕(1728~1804년)은 《이십이사고이二十二史考異》에서 다음과 같이 말했다.

"역사서 읽기의 어려움은 오래된 일이다. 《자치통감》이 이룩되자 왕텅즈王勝之만이 한 차례 읽었고 타인은 열 장을 다 읽지 못한 채 기지개 켜며 하품을 하고 졸았다. 대개 역사서는 그 의혹을 떨어버리고, 그 흠을 지적하여 잃어버린 것을 줍고 과오를 바로잡으니, 이는 실로 후학을 계발하는 수단이다."

《테마로 보는 한국사》의 편저자인 이동춘 전 포스코 부사장은 역사 읽기의 중요성을 거듭 강조한다. 다양한 경험이 집적된 역사 지식이야말로 짧은 생애와 좁은 일상의 개인을 성숙하게 하는 인생 교사이고 교훈적 지침을 주는 교육력이기 때문이라는 것이다.

그는 "역사를 관상하는 데서 더 나아가 생활의 일부로 생각하고 역사와 더불어 사는 곳에서 역사의식이 높아진다. 역사의식을 높이는 좋은 방법 중 하나가 바로 역사서 읽기"라고 말한다. 그래서 한국사를 보는 관점부터 한국사 개관, 사상사와 문화사, 붕당사와 사회사, 지배세력 변천사, 근현대사까지 우리 역사의 줄기를 주제별로 나누고 각계 전문가들의 역저와 논문에 연대표까지 엮어 700쪽 이상의 두툼한 책으로 펴내게 됐다고 설명한다.

희귀 사진과 그림, 두 표 두 곁들였다. 예를 들어 1부 '한국사를 어떻게 볼 것인가'에서 김성식 전 경희대학교 교수와 한영우 서울대학교 명예교수 등의 논저를 소개하고 2부 '2000년의 회고와 새 1000년의 과제―한국사 통관'에서는 최승희 서울대학교 명예교수와 이성무 한국역사문화연구원장 등의 연구 결과를 촘촘하게 엮어간다.

테마별로 역사적 사실의 체계화를 시도해

이 책은 그의 전작《나라는 자신이 해친 뒤에 남이 해친다》의 증보판이다. 여타 역사서와 다른 몇 가지 특성을 그는 이렇게 설명한다. 첫째, 편編하되 작作하지 않았다는 점이다. 광범한 사실, 다양한 사관, 전문적 연구로 역사서를 통독할 시간이 없다는 점을 참작해 사료 문헌과 선학들의 정곡을 축약했다. 둘째, 통사적 시대구분법을 따르지 않고 테마별로 역사적 사실의 체계화를 시도한 점이다.

이른바 '역사는 정치사 중심이어야 한다'는 보쉬에(1627~1704년)보다 '육경六經이 모두 역사'라 했던 장쉐청(章學誠, 1738~1801)에 부응해 사상, 문화, 사회, 붕당, 정치 등 주제별로 구성했다. 셋째, 사실의 폭과 깊이는 당대보다 누대, 성취보다 과정, 후대인의 필筆보다 당시인의 간簡에 무게를 두고 야사를 곁들였다.

여기에 중국, 일본 등의 약사를 덧붙여 우리 역사 이해의 폭을 넓혔다. 그는 또 "역사적 사실의 판단에서 공리적 효용과 내면적 도덕성, 결과의 성패와 동기의 시비 중 어느 것을 중시하느냐에 입장 차이가 있을 수 있고 역사상 위인을 평가하는 말에 삼불후설三不朽說(인격·덕행을 첫째, 사공事功을 둘째, 학문·저술을 셋째로 보는 것)이 있지만 후대를 위해 각고의 성취를 남겨두고 간 선각자들의 궤적에서 역사의 교훈을 얻고자 한다"고 말했다.

그는 이어 '모든 나라의 국민은 종국엔 그들의 과거의 그림자를 닮아간다'는 영국 작가 키플링(1865~1936년)의 말을 빌려 "우리는 전근대·근대·현대의식이 혼재된 3중 구조의 사회에 살고 있다"고 진단한다.

"서구의 역사가 절대왕정, 근대 부르주아, 대중사회의 과정을 밟아온 데 비하여 우리는 근대사회에 대한 역사적 경험이 일천한 가운데 산업화에 의한 대중사회로 바로 진입함으로써 현재로서는 전근대·근대·현대 의식이 혼재된 3중 구조의 사회에 살고 있는데 윤회론, 종말론, 유토피아론 등 역사를 보는 여러 문화적 입장이 공존하고 있기도 하다."

236

본 받을 기상, 경계할 자취

책의 뒷날개에 실린 그의 글에도 이 책의 메시지가 명확하게 드러나 있다.

"한국사를 읽고 갖게 된 의문은 '왜 한국은 대문화가 되지 못하고 주변문화로 머물고 말았는가'였다. 강역을 다투던 상쟁기, 명리를 다투던 소화기小華期, 자강을 다투던 개화기를 거쳐 통일을 다투는 전환기까지 2000여 년 동안 소장성쇠가 있었으되 일정한 강토와 문화를 지켜온 배경에는 선현들로부터의 본받을 기상과 경계할 자취가 있는 것이다. 전근대·근대·현대의식이 혼재돼 있는 3중 구조의 한국적 후진성을 탈피하고 지구상 유일한 분단국으로서의 냉전적 사고를 초극하여 '통일한국, 성숙사회'의 조형을 이루어내야 하는 소명은 조숙한 성장, 지체된 의식, 분열된 구조의 미숙사회를 사는 이 시대 역사의식의 핵심이다."

함께 읽으면 좋은 책
- 《설민석의 무도 한국사 특강》 설민석 지음 | 휴먼큐브
- 《이야기 한국사》
  교양국사연구회, 이현희 지음 | 청아출판사

역사를 관통한 시대정신… 지식인에게 묻다
《시대정신과 지식인》

|

김호기 지음, 돌베개 펴냄

"이 책을 쓰기로 생각했을 때 제일 먼저 머릿속에 떠오른 지식인을 꼽으라면 그는 바로 박제가다. 개인적으로 나는 박제가야말로 조선시대 최고의 문제적 지식인이라고 생각한다. 여기서 문제적이란 2가지 의미를 갖는다. 이른바 모더니티에 정공법으로 대결했던 것이 그 하나고, 다른 하나는 평생 그를 따라다녔던 서자 출신이라는 사회적 구속에도 불구하고 그가 보였던 담대한 태도다."

김호기 연세대학교 사회학과 교수가 쓴 《시대정신과 지식인》의 한 대목이다. 이 구절 뒤에 박제가가 사랑하던 둘째 딸을 잃고 쓴 묘지명을 인용하면서 그는 그 글에서 2가지를 떠올렸다고 한다. 하나는 자식을 먼저 보내야만 하는 부모의 애끊는 마음이고, 다른 하나는 박제가의 한없이 드높은 자존심이라는 것이다.

김호기 교수는 "서세동점西勢東漸이 시작되던, 새로운 사회변동이 꿈틀거리던 조선 후기의 한가운데를 거침없이 걸어갔던 지식인, 그 자신의 표현을 빌리면 '천 년 뒤에도 천만 명의 이들과는 다른' 사람으로 남고 싶다는 자기정체성을 당당히 드러냈던 지식인이 바로 박제가"라고 평가한다.

"조선 전기의 율곡 이이에 필적할 천재였건만, 적서차별이라는 신분적 구속 아래 좌절을 겪어야만 했던 박제가의 비애와 그것을 초극하려는 의지가 곳곳에 담겨 있어 이따금 마음 한구석이 시려오기도 한다."

동시대 인물인 박지원에 대해서는 어떻게 평가할까. 박지원 사상의 핵심은 '이용利用이 있은 후에 후생厚生이 되고 후생이 된 후에 정덕正德이 될 것'이라는 주장에 압축돼 있다고 본다. 정덕을 이룬 다음에 이용후생을 할 것이 아니라, 그 반대로 이용후생 이후에 정덕을 이루자는 주장이 박지원 실학사상의 근간을 이루고 있다는 얘기다.

신라시대부터 현대까지 지식인 24명의 삶과 시대정신을 조명

그는 이 같은 지식인들의 고뇌를 시대정신이라는 렌즈와 함께 비추면서 신라시대부터 현대까지 주요 인물 24명으로 한국 지성의 도전과 모험을 그린다.

원효와 최치원부터 김부식과 일연, 정몽주와 정도전, 이황과 이이, 박지원과 박제가, 정약전과 정약용, 이건창과 서재필, 최제우와 경허, 신채호와 이광수, 함석헌과 장일순, 황순원과 리영희, 박정희

와 노무현까지를 다루면서 이들의 시대정신을 사회학자의 눈으로 조명한 것이다.

"시대정신은 한 사회의 발전에서 북극성의 역할을 담당한다. 이러한 시대정신을 주조하는 이들이 곧 지식인이다. 지식인은 지식 또는 진리 탐구를 자신의 직업으로 하는 이들이다. 과거를 성찰하고 현재를 독해하는, 이를 바탕으로 미래를 전망하는 게 지식인의 본분이며, 이를 한마디로 정의한다면 시대정신 탐구라 할 수 있다. 인문·사회과학자들의 경우 그 탐구의 중대한 목적 가운데 하나는 자기 사회의 미래에 새로운 계몽의 빛을 비춰주는 것, 곧 시대정신의 모색에 있다."

정약용과 그 형제들의 애민사상에 대해서는 모더니티의 관점에서 바라본다.

"서구의 모더니티를 과연 어떻게 수용할 것인가. 정약용 형제들은 이에 대해 주목할 만한 삶과 사상을 보여줬다. 정약전과 정약용이 동도서기東道西器적 사유의 한 출발을 보여준 반면 정약종과 이승훈은 서도서기西道西器적 관점을 적극적으로 수용했다. 동도서기와 서도서기 가운데 어떤 것이 더 바람직한 것인가의 문제는 여전히 우리 지식사회의 숙제이기도 하지만, 이 2가지 선택 모두가 200년 전한 가족의 삶과 사상에 나타났다는 것 자체가 대단히 경이로운 일이라 하지 않을 수 없다."

이건창과 서재필에 대한 평가를 보자. 그는 갑신정변을 어떻게 볼 것인가에 대해서는 그동안 꾸준히 토론돼왔지만 동시대를 살았던

두 지식인의 서로 다른 태도에 주목한다고 썼다.

"조선 사회를 어떤 방향으로 이끌 것인가에 대한 이건창의 길과 서재필의 길은 달랐다. 이건창은 서양을 거부하는 주체적인 개혁을 꿈꿨고 서재필은 서양을 수용하는 서구적인 개혁을 모색했다. 두 지식인이 선택했던 길 가운데 어느 것이 더 나았는가를 판단하기란 결코 쉬운 일은 아니다. 역사에서 결과의 책임윤리도 중요하지만 적어도 지식인에게는 그 동기의 신념윤리 또한 소중한 것이다."

황순원과 리영희의 삶도 지식인의 태도에 대해 많은 것을 생각하게 한다.

"막스 베버가《직업으로서의 학문》에서 강조하듯이 현대사회는 유일신이 아니라 다신의 시대다. 그래서 '옛날의 많은 신들이 자신의 무덤에서 걸어 나와 우리 삶을 지배하고자 하며 또다시 서로의 영원한 투쟁을 시작하는 시대'가 됐다. 이것이 개인주의와 공동체주의, 민족주의와 세계주의, 자유민주주의와 사회민주주의 등 다양한 이념과 시대정신들의 경쟁이 현재의 사상적 풍경을 구성한다."

시대정신에 대한 성찰을 통해 우리 사회가 나아갈 길을 찾다

그가 분석한 지식인과 시대정신의 관계에서 지금 우리가 얻을 수 있는 교훈은 무엇인가. 그는 "21세기 우리 사회 미래를 이끌 새로운 시대정신은 단수가 아니라 복수가 될 수도 있다"라고 말한다. 함석헌과 노무현의 민주주의, 박정희의 산업주의, 리영희의 민족주의, 장일순의 생명주의, 황순원의 인간주의 역시 모두 소중한 출발점으로서의 의미를 갖는다는 것이다.

따라서 "진정한 지식인이라면 과거에 대한 비판적 성찰을 통해 새로운 미래의 가치를 주조하고 그 프로그램을 구체화하는 데 최선을 다해야 할 것"이라고 그는 강조한다.

아울러 우리 역사의 시대정신 탐구를 통해 얻은 결론 3가지를 얘기한다.

첫째는 생산적인 자기 부정이 필요하다는 것이다. "새로운 시대정신을 모색하기 위해 지식인은 회의적 접근을 통해 자기 사회의 문제를 비판적으로 분석하고 해부해야 한다. 무릇 모든 존재가 껍데기를 스스로 깨고 나올 때 성숙해지듯이 자기 사회의 현재를 냉철히 평가하고 성찰하는 것은 시대정신 탐구의 일차적 조건이다. 자신이 선 자리를 정확히 인식할 때 가야 할 길의 방향이 보이는 법이다."

둘째는 대안 모색이 치열해야 한다는 것이다. 대안 없는 회의와 반성은 자기 부정으로 귀결될 가능성이 높기 때문에 역사가 더 나은 삶을 향한 진화를 뜻하는 것이라면, 이를 위해 개인과 사회가 어떻게 변해야 하는가에 대한 새로운 대안과 비전 모색이 긴요하다는 얘기다.

셋째는 개혁과 혁신의 중요성이다. 경우에 따라 안정을 중시하는 보수적인 것일 수도 있고, 변화를 중시하는 진보적인 것일 수도 있지만, 역사가 개혁과 혁신을 요구하고 있는데도 그것을 회피하거나 거부하면 사회가 결국 후퇴할 수밖에 없다. 사회의 미래를 위한 개혁과 혁신의 프로그램들을 구체화하는 것이야말로 자기 시대에 맞서는 지식인이라면 마땅히 가져야 할 중대한 책무라고 그는 강조한다.

앞으로의 시대적 화두는 무엇일까. 지난 18대 대통령 선거 때 가장 많이 언급된 것은 '경제민주화'와 '복지국가'였다. 박정희 시대의 '산업화'와 김대중·노무현 시대의 '민주화'에 이어 '복지국가'가 가장 큰 이슈로 자리 잡았다. 이렇듯 긴급한 시대적 요청이 곧 시대정신일진대, 21세기의 시대적 사명을 걸머질 지식인상은 어떨지 자못 궁금하다.

함께 읽으면 좋은 책

• 《지식인》 이성재 지음 | 책세상

• 《지식인과 자본주의》
  앨런 S. 케이헌 지음 | 정명진 옮김 | 부글북스

4장

'선한 천사'와 그 적들

우리는 인류 역사상 가장
평화로운 시대에 살고 있다
《우리 본성의 선한 천사》

스티븐 핑커 지음, 김명남 옮김, 사이언스북스 펴냄

폭력의 역사적 궤적을 추적하다

고고학자들이 발굴한 원시 유골 중 폭력으로 인한 사망자 비율은 최고 60%나 됐다. 그 뒤로도 지역에 따라 14~24.5%가 타살된 것으로 추산됐다. 유럽인이 상륙하기 전의 멕시코에서는 그 비율이 5%로 줄어들었다. 두 차례의 세계대전이 있었던 20세기 전반부 유럽에선 3%로 낮아졌다. 20세기 후반부와 미국까지 포함하면 현대의 폭력 사망률은 1% 정도로 줄어든다.

스티븐 핑커 하버드대학 교수는 《우리 본성의 선한 천사》에서 이런 통계를 보여주며 세계대전과 홀로코스트로 얼룩진 20세기가 역사적 흐름으로 보면 가장 평화로운 시기라고 말한다.

그는 그 배경에 인류 문명 속의 외생적 힘들과 연합해 내면의 악마를 끊임없이 다스리고 조련해온 인간 본성의 선한 천사가 있다고 주장한다. 100여 개의 그래프와 표 등 방대한 자료와 이론 소개를 담아내다 보니 책도 무척 두꺼워서 1400쪽이 넘는다.

그에 따르면 국가가 생기기 이전의 과거 사회는 20세기 전쟁 사망률보다 평균 4배, 최고 10배 높은 사망률을 보였다. 그는 이 같은 인류 폭력의 역사적 궤적을 여섯 시기로 나눠 설명한다. 비국가 사회에서 국가 사회로 넘어온 평화화 과정, 사회 규범의 발달에 따른 문명화 과정, 계몽주의가 이끈 인도주의 혁명, 국가 간 교역과 민주화를 통해 전쟁이 감소한 긴 평화의 시기, 집단 살해나 테러와 같은 소규모 충돌도 꾸준히 감소한 새로운 평화의 시기, 시민권과 여성·아동권 운동 등이 잇달아 전개된 권리 혁명의 시기를 거치면서 폭력 감소 현상이 나타났다는 것이다.

중세 후기부터 20세기까지 유럽 국가들의 살인율은 과거의 10분의 1에서 50분의 1로 낮아졌다. 제2차 세계대전 이후 50~60년 동안 인류는 유례없는 발전을 거듭했다. 강대국들과 대부분의 선진국이 서로 전쟁을 벌이지 않았기에 가능한 일이었다.

그는 "이 같은 역사의 궤적을 통해 우리는 인간의 본성 안에는 내면의 악마들과 함께 선한 천사들도 있다는 것을 깨달을 수 있다"고 말한다. 그가 전작인 마음 3부작(《마음은 어떻게 작동하는가》, 《빈 서판》, 《생각거리》)을 통해 심층적으로 탐구해온 인간 본성의 과학을 종합하면서 우리 속의 악마와 천사를 다루는 모습은 놀랍고 담대하다.

인간의 내면에 공존하는 악마와 천사

그는 인간을 폭력 상황으로 몰아가는 동기를 5가지로 꼽는다. 먹 잇감을 포식할 때처럼 대상에 대한 감정이입 없이 냉혹한 폭력을 행 사하는 '포식적 폭력', 권위와 위세 혹은 마초적 허세 등의 원초적 욕구에서 나오는 '우세경쟁', 전 세계 살인 동기의 10~20%를 차지 하고 폭동과 테러를 야기하는 '복수심', 타인의 괴로움에서 즐거움 을 얻는 고문과 연쇄살인 등 '가학성', 유토피아적 전망을 품고 무 제한의 선을 추구하기 위해 무제한의 폭력을 정당화하는 '이데올로 기'…. 이른바 내면의 악마들이다.

그는 내적 압력에 의해 분출되는 공격 욕구 등 기존 폭력성 이론 과 달리 누구나 품고 있는 평범한 동기에서 폭력이 나온다고 설명한 다. 그리고 인간이 그 동기를 더 뜸하게, 특수한 상황에서만 행사하 도록 변해왔기에 폭력이 줄어왔다고 말한다.

우리를 폭력에서 멀어지게 하면서 내면의 악마를 억누르고 평화 를 추구하도록 이끈 선한 천사로는 4가지를 든다.

남의 고통을 느끼게 하고 그들과 우리의 이해를 연결하도록 만드 는 '감정이입', 충동적 행동의 결과를 예상하고 절제하도록 함으로 써 중세 유럽 이후 근대 유럽까지 살인율을 30분의 1로 줄일 수 있 었던 원천인 '자기통제', 계몽시대의 인도주의 혁명이나 최근의 권 리 혁명과 같은 기념비적인 발전을 이룬 '도덕감각', 자신만의 편협 한 관점에서 벗어나 성찰함으로써 자기통제나 도덕감각 등 다른 선한 천사들의 길잡이가 되어주는 '이성'이 그것이다.

그러면 이 천사들은 언제 무엇에 의해 힘을 발휘하는가. 그는 마지막 장에서 내면의 악마들을 누르고 선한 천사들이 활동하도록 도우면서 폭력의 감소를 이끌어낸 외생적 힘들을 구체적으로 살핀다. 악한 동기를 억제하고 선한 동기를 끌어내는 데에는 외부적인 조건도 매우 중요하기 때문이다.

이는 폭력 감소의 6가지 시기 혹은 경향성(평화화 과정, 문명화 과정, 인도주의 혁명, 긴 평화, 새로운 평화, 권리 혁명)에서 공통적이고도 반복적으로 등장하는 요소이기도 하다.

그는 천사를 돕는 외생적인 요인을 5가지로 꼽았다.

첫 번째는 '리바이어던'이다. 힘의 적법한 사용을 규정하는 국가와 사법 제도가 공격의 유혹과 복수의 충동을 억제한다는 것이다.

두 번째는 '상업'이다. 기술발전 덕분에 더 많은 교역 상대가 생기면서 남을 공격할 가능성도 낮아졌다. '교역이 늘어날수록 전쟁 위험이 줄어든다'는 칸트의 언설과 함께 세계 경제에 개방적인 나라들이 집단 살해와 내전의 비극을 덜 겪는다는 분석 결과들도 이를 뒷받침한다.

세 번째는 '여성화'인데, 남성의 직선적인 폭력에 비해 곡선적인 여성의 가치와 이해를 존중하는 방향으로 문화가 변한 것을 말한다. 네 번째 '세계주의'는 문자해독 능력과 이동성, 매스미디어 덕분에 나와 다른 사람들의 시점이나 생각 등을 폭넓게 공감하게 된 것이다. 17세기에 시작된 출판과 교통 기술의 발전이 독서 혁명을 낳고 인도주의 혁명의 싹을 틔웠으며 20세기 평화와 권리 혁명을 거들었다는 얘기다.

다섯 번째는 '이성의 에스컬레이터'다. 피터 싱어가 말했듯이 윤리의 범위를 계속 팽창시키는 추진력은 단단한 이성에서 나온다. 인간사에 지식과 합리성을 더 많이 적용하는 이성의 에스컬레이터는 폭력의 순환이 헛되다는 것을 깨닫게 하고 폭력 자체를 승리의 도구라기보다는 서로가 해소해야 할 숙제로 보게 만들었다.

인간 본성의 이해에 관한 지평을 넓힌 역작

그는 이처럼 폭력이 역사적으로 감소했다는 사실을 인식하는 것이 우리 인간의 본성을 이해하는 데 매우 중요하다고 강조한다. 그 순간 오랫동안 인간 본성의 이해를 가로막아온 이분법을 버리고, 우리 내면에는 잔혹한 악마와 선한 천사가 공존하고 있으며 그중 선한 천사를 이끌어내는 외생적 요인들도 존재한다는 사실을 깨닫게 된다는 것이다.

그의 말마따나 옛 세대가 당대의 폭력에 진저리치며 그것을 줄이려고 부단히 노력한 결과 우리는 역사상 어느 때보다 덜 폭력적이고 덜 잔인하며 더 평화로운 세계에서 살아갈 수 있게 됐다.

그가 들려주는 인간 본성에 대한 희망적 보고는 또 다른 논쟁의 단초들을 제공하며 많은 학자의 영감을 자극했다. 빌 게이츠가 "평생 읽었던 책 중 가장 많은 생각을 하게 만든 저작"이라고 추천해 화제를 모으기도 했다.

　이 책은 한국경제신문 논설위원들이 만드는 지식신문 〈비타민〉의 '2014년 필독서', 중앙일보 등 일간 신문의 '올해의 책', 한국출판문화상(번역부문) 수상의 영예도 안았다. 미국 외교정책 전문지 〈포린폴리시〉가 뽑은 세계 10대 지식인답게 그의 책은 언제나 신뢰와 함께 진짜 공부의 힘이 무엇인지를 잘 보여준다.

함께 읽으면 좋은 책

- 《사피엔스의 미래》

　알랭 드 보통, 스티븐 핑커 외 지음 | 전병근 옮김 | 모던아카이브

- 《인간 본성에 대하여》

　에드워드 오스본 윌슨 지음 | 이한음 옮김 | 사이언스북스

최후의 원시부족을 통해 본 인간의 본성
《고결한 야만인》

나폴리언 섀그넌 지음, 강주헌 옮김, 생각의힘 펴냄

미국 인류학자 나폴리언 섀그넌의 《고결한 야만인》은 사회의 기원과 인간 종의 본성을 파헤친 역저다. 아마존 밀림에 사는 원시부족 야노마뫼족을 대상으로 한 문화인류학 연구의 결정판이라 할 수 있다.

그는 1964년부터 30년 이상 현지 조사를 벌인 끝에 "자연상태의 인간은 더없이 행복하고 비폭력적이며 이타적"이라는 루소의 말과 달리 인간이 만성적인 폭력과 전쟁의 위험에 노출돼 있으며 "만인에 대한 만인의 투쟁"을 역설한 홉스의 주장에 더 가깝다는 결론을 얻었다. 루소의 '고결한 야만인' 개념은 몽상에 불과하다는 것이다.

처음엔 그도 대부분의 인류학자처럼 1년 정도 현지 조사를 하고 가려고 했다. 그런데 야노마뫼족이 인류학계의 통념과 많이 다르다는 것을 발견하고는 35년이나 그들과 함께 지내며 사회적 행동과 습성, 인구변화, 이주 과정, 전쟁의 원인 등을 연구했다.

야노마뫼족은 브라질과 베네수엘라 국경 양편에 흩어져 살았다. 아마존 밀림지역에서도 외부인이 접근하기 힘든 곳이다. 이들이 사용하던 도구나 화전 농법은 거의 석기시대 것이었다.

첫인상은 기괴했다. 가령 '10여 명의 건장하고 발가벗은 땀투성이 남자들이 무섭게 쏘아보며 커다란 활을 겨누고' 있거나 '아랫니와 두 입술 사이에는 큼직한 풋담배 뭉치가 달라붙어 있어 더욱 흉측한 모습'이었다.

"외부에서 유입된 질병으로 떼죽음을 당한 적도 없었고, 국경 주변을 확장해가는 식민지배자들에게 대량으로 죽임을 당한 적도 없었다.

선교사들도 일부 마을에만 영향을 주었을 뿐이고, 대부분의 마을은 외딴곳에 있어 부족민의 수는 고사하고 얼마나 많은 마을이 있는지도 확실하게 아는 사람이 없었다."

연구 과정에서 가장 큰 어려움은 의사소통 문제였다. 그들에게 언어는 있었지만 문자가 없었다.

그래서 그는 말부터 배웠다. 말을 기록할 수단도 직접 고안했다. 또 다른 문제는 친족관계를 파악하는 것이었다. 최대한 많은 계보도를 그려 원시사회에서 친족관계의 의미를 분석하려 했다.

그러나 그들에게는 다른 사람 앞에서 누군가의 이름을 언급하기 꺼리는 '이름 금기'가 있었다. 게다가 2개 이상의 이름을 가진 사람이 대부분이었다.

여성을 쟁탈하기 위한 끊임없는 전쟁

그는 이런 어려움을 하나씩 극복하면서 마침내 '전쟁'과 '여자'라는 2가지 큰 주제에 집중했다. 이들의 역사는 한마디로 전쟁의 역사였다. 공격 이유는 대부분 누군가의 죽음에 대한 보복이었다. 복수 대상은 다른 마을에 사는 부족이었다. 그중 가장 가혹한 형태는 '노모호리(비열한 책략)'다.

의례적인 잔치나 물물교환처럼 좋은 명목을 앞세워 다른 마을 사람들을 초청한 다음 습격하는 것이었다. 아노마뫼족 성인 남자의 45%가 한 사람 이상을 죽인 경험을 갖고 있었다.

습격은 주로 동이 트기 직전에 이뤄졌다. 서로가 불안과 긴장 속에서 가장 가혹하고 교묘한 방법으로 전투를 치렀다. 대부분은 새벽에 공격하고 환한 낮에 퇴각했다.

이렇게 불안한 조건에서는 밭일을 나가거나 식량을 채집하러 나설 때도 활과 화살로 무장한 남자들을 마을에 남겨둬야 했다. 사냥을 떠나는 남자들도 위험했다. 소수만이 사냥에 나서므로 마을에서 멀리 떨어지면 다수의 습격자에게 공격당할 수 있기 때문이다. 주된 갈등 원인은 생식가능 연령대의 여성을 뺏는 것이었다.

"한 마을이 적대적인 여러 마을로 분열될 때마다 다툼의 이유가 무엇이었느냐고 나는 반복해서 물었다. 이런 식의 인터뷰가 며칠 동안 계속되자 그는 버럭 화를 내며 소리쳤다. '이제 그런 바보 같은 질문은 그만해요! 여자! 여자! 여자! 여자 때문이었소! 여자는 항상 문젯거리였소. 여자!'"

　전쟁이 여자를 둘러싼 갈등에서 비롯된다는 주장은 당시의 문화
인류학계 통념과 다른 것이었다. 그때까지만 해도 원시부족들의 전
쟁은 식량이나 연료 등 자원 때문에 생긴다고 봤다. 그런데 그의 연
구 결과 '인간의 번식 본능 때문에 전쟁이 일어난다'는 게 확인된 것
이다.

　살인 경험이 있는 성인 남자(그들의 용어로는 '우노카이')와 그렇지
않은 남자의 결혼율과 자녀 비율도 흥미롭다. 일부다처제인 야노마
뫼족 사회에서 우노카이의 부인은 평균 1.63명이고, 다른 남자들의
경우는 절반 이하인 0.63명이었다.

　자녀 수도 평균 4.91명과 1.59명으로 큰 차이를 보였다. 따라서 그
는 원시부족 사회가 성과 연령에 따른 위계를 제외하고는 평등하다
는 기존 학설이 허구라고 지적했다. 야노마뫼족은 효과적으로 동원
할 수 있는 친족의 수, '우노카이'냐 아니냐에 따라 주변 사람들에
게 명령하고 지시할 수 있는 권한이 다르다는 것이다.

사회계약론은 허구… 고결한 야만인은 없다

　그때까지만 해도 인류학자들은 루소의 《사회계약론》에 나오는 것
처럼 자연상태의 인간은 비폭력적이며 이타적이라고 여겨왔다. 그
러나 그가 관찰한 야노마뫼족은 홉스가 《리바이어던》에서 묘사한
자연상태처럼 폭력과 갈등, 전쟁에 시달리는 야만인이었다.

"우리는 흔히 과거의 사회가 평화로웠을 것이라고 상상하지만, 나는 이 책에서 그것이 몽상임을 보여주려고 한다. 게다가 우리가 시간을 거슬러 올라갈수록 그런 상상은 더욱 유지되기 힘들다. 먼 과거, 예컨대 석기시대 사회의 삶은 무척 불확실해서 위험하기 그지없었다. 전혀 예측하지 못할 때 느닷없이 공격하는 이웃은 가장 위험한 존재였다."

1968년 그의 첫 저서 《야노마뫼-사나운 부족》이 출간되자 학계에서는 격렬한 반발과 논쟁이 일어났다. 그의 이론이 '인종주의', '생물학 환원론', '파시즘 8호'라는 것이었다.

1980년대 이후 브라질 광부들이 자원을 채취하기 위해 야노마뫼족을 학살하는 데 빌미를 줬다는 비판도 받았다. 2000년엔 언론인 패트릭 티어니가 《엘도라도의 어둠: 어떻게 과학자와 언론인이 아마존을 파괴했는가》라는 책에서 사용 금지된 홍역 백신을 야노마뫼족에게 사용했다는 의혹까지 제기했다. 그러나 국제전염병학회와 미국 국립과학원 등의 조사 결과 이런 주장들은 거짓이라는 게 밝혀졌다.

이처럼 그가 오랜 연구 과정에서 부딪혔던 '지적 야만인'들로부터의 비난과 공격은 역설적이게도 야노마뫼족을 통해 관찰한 인간의 본성이 여전히 그대로라는 것을 재확인시켜준 셈이 됐다.

교탁 위의 철학자가 들려주는
삶의 가치와 행복
《죽음이란 무엇인가》

셸리 케이건 지음, 박세연 옮김, 엘도라도 펴냄

죽음 후엔 영혼도 영생도 없다

셸리 케이건 예일대학 교수는 '교탁 위의 철학자'로 불린다. 늘 교탁 위에 올라앉아 책상다리를 한 채 강의한다고 해서 붙인 애칭이다.

한국에 와서 강연할 때도 그랬다. 그는 '죽음'이라는 다소 무거운 주제를 토크쇼 사회자 같은 입담과 유머감각으로 풀어내 인기를 끌었다. 고대에서 현대까지 방대한 철학사를 다루면서도 난해한 철학 용어를 거의 사용하지 않아 '대중철학 강의의 새 지평을 열었다'는 평가도 받고 있다.

그의 책 《죽음이란 무엇인가》는 1995년부터 예일대학에서 진행해온 교양철학 정규강좌를 새롭게 구성한 것이다. 그는 이 책에서 '죽은 다음에도 나는 살아남을 수 있을까', '죽음은 나쁜 것인가',

'영생은 가능한가' 등의 질문을 통해 인간의 실체를 밝혀낸다.

먼저 영혼의 존재에 대해서는 인간이 육체와 영혼으로 이뤄져 있다는 이원론dualism과 인간이 육체로만 이뤄져 있다는 물리주의physicalism의 관점에서 설명한다.

그는 《플라톤의 대화편》 중 소크라테스의 죽음과 영혼의 불멸을 다룬 '파이돈'을 소개한 뒤 이를 하나하나 뒤집고 반박한다. 또 '인간의 자유의지free will를 설명하기 위해서는 반드시 영혼의 존재를 믿어야 한다'는 주장에 대해 영혼의 존재를 상정하지 않고도 자유의지를 설명할 수 있다는 논증을 제시히면서 "이원론자들의 주징은 설득력이 떨어진다"고 말한다.

'삶이 끝난 후에도 삶은 계속되는가'라는 질문은 '육체적 죽음 뒤에도 영혼은 살아남는가'와 맞닿는다. 플라톤은 물질적이고 감각적인 세계와 대비되는 비물질적이고 초월적이며 보편적인 실재, 즉 이데아idea를 통해 영혼불멸론을 주장했다. 플라톤에 따르면 절대적인 정의나 선, 아름다움 등은 우리가 사는 이 세계가 아닌 이데아에 존재하는 것들이다. 우리는 이성을 통해 이데아를 인식할 수 있으므로 이성은 비물질적이고 영원한 존재다. 따라서 영혼은 영원히 존재한다는 것이다.

죽음이 앗아가는 것들

과연 그럴까. 그는 웃음 현상을 예로 들며 얘기를 이어간다. 웃음은 입술을 벌린 채 치아를 드러내는 행위이지만 육체의 일부는 아니다. 이런 웃음이 플라톤의 이데아처럼 육체와 따로 떨어진 어디에 존재한다고 보는 것이 이원론자다.

이와 달리 일원적 물리주의자는 정신이나 영혼도 고도의 육체적 작용의 연장이라고 본다. 그러니 이들에게 육체 없는 웃음이라는 비물질적 존재는 따로 없다. 영혼도 마찬가지란 것이다.

그런 점에서 그는 물리주의자다. 그래서 영혼은 따로 존재하지 않으며 인간은 기계에 불과하다고 본다. 물론 그냥 기계가 아니라 아주 복잡하고 고도의 사고와 사랑까지 할 수 있는 특별한 기계다. 기계가 고장나 작동을 멈추는 게 죽음이다. 그러면 영혼도 사라진다. 영혼이 따로 없으니 영생도 있을 수 없다. 이런 얘기를 들으면 그가 유대교도라는 게 믿어지지 않는다.

다시 '죽음은 나쁜 것인가'라는 질문으로 돌아가보자. 죽음이 나쁘다면 무엇 때문에 그런가. 그는 오랫동안 이어져온 철학적 주장들을 두루 열거한 다음 '삶이 가져다주는 좋은 것들을 앗아가기 때문에 나쁘다'는 박탈이론을 죽음이 나쁜 유일한 근거로 제시한다.

또 '나쁘다는 것은 존재하는 대상에게만 가능한 평가인데 죽고 나면 나는 존재하지 않기 때문에 죽음은 나쁜 게 아니다'라는 에피쿠로스의 입장과 '죽음이 나쁘려면 마찬가지로 비존재 상태인 태어나기도 전의 상태도 나빠야 한다'는 루크레티우스의 비판을 통해 박탈이론을 옹호한다.

죽음을 나쁜 것으로 보게 만드는 4가지 특성에 대해서도 알아본다. '반드시 죽는다'는 죽음의 필연성, '얼마나 살지 모른다'는 죽음의 가변성, '언제 죽을지 모른다'는 예측 불가능성, '어디서 어떻게 죽을지 모른다'는 편재성이 그것이다.

그는 "죽음은 반드시 삶을 영위하고 난 다음에 맞이한다". "우리가 주목해야 할 대상은 삶 자체나 죽음 자체가 아니라 태어나서 죽기까지의 과정"이라고 역설한다. 아울러 삶과 죽음은 긍정적·부정적 상호효과를 모두 갖고 있으며 우리가 부정적 상호효과만을 받아들일 때 삶은 나쁜 것이 돼버린다고 지적한다.

무한한 삶은 어떤 고통보다 가혹한 형벌

죽음이 공포의 대상인지도 따져본다. 그는 공포라는 감정을 일으키는 모든 조건을 분석한 뒤 죽음은 공포의 대상이 아니며 공포가 죽음에 대한 정당한 감정도 아니라고 얘기한다.

그리고 "적절치 못한 감정으로 인생을 허비할 까닭이 없으며, 우리에게 그리 많은 시간이 주어져 있지 않기에 최대한 많은 축복을 누려야 한다"라고 강조한다.

영원한 삶은 과연 좋은 것인가에 대해서도 얘기한다. 그는 천국이나 극락처럼 영원히 행복한 삶도 막연히 '좋은 것'으로만 주입됐을 뿐 세부적으로 묘사하면 전혀 다른 그림이 나올 것이라고 말한다. 어떤 형태의 삶도 영원히 지속되면 매력을 잃게 된다는 것이다. 또 "무한한 삶은 어떤 고통보다 가혹한 형벌"이라면서 모든 좋은 것들은 그것이 유한하기 때문이라는 사실을 환기한다.

결국 그의 논의는 행복의 본질에 관한 주제로 옮겨간다. 무엇이 우리의 삶을 가치 있는 것으로 만들어주는가. 그는 이와 관련한 대표적 철학이론인 쾌락주의hedonism와 로버트 노직의 사고실험인 '경험 기계'를 예로 들고는 쾌락이 본질적인 행복이 아니라고 말한다.

삶, 죽음이 있기 때문에 완성되는 인간의 가장 위대한 목적

"우리가 원하는 최고의 경험들을 데이터 파일로 내려받아 마음대로 해볼 수 있다고 하자. 밤을 새우며 위대한 소설을 쓰는 경험을 선택할 수도 있고 실험실에서 획기적인 암 치료법을 개발하는 경험을 선택할 수도 있다. 환상적인 석양을 감상하거나 이국적인 곳을 여행하는 것도 가능하다. 그러나 이것은 어디까지나 경험 기계 속의 인생이지 내 인생이 아니다."

이런 사례들을 통해 그는 "삶의 가치는 그 속에 채워지는 내용물에 달려 있다"고 강조한다. 그 속에 채워지는 좋은 것과 나쁜 것의 총합을 통해 삶의 가치를 평가하는, 이른바 '그릇이론'도 소개한다.

사실 그는 죽음을 테마로 삼고 있지만 궁극적으로는 삶을 이야기한다. 죽음이 없는 삶은 없으며, 삶이 없는 죽음 또한 존재하지 않는다는 것이다. 그가 "삶은 죽음이 있기 때문에 비로소 완성되는 인간의 가장 위대한 목적"이며, "죽음의 본질을 이해하면 가치 있는 인생을 살 수 있다"고 역설하는 이유도 여기에 있다.

이 책은 그의 표현처럼 죽음에 관한 책이자 삶에 관한 책이며 동시에 철학에 관한 책이다. 그는 이 책을 통해 누구나 피할 수 없는 죽음을 직시함으로써 잠시 머물다 사라지는 우리 삶이 얼마나 축복인지, 어떻게 해야 진짜 잘 사는 것인지를 역설적으로 깨닫게 해준다.

함께 읽으면 좋은 책

- 《삶이란 무엇인가》 수전 울프 지음 | 박세연 옮김 | 엘도라도
- 《불멸에 관하여》 스티븐 케이브 지음 | 박세연 옮김 | 엘도라도
- 《웃으면서 죽음을 이야기하는 방법》
  줄리언 반스 지음 | 최세희 옮김 | 다산책방

삶의 가치와 행복, 유대인에게 묻다
《죽기 전에 한 번은 유대인을 만나라》

랍비 조셉 텔루슈킨 지음, 김무겸 옮김, 북스넛 펴냄

모처럼 한가하게 드러누워 뒹굴었다. 날카롭게 곤두섰던 신경을 풀어놓고 모든 걱정거리도 내려놓았다. '오, 한없이 가벼운 나태의 즐거움'. 너무 바쁘게 움직이다 의욕을 잃어버린 사람에게는 안식安息이 최고의 약이라고 했다. 느긋한 마음으로 천천히 책을 뒤적이다 이런 구절을 발견했다.

"어느 유명한 랍비가 자신의 추종자들은 그가 요구하는 모든 것을 따른다고 말했다. 그러자 동료 랍비가 '어떻게 그렇게 할 수가 있습니까?'라고 물었다. 이에 그가 대답했다. '저는 사람들이 쉽게 따를 수 있는 것만 요구하거든요.' 당신은 당신에게 실망과 상처를 준 사람에게 개선을 요구할 권리가 있다. 하지만 비현실적인 요구를 해선 안 된다. 당신도 절대 도달할 수 없을 것 같은 완벽함을 다른 사람들에게 요구하지 말라."

유대인 현자 '랍비'가 전하는 삶의 가르침

랍비(유대인 현자)인 조셉 텔루슈킨의 《죽기 전에 한 번은 유대인을 만나라》에 나오는 대목이다. '다른 사람에게 비현실적인 요구를 하지 말라'라는 장에 인용된 얘기인데, 마치 자신은 한 번도 실수하지 않는 것처럼 남의 잘못을 비난하거나 자신도 이루어내기 어려운 기준의 잣대를 남에게 들이대지 말라는 것이다.

저자는 "개인의 삶이 나아지려면 사회가 나아져야 하는데 그것은 남을 향한 비난이 아닌 다정다감한 관용"이라고 말한다. 또 인생에서 불현듯 맞닥뜨리는 딜레마와 부조리에 우리의 정신과 태도가 흔들릴 수도 있지만 그럴 때일수록 '선'에 근거한 판단기준을 가지면 섣불리 흥분하거나 분노하는 어리석음을 피할 수가 있다고 강조한다.

이 같은 가르침은 유대 사회에서 대를 이어 전해 내려오는 것들이다. 그는 이 책에서 '만족은 어디에서 오는가', '무엇을 배울 것인가', '유대인은 어떻게 실천하는가', '선행은 어떤 위력을 지니는가', '유혹을 어떻게 다스릴 것인가' 등 5가지 주제를 365일의 일상 형식으로 전한다.

'배우자에게 화가 날 때-157일째'에 이런 얘기가 나온다.

유명한 연극배우 부부 중 한 쌍인 알프레드 런트와 린 폰탄느는 50년 넘게 결혼생활을 했다. 한 기자가 폰탄느에게 이혼을 생각해 본 적은 없었는지 묻자 그녀는 이렇게 대답했다. "이혼이라고요? 단한 번도 생각해본 적이 없어요. 하지만 살인은 종종 생각했죠.”

이 유머러스한 답변은 안타까운 진실을 반영한다. 아무리 서로 깊이 사랑하는 부부라 해도 종종 서로를 짜증스럽게 하고 서로에게 과도하고 부적절한 화를 낸다. 짜증을 유발하는 사소한 쟁점이 감정 폭발로 이어져 서로에게 상처를 주고 아픈 과거를 되짚어 이야기하게 된다. 한 배우자가 고통스러워할 때 다른 배우자가 부적절하게 반응하는 경우도 있다.

창세기의 야곱도 그랬다. 야곱은 그의 아내 라헬을 진심으로 사랑했다. 하지만 아이를 갖지 못하는 라헬이 “나로 자식을 낳게 하라. 그렇지 아니하면 내가 죽겠노라”고 한탄하자 그녀의 고통을 자극할 대답을 했다. “야곱이 라헬에게 노를 발하여 가로되 그대로 성태치 못하게 하시는 이는 하나님이시니 내가 하나님을 대신하겠느냐?” 이후 라헬은 요셉을 낳았고 얼마 후 베냐민을 낳다가 죽고 말았다. 야곱은 얼마나 많은 후회를 했을까.

5가지 주제를 365일 일상 형식으로 풀어내

스위스 항공 여객기 한 대가 대서양에 추락해 200명이 넘는 사상자를 낸 사건과 관련해서도 부부간의 관계가 얼마나 소중한지를 일깨운다. 탑승객들은 추락 6분 전쯤에 비행기가 추락할 것이라는 통보를 받았다는 사실이 후에 드러났다. 저자의 아내는 그 비행기에 타고 있던 부부들이 6분 동안 서로 무슨 말을 하고 어떤 행동을 했을지 궁금하다고 했다. 그리고 한 가지 사실은 확신했다. "아무도 '항상 바닥에 옷을 벗어놓는 걸 더는 못 참겠어' 또는 '생각 없이 돈을 함부로 쓰는 것에 진절머리가 나' 같은 말은 하지 않았겠죠."

이 대화 끝에 그는 쓰레기를 치우지 않았다는 이유로 화가 폭발하려 할 때 이 여객기 이야기를 상기하라고 말한다.

'오만함의 해독제-239일째'도 흥미롭다. 자신이 오만한 성향을 갖고 있다고 생각한다면 11세기의 유명한 책 《초봇 할레바봇(마음의 의무)》의 저자 바야 이븐 파쿠다가 한 이야기를 떠올려보라고 말한다. 어느 현자가 "당신은 어떻게 아무도 이의를 제기하지 않는 확고부동한 지도자로 인정받을 수 있었습니까?"라는 질문을 받고 이렇게 대답했다.

"저는 저보다 못한 사람을 만난 적이 없습니다. (…) 저보다 현명하지 못한 사람을 만나면 저는 심판의 날에 그 사람보다 제가 더 심하게 추궁당할 거라는 생각을 합니다. 제가 율법을 지키지 않은 건 알면서도 그렇게 한 것이지만 그가 율법을 지키지 않은 건 무지에서 비롯된 것이기 때문입니다. 저보다 나이 많은 사람을 만나면 저는 그가 오랜 세월 습득한 장점이 틀림없이 저보다 많으리라는 생각을 합니다. 저보다 어린 사람을 만나면 저는 그가 저지른 죄가 제가 저지른 죄보다 더 적으리라는 생각을 합니다. 저보다 더 부유한 사람을 만나면 저는 그가 베푼 자선이 제가 베푼 자선보다 더 많으리라는 생각을 합니다. 그리고 저보다 더 가난한 사람을 만나면 저는 그의 영혼이 제 영혼보다 더 겸손하리라는 생각을 합니다. 그래서 저는 제가 만나는 모든 사람을 존경하고 그들 앞에서 겸손하게 행동할 수 있었습니다."

진정한 행복과 안식의 가치를 배우다

'모든 부모가 자문해보아야 할 질문들-101일째'도 눈여겨볼 만한 내용이다. 유대 사회는 모든 부모가 자문해야 할 질문 5가지를 제기한다.

① 나는 내 아이가 성적도 중간 정도이고 지능도 보통이지만 다정다감하길 원하는가 아니면 다정다감하진 않지만 지능적으로 아주 우수하길 원하는가?

② 나는 내 아이의 윤리적인 면을 개발하는 데 어느 정도의 시간과 노력을 쏟고 있는가?

③ 나는 아이의 성격적 결함보다 저조한 성적이나 다른 단점들에 더 민감한 반응을 보이고 있지는 않은가?

④ 나는 내 아이가 다른 아이들에게 하는 행동들을 유심히 살펴보는가. 만일 내 아이가 다른 아이에게 잘못된 행동을 할 때 어떻게 하는가?

⑤ 나는 내 아이에게 끊임없이 인사나 태도, 자세 등에 대한 예절교육을 시키고 있는가?

그는 "좋은 학생으로 키우는 것은 어렵다. 그런데 좋은 사람으로 키우는 것은 훨씬 더 어렵다"고 설명한다. 그것은 부단한 노력을 필요로 하기 때문이다. 그는 또 "적당히 성공했지만 인품이 좋은 자녀를 둔 부모가 인품은 그저 그렇지만 사회적으로 성공한 자녀를 둔 부모보다 훨씬 더 행복하다"고 강조한다.

"대개의 경우 잘못된 것은 우리의 가치관들이 아니라 그 가치관들에 대한 우리의 우선순위다. 자녀가 어떤 사람이 되면 좋겠다고 생각할 때 흔히 역점을 두는 요소들, 즉 고학력, 음악과 운동에서의 성취, 직업적인 성공과 만족감 등은 모두 가치 있는 것들이다. 좋은 인품을 그 가치 목록의 1순위에 둔다는 전제에서 말이다."

되새겨볼수록 의미심장한 교훈들이다. 유대인의 인생에서 단선적인 성공보다 진정한 행복과 안식의 가치가 얼마나 중요한지도 알게 된다. 정신없이 바쁠 때, 혹은 아주 느긋할 때 꼭 펼쳐 볼 책이다.

저자의 다른 책

- 《죽기 전에 한 번은 유대인에게 물어라》
  랍비 조셉 텔루슈킨 지음 | 김무겸 옮김 | 북스넛
- 《승자의 율법》 랍비 조셉 텔루슈킨 지음 | 김무겸 옮김 | 북스넛

행복과 불행을 결정짓는 '생각 사용 설명서'
《지혜의 심리학》

김경일 지음, 진성북스 펴냄

육체적·정신적 고통을 가중시키는 '불안'

전장에서 응급치료를 받고 후송되기를 기다리는 병사들의 25% 정도가 진통제를 달라고 한다. 그런데 비슷한 상처를 입은 일반 병원에서는 그 비율이 확 달라진다. 수술환자의 80% 이상이 진통제를 강력하게 요구한다.

왜 이런 차이가 나는 걸까. 답은 '불안'에 있다. 후송 대기 중인 병사들은 전장에 다시 투입될 걱정이 없으므로 현재의 고통을 덜 느낀다는 것이다.

이 조사 결과를 통해 사람들이 불안을 얼마나 싫어하는지 알 수 있다. 불안은 육체적 고통만 가중시키는 게 아니다. 심리적 고통 역시 불안할 때 가장 커진다고 한다. 우리가 자주 얘기하는 스트레스도 바로 여기에 해당한다.

인지심리학자인 김경일 아주대학교 심리학과 교수는《지혜의 심리학》의 첫 장을 이 같은 '불안' 얘기로 시작한다. 소제목 '매는 먼저 맞는 게 낫다'부터 눈길을 끈다. 교사가 다섯 학생을 체벌하는 장면을 보자. 처음 맞은 학생은 '이제 아픈 건 끝났구나' 하며 후련한 마음으로 비켜선다. 두 번째, 세 번째 학생에 이어 점점 자기 차례가 다가오는 마지막 학생은 사색이 돼간다.

정작 교사의 힘이 점점 빠져 뒤에 맞는 학생은 덜 아플 텐데도 그렇다. 왜 그럴까. 마지막 학생은 누구보다 크게 고통을 '예측'하고 기다리는 동안 오래 '불안'했기 때문이라고 한다. 이처럼 불안은 예견되거나 현재 경험하고 있는 고통을 극대화하는 증폭제 역할을 한다.

이 대목에서 저자는 "인간이 어떻게 생각하는지 그 작동 원리를 이해하기 위해 가장 먼저 인정하고 받아들여야 할 점이 바로 불안"이라고 말한다. 불안은 인간이 가장 싫어하는 심리이기 때문에 역설적으로 인간의 마음을 들여다보는 중요한 창구가 되기도 한다는 것이다.

행복감은 후천적 노력의 산물

더욱이 불안은 그 자체로 끝나는 게 아니라 그 저편에 지향하는 무언가가 있는데, 그중 하나가 바로 '동기'라고 한다. 결국 '불안-정서-동기-인지-행동의 변화'라는 하나의 틀 안에서 우리 삶의 많은 부분이 이뤄진다고 그는 설명한다.

그의 말처럼 '생각'에 관해서는 인간이 참 이기적이다. 깊은 생각은 하기 싫어하면서 자신의 삶이 근본적으로 바뀌기를 원하기 때문이다. 이렇게 생각을 꺼려하는 것을 '인지적 구두쇠'라고 하는데, 생각을 깊이 할 때의 뇌 에너지 소모량은 극심한 운동을 할 때와 맞먹는다고 한다. 될수록 에너지를 덜 쓰는 방식을 선호하는 건 인간의 보편적 성향이기도 하다. 그러면 이런 성향이 생각에 미치는 영향은 무엇일까.

그는 먼저 이런 성향의 근거로 뇌에서 정서를 담당하는 영역의 위치와 발달 추이를 든다. 그러고는 불안과 공포, 긴장감 등 부정적인 정서는 타고난 기질이기 때문에 즐거움, 만족, 행복감 같은 긍정적 정서를 갖기 위해서는 후천적인 노력이 필요하다고 말한다. 생각을 구성하는 기본 성향인 불안, 고착, 인지적 구두쇠에서 벗어나려면 그 사실을 인정하는 데서부터 시작해 인위적으로 노력을 해야 한다는 것이다.

그가 "생각하는 이유, 즉 동기에 주목하라"고 강조하는 이유도 여기에 있다. 동기에는 두 종류가 있다고 한다. 접근 동기와 회피 동기다. 접근 동기는 무언가 좋은 것을 얻고자 하는 것이고 회피 동기는 무언가 좋지 않은 것에서 벗어나고자 하는 것이다. 어떤 동기로 움직이느냐에 따라 같은 노력을 기울여도 결과가 달라지고, 어떤 성격의 일이냐에 따라 필요한 동기의 종류도 달라질 수밖에 없다. 그는 동기의 힘이 만들어내는 결과뿐만 아니라 동기의 이유에도 주목할 필요가 있다고 주장한다. 이유가 다르면 같은 양의 에너지를 투입해도 결과가 달라지기 때문이다.

이는 회사의 업무 현장에서도 그대로 나타난다. 사장이 생산성을 높이기 위해 직원들을 독려할 때, 열심히 일해 성공한 직원을 예로 들며 "저렇게 잘살고 싶으면 일을 열심히 하자"고 하거나, 게으르게 일하다 가난에 허덕이는 사람을 보며 "저렇게 살고 싶지 않으면 일을 열심히 하자"고 했을 때 앞의 것은 접근 동기에 호소하는 것이고 뒤의 것은 회피 동기에 호소하는 것이다.

그는 "창의적인 생각은 유추와 은유로 기울 수 있다"며 화학자 케쿨레가 벤젠 분자 구조를 '꼬리를 물고 있는 뱀' 꿈을 통해 발견했다는 일화도 들려준다. 분자 구조가 직선 형태일 거라는 생각에서 탈피해 고리 모양의 형태를 생각해낸 비결이 유추였다는 것이다.

그에 따르면 현재 주어진 문제를 해결하기 위해 기존 지식 중 가장 관련 있어 보이는 것을 찾아 적용함으로써 문제를 해결하는 모든 종류의 정신 과정이 유추다. 유추는 은유 연습을 통해 키울 수 있다고 한다. 특히 은유를 풍부하게 사용하는 시를 많이 읽으라고 권한다.

"다이어트 한다고 비싼 돈 들이지 말고 시를 읽어보라. 남이 만들어놓은 은유를 읽으면서도 그렇게 많은 에너지를 소비하는데, 내가 은유를 만들어내려면 얼마나 많은 에너지를 쓸까? 시인 중에 비만인 사람을 본 적 있는가?"

시를 읽다 보면 생각의 깊이가 깊어지고 뇌 활동량이 늘어난다는 것이다. 물론 은유가 시에만 있는 것은 아니다. 오페라의 선율과 리듬, 발레의 몸짓, 어릴 때 갖고 놀던 장난감 등에도 수많은 은유의 코드가 함축돼 있다.

우리가 인문학 책을 읽는 이유도 그렇다. 지식의 축적이 아니라 지식의 재구성을 위해 책을 읽고 생각하는 것이다. 이런 은유는 유추를 위한 기초체력을 길러주는 것 외에도 정서를 만드는 원천이라는 점에서 더욱 중요하다고 한다. 결국 창의적인 생각은 없는 것이 아니라 꺼내지 못한 것이라고 한다.

생각의 작동 원리를 알면 행복이 일찍 찾아온다

돈과 행복의 관계도 그렇다. 하버드대학의 마이클 노튼 교수와 갤럽, 프린스턴대학 연구 등을 종합해보면 돈과 행복이 비례하지 않는다는 것을 알 수 있다. 연구 결과 가계소득 수준이 0에서 대략 6만 달러를 향해 늘어나는 동안에는 행복감이 상승했지만 그 이상부터는 변화가 없었다. 돈으로 행복을 살 수 있는 한계값이 6만 달러라는 것이다. 6만 달러에 미치지 못하면 많은 불편과 결핍 때문에 행복하지 못할 가능성이 크지만 그 이상의 큰돈을 벌더라도 행복을 더 크게 가질 수는 없다는 의미다.

우리 모두의 궁극적인 목표도 행복이다. 행복하고자 돈도 열심히 번다. 그러나 "돈은 행복 촉진제가 아니라 불안 완화제일 뿐"이라고 그는 말한다. 행복은 물질보다는 관계에서 온다는 것이다. 행복은 또 기억과도 중요한 상관관계가 있다고 한다. 우리가 매일 '생각'을 하며 살지만 이 같은 생각의 작동 원리를 알고 나면 행복에 이르는 길도 훨씬 가까워질 수 있다.

그런 점에서 인간의 생각이 어떤 과정을 거쳐 어떻게 작동하는지를 수많은 실험 결과와 인지심리학적 통찰로 일깨워주는 이 책은 우리 삶의 입체적인 '생각 사용 설명서'라 할 만하다. 그 속에서 생각의 오류와 동기, 창의, 행복이 얼마나 유기적으로 연결돼 있는지도 함께 깨닫게 된다면 그 또한 즐거운 소득이다.

함께 읽으면 좋은 책

- 《프레임-나를 바꾸는 심리학의 지혜》 최인철 지음 | 21세기북스
- 《마틴 셀리그만의 긍정심리학》
  마틴 셀리그만 지음 | 김인자, 우문식 옮김 | 물푸레

나를 '남처럼' 관찰하라
《왓칭-신이 부리는 요술》

김상운 지음, 정신세계사 펴냄

2012 런던 올림픽 사격 남자 50m 권총 결승전이 열린 그리니치 파크 왕립 포병대 기지 사격장. 한국 대표팀에서 한솥밥을 먹은 진종오와 최영래가 금메달을 놓고 맞붙었다.

600점 만점에 569점으로 본선 상위 8명이 겨루는 결선에 1위로 올라온 최영래는 아홉 번째 격발까지 653.4점으로 1위를 달리고 있었다. 금메달을 눈앞에 둔 상황. 결선을 5위로 통과한 진종오에게 1.6점 차이로 앞서고 있었다. 마지막 격발에서 9.4점 이상만 기록하면 금메달이 확정되는 순간.

하지만 이 중요한 순간에 그는 8.1점을 쏘고 말았다. 반면 진종오는 놀라운 집중력으로 10.2점을 쏘며 금메달을 따고 10m 공기권총에 이어 2관왕까지 달성했다. 베이징올림픽 금메달리스트인 그는 사격 종목 사상 최초로 2연패 달성에도 성공했다.

진종오의 승리 비결은 어떤 상황에서도 주변 환경에 영향받지 않고 오직 방아쇠에만 온 신경을 모으는 고도의 집중력이었다. 런던으로 출발하기 전 '올림픽 2연패 달성의 압박감과 국민 성원에 보답해야 한다'는 부담감에 시달리던 그는 이를 이겨내기 위해 책을 읽으며 심리적으로 안정을 찾았다.

그 가운데 한 권이 소속사인 KT스포츠단 권사일 단장에게서 건네받은 《왓칭-신이 부리는 요술》이었다. 그는 "이 책에는 이미지 트레이닝 방법이 잘 나와 있어 긍정적인 마음을 유지하는 데 도움이 됐다"며 "큰 경기를 앞두고 이 책을 읽으며 긴장감을 떨쳐냈고 그 결과 기록도 좋아졌다"고 말했다.

어떤 내용일까. 아래 대목부터 읽어보자.

"언제, 어디서, 어떻게 실행할 것인지를 구체적으로 그려 바라보면 그대로 일어난다. 과정이 구체적일수록 이미지도 그만큼 더욱 선명하게 그려진다. 초일류 스포츠 선수들이 이미지 훈련을 할 때도 경기 과정을 최대한 생생하게 그린다. 그러다 보면 우승컵을 거머쥔 장면도 자연히 쉽게 그려질 수밖에 없다."

양자물리학의 신비 '관찰자 효과'

마음으로 구체적인 이미지를 그리면 그대로 이뤄진다는 얘기다. 인생의 모든 고민도 시각만 살짝 바꿔 바라보면 쉽게 해결된다고 한다. 만물이 사람의 생각을 읽고 변화하는 미립자(물체를 더 이상 쪼갤

수 없을 때 나타나는 최종의 것)로 구성돼 있기 때문이라는 것이다. 이것이 곧 양자물리학의 '관찰자 효과observer effect'다.

'관찰자 효과'란 실험자가 미립자를 입자라고 생각하고 바라보면 입자의 모습이 나타나고 물결로 생각하고 바라보면 물결의 모습이 나타나는 현상이다. 양자물리학자들은 이것이 만물을 창조하는 우주의 핵심 원리라고 설명한다. 주어진 현상을 제3자의 시각으로 살피는 것으로 고통은 반감되고 효과는 배가된다는 '관찰자 효과'. 이 원리는 아인슈타인과 하이젠베르크, 파인만 등 노벨물리학상 수상자들이 숱한 실험을 통해 입증해왔다. 단지 '어려운 과학'이라는 편견에 가려져 대중에게 제대로 알려지지 못했을 뿐이다.

이 책의 저자는 26년차 방송기자이자 앵커다. 가족들의 잇단 사망으로 극심한 마음의 병을 앓던 그는 해외 심리치료 명저들을 탐독하며 연구하다 자신이 병에 걸린 원인을 깨달았다고 한다. 제3자의 눈으로 자신을 바라보는 순간 마음의 병이 순식간에 사라진 것을 체험한 그는 이 원리를 대학 졸업반 학생들에게 적용해 놀라운 치유효과를 확인했다고 한다.

책에는 양자물리학의 실험 사례들이 등장한다. 좋은 말을 해주느냐, 나쁜 말을 해주느냐에 따라 아름다운 모양과 혐오스러운 모양으로 나뉘는 물의 결정체, 사람이 쳐다보고 있을 때는 공 모양이었다가 보지 않을 때는 물결 모양의 파동으로 바뀌는 미립자 실험….

2부 '나를 바꿔놓는 일곱 가지 요술'에 구체적인 사례가 많다. '내가 원하는 몸 만들기'에 청소 얘기가 나온다. 하버드대학의 랭거 교수는 여러 호텔의 청소부 84명에게 청소 활동의 운동량을 자세하게 설명해주었다. 그리고 한 달 후 그들의 건강 상태를 검진해보았다. 그랬더니 체중과 허리둘레, 지방, 혈압이 크게 감소했다. 자신의 행위를 바라보는 눈이 달라지니 절로 몸이 변한 것이다.

제3자의 눈으로 나를 관찰하라

'나를 남으로 바라보면 효과 백 배'에는 이런 얘기가 등장한다. 오하이오주립대학의 리비 교수는 선거를 하루 앞둔 날 학생들에게 투표하는 자신의 모습을 각각 1인칭과 3인칭 시점으로 상상해보도록 하고 실제 투표 여부를 확인해보았다. 놀랍게도 1인칭의 상상은 72%, 3인칭의 상상은 90%의 투표율을 보였다. 학생들의 평균 투표율이 20%인 것을 감안하면 잠재의식에 심어진 작은 씨앗 하나가 엄청난 변화를 일으킨 것이다.

'과정을 바라보면 쉽게 달성된다'에서는 군인을 대상으로 한 실험이 소개된다. 이스라엘 헤브루대학의 브레츠니츠 교수는 군인들에게 40km의 행군을 시키면서 한 그룹에는 30km 행군이라고 알려주고 다른 그룹에는 60km 행군이라고 알려주었다. 이때 스트레스 호르몬 수치를 조사했더니 실제 행군 거리와는 상관없이 앞으로 얼마나 더 걸어야 하는지에 대한 생각에 따라 요동치는 것으로 나타났다. 즉 우리는 현실에 반응하는 게 아니라 각자가 현실로 바라보는 이미지에 반응하는 것이다.

'부정적 생각 꺼버리기' 항목도 눈길을 끈다. 저자는 "우리의 부정적 감정에 불을 댕기는 것은 생존을 책임지고 있는 아미그달라(편도체)"라며 "하버드대학의 테일러 박사에 따르면 어떤 부정적 생각과 감정이라도 그 자연적 수명은 90초에 지나지 않으며, 마치 어린아이를 달래듯이 조용히 주시하기만 하면 금세 사라진다"고 말한다.

기도의 효과 또한 마찬가지다. "기도의 효과가 당장 눈앞의 현실로 나타나지 않는다고 실망할 필요는 없다. 한 삽, 두 삽의 흙을 파 냈다고 금방 우물물이 솟아오르지는 않는다. 수천 번, 수만 번 삽질을 해 내려가다 보면 갈수록 깊어지다 어느 순간 갑자기 물이 콸콸 솟아오른다. 기도에 담긴 뜻은 일일이 우주에 기억되고 저장된다. 어디로 가는 게 아니다."

그는 이 같은 관찰자 효과를 적용한 '왓칭'으로 내가 원하는 몸을 만들고, 금연에 성공하며, 지능을 높이고, 성인이 된 후에도 키를 키울 수 있다는 것을 보여준다. 왓칭을 실현하는 가장 좋은 방법은 무엇인가. 그것은 바로 관찰자가 되어보는 것이다. 자신을 '나'가 아닌 '그'로 볼 수 있는 제3자적 관점을 가져보는 것이다.

"영혼에 눈뜨기 가장 쉬운 방법은 나를 남의 눈으로 깊이 바라보는 것이다. 육신의 눈은 나를 남처럼 바라보지 못한다. 하지만 텅 빈 무한한 공간, 우주에 퍼진 영혼은 나를 남처럼 바라볼 수 있다. 그 순간 영혼은 저절로 눈뜨기 시작한다. 영혼을 거대한 우주거울로 삼아 나를 남처럼 비춰가며 살면 영혼이 지닌 양심, 사랑, 평화, 연민, 지능, 에너지가 저절로 흘러들어온다. 우리가 매일 사용하는 흔한 유리거울로 자신을 비춰도 영혼이 삐쭉 고개를 든다. 나를 남으로 객관화시켜 바라보도록 하기 때문이다."

미립자들이 눈에 보이지 않는 물결로 우주에 존재하다가 내가 어떤 의도를 품고 바라보는 순간 돌연 눈에 보이는 현실로 모습을 드러낸다는 제3자적 관점의 비밀. 양자물리학자 울프는 관찰자 효과를 '신이 부리는 요술god's trick'이라 부르고 미립자들이 가득한 우주공간을 '신의 마음mind of god'이라 일컫는다고 한다.

저자의 다른 책

• 《왓칭 2-시야를 넓힐수록 마법처럼 이루어진다》
  김상운 지음 | 정신세계사
• 《직장인을 위한 왓칭 수업》 김상운 지음 | 움직이는서재

퍼즐 한 조각이 세상을 움직인다
《사회적 원자》

마크 뷰캐넌 지음, 김희봉 옮김, 사이언스북스 펴냄

사회 물리학으로 해석하는 세상만사

런던의 밀레니엄 브리지는 300m 길이의 철골구조 인도교다. 개통 첫날인 2000년 6월 10일 사람들이 사방에서 모여들었다. 많은 사람이 몰리자 다리가 약하게 흔들리기 시작했다. 이 흔들림에 사람들은 이상한 방식으로 반응했다. 조금씩 흔들리는 다리 위에서 균형을 잡으려다 보니 다리의 흔들림에 맞춰 걷는 것이 편했다.

이런 행동은 다리를 더 흔들리게 했다. 흔들림이 커질수록 더 많은 사람이 흔들리는 박자에 맞춰 걷게 됐고 나중에는 다리가 좌우로 10cm도 넘게 흔들렸다. 다행히 당국이 재빨리 통행을 금지시켜 대형 참사를 면했다.

복잡계 물리학을 연구하는 이론 물리학자 마크 뷰캐넌은《사회적 원자》에서 이 같은 일이 일어난 게 모두 다리 위를 거니는 사람들의 '되먹임' 때문이었다고 지적한다. 흔들리는 밀레니엄 다리처럼 인간 사회의 모든 것은 되먹임, 그리고 자기 조직화와 관계돼 있다는 것이다.

그는 북극에서 1000km 떨어진 노르웨이의 스피츠베르겐 섬에서 발견한 돌무더기 얘기도 들려준다. 얼어붙은 툰드라 지대인 이곳에는 사람이 산 흔적처럼 지름 2m의 정교한 고리 모양 둔덕이 여럿 있다. 누가 왜 이런 돌무더기를 쌓았을까.

하지만 이 돌무더기는 아무 목적 없이 형성됐다. 자연이 숨겨진 힘에 의해 생겨난 패턴에 따른 것이었다. 땅이 얼었다 녹았다를 반복하면 저절로 이런 식의 돌무더기가 생긴다는 것을 과학자들이 입증했다.

그는 "자기 조직화의 기본 과정을 바탕으로 한 컴퓨터 모의실험도 실제 세계에서 나타나는 패턴의 크기와 모양을 완벽하게 설명해준다"며 "따라서 패턴과 조직과 형태의 수준에서 생각하는 것이 중요하다"고 강조한다. '인간 세상도 물리적 세계 못지않게 수학적인 정확성을 가진 법칙의 지배를 받는다'는 것이다.

이 같은 관점에서 그는 인종주의와 민족 학살, 주식시장의 주가 변동, 헛소문과 루머의 확산, 부의 불평등 같은 온갖 현상을 사회에 대한 물리학적 이해, 즉 '사회 물리학'을 통해 명쾌하게 설명한다. 그의 연구는 비평형계를 설명하기 위해 복잡계 물리학뿐만 아니라 진화심리학, 신경과학과 행동경제학을 통합하려고 하는 신경경제학까지를 아우른다.

"겉보기에 복잡한 사회현상이 실은 아주 단순한 이유에서 시작될 수 있으며, 사람들은 물리법칙에 버금가는 법칙들의 지배를 받는다. 인간들이 어떻게 이러한 법칙들에 휘둘리는지 살펴보면 복잡한 사회 속에서 단순한 패턴이 드러난다."

'부의 불평등'도 물리학적 법칙의 결과

부의 양극화 문제는 어떤가. 우파의 주장처럼 돈 버는 능력이 각자 다르기 때문일까, 아니면 좌파의 지적처럼 소수 권력자의 횡포 때문일까? 인류 문명이 시작된 이래 부의 불균등 문제는 해결된 적이 없다. 어떤 성군도, 어떤 이데올로기도 이 문제를 해결하지 못했다. 지난 세기의 사회주의 실험 역시 실패로 끝났다.

왜 부의 불균등 문제는 해결되지 않는가. 컴퓨터 시뮬레이션과 혼돈 이론을 이용해 사회를 연구하는 물리학자들의 답은 명쾌하다. 부의 불평등은 언어 능력이나 문화처럼 보편적인 인간 특성이며 물이 위에서 아래로 흐르는 것처럼 지극히 자연적인 현상이라는 것이다.

사회적 원자 가설이 어떻게 사회현상에 강력하게 적용될 수 있는지는 프랑스 물리학자 장 필리프 부쇼와 마르크 메자르드의 이론을 통해 보여준다.

부쇼와 메자르드는 부가 10배 늘어날 때마다 그 부를 소유한 사람의 수가 6분의 1로 떨어진다는 '파레토의 법칙'과 컴퓨터 시뮬레이션을 이용해 인공 세계를 만들고 그 속의 사람들에게 동일한 투자 능력을 주었다. 여기에 부의 가치가 상대적이라는 조건을 더해주었다. 순간적인 우연으로 부를 조금 더 얻은 개인이 등장하자마자 사회 전체의 부가 소수에게 집적되는 현상이 발생했다. 또 부의 규모에 따른 부자의 수는 정확하게 복잡계 이론과 네트워크 과학에 적용되는 '멱함수 법칙'을 따랐다.

부의 불평등이 개인의 능력차나 권력자의 음모 때문에 생기는 것이 아니라 우연과 반복의 물리학적 과정에서 생기는 것임을 확인시켜준 것이다. 부의 불평등이 정밀한 수학법칙과 컴퓨터 시뮬레이션으로 재현할 수 있는 일종의 '자연현상'이라는 것을 설명하는 이 대목은 그의 말처럼 "주가를 예측하는 것은 경제학이 아니라 물리학"이라는 사실을 새삼 일깨워준다.

사회문제를 해결하려면 숨겨진 패턴을 이해해야

그는 또 사회를 하나의 물체로, 인간을 그 물체를 이루는 원자로 이해하면 인간 세상 배후에 숨어 있는 패턴이나 정밀한 수학적 법칙을 발견할 수 있다고 역설한다.

"집합적인 조직과 그 변화의 법칙을 이해하는 것은 우리 시대의 핵심적인 도전이라고 생각한다. 지구 온난화와 환경오염에서 핵무기의 재확산까지, 인류가 직면한 전대미문의 심각한 문제들은 모두 집단의 행동을 잘 이해하지 못하는 데서 온다. 나는 물리학의 어떤 위대한 발견으로 이 모든 문제가 풀린다고 보지는 않는다. 우리가 미래를 안전하게 헤쳐나갈 방법이 있다면, 그것은 과거에도 그랬듯이 '닥치는 대로 해나가는' 방식일 것이라고 나는 상상한다. 그러나 집단을 움직이는 숨은 힘을 적절하게 이해한다면, 닥치는 대로 해나가는 우리의 기술도 훨씬 더 좋아질 것이다."

그는 사회적 원자의 본질을 2가지로 정의한다. 사람은 이성적인 계산기도 아니고 교활한 도박사도 아니며, 적응하는 기회주의자라는 것이다.

"인간 세계에 적용되는 엄밀한 '법칙'을 찾기에는 아직 멀었는지 모르지만, 과학자들은 인간 세상에서도 법칙에 가까운 규칙성들을 발견했다. 지금은 이러한 규칙성이 개인의 자유의지와 아무런 충돌을 일으키지 않는다는 것이 알려졌다. 우리는 자유로운 개인이고 각자 자기 뜻대로 행동할 수 있는데도 그 행동의 총합은 예측 가능하다는 것이다. 이것은 물리학의 상황과 비슷해서 엉망으로 얽혀 돌아가는 원자들에서 정교한 열역학이 나오고, 더 나아가 시계처럼 정밀한 행성의 운행까지 나오는 것이다."

물론 인간의 행동과 마음을 완벽하게 기술하는 물리 방정식을 만들 수는 없다는 것도 인정한다. 그러나 "인간을 이해할 수 없는 존재로 신성시하는 낭만주의적 철학이나 이데올로기, 인간을 자신의 이익만을 추구하는 냉정한 합리주의자로 기술하는 그릇된 경제학에 '인간과학'을 맡겨둬서는 안 된다"고 그는 역설한다. 한걸음 더 나아가 자연을 설명하는 데 성과를 내온 자연과학의 방법과 기술을 자연의 일부인 인간에게도 적용해 부의 불평등을 해소하고, 민족 갈등을 중재하고, 인간의 집단 광기를 막는 방법을 함께 모색하자고 제안한다.

집단과 사회공동체 속에서 적응하고 영향을 주고받으며 살아가는 우리가 삶의 방식이나 메커니즘을 좀 더 과학적으로 이해하면 인류의 미래도 더 밝아질 것이라는 그의 주장이 설득력 있게 다가온다. 그런 점에서 그는 '사회적 원자'라는 렌즈를 통해 '사회적 사고'를 입체적으로 조명하는 촬영감독 같다.

함께 읽으면 좋은 책

• 《세상물정의 물리학》 김범준 지음 | 동아시아
• 《우발과 패턴》 마크 뷰캐넌 지음 | 김희봉 옮김 | 시공사

무엇이 당신을 피로하게 하나요?
《피로사회》

한병철 지음, 김태환 옮김, 문학과지성사 펴냄

국내 출판인 180명이 대통령 당선인에게 주고 싶은 책으로 재독 철학자 한병철 교수의 《피로사회》를 첫 번째로 꼽았다. 왜 그랬을까. 2012년 3월 국내에 번역된 이 책은 현대사회의 패러다임 전환을 예리하게 포착한 철학 에세이다. 독일에서는 2010년에 출간됐다.

현지 신문 〈프랑크푸르터 알게마이네 차이퉁FAZ〉이 저자의 철학적 업적을 조명하는 특집기사를 내보낼 정도로 주목받았다. 이 신문은 저자를 새로운 종류의 문화비판 개척자로 표현했다. 문화비판은 니체와 프로이트, 벤야민 등 독일 사상의 전통을 이루고 있는데 독일의 최고 권위지가 한국 출신 철학자에게 문화비판의 혁신자라는 의미를 부여한 것은 이례적이다. 이 신문은 또 "지금까지 중국, 일본, 한국의 동아시아 국가들이 경제적·기술적으로 큰 업적을 보여주었지만 서양에 대해 거의 아무런 사상적 영향도 주지 못해왔는

데 한병철이 이러한 사상적 침묵을 깨고 동아시아적 시각에서의 문화비판이라는 새로운 가능성을 열어가고 있다"고 평가했다.

한병철 교수는 이 책에서 모든 권위를 타파하고 가장 완전한 개인의 자유를 실현한 서구 사회, 부정성이 거의 완전히 제거된 듯한 긍정성의 사회에서 '왜 우리는 여전히 진정 자유롭지 못한가', '왜 우리는 행복하지 못한가'라는 의문에 대한 답을 제시했다. 그것이 경제적으로 성공한 독일에서 동양인 저자의 책이 주목받은 이유 중 하나였다.

그는 고려대학교에서 금속공학을 전공한 뒤 독일로 건너가 철학과 독일문학, 가톨릭신학을 공부했다. 1994년 하이데거에 관한 논문으로 박사학위를 받고 2000년에는 스위스 바젤대학에서 데리다에 관한 논문으로 교수 자격을 얻었다. 지금 카를스루에 조형예술대학에서 철학과 미디어 이론을 가르치고 있는 그는 이 책을 계기로 '서양 철학의 언어를 구사하며 그 속에 동양적 메시지를 담아내는 새로운 종류의 문화비판가'라는 명성을 얻었다.

성과사회가 낳은 과도한 긍정주의의 폐해

그는 이 책에서 20세기 후반 이후의 사회 변화를 규율사회와 성과사회로 나눈다. 자아와 타자 사이의 적대성 혹은 부정성을 근간으로 하는 규율사회에서 부정성 대신 긍정성이 지배하는 성과사회로 바뀌었다는 것이다. 이 새로운 사회 속에 살고 있는 인간을 그는 성과주체라고 부른다.

그에 따르면 과거의 사회가 '해서는 안 된다'는 금지에 의해 이루어진 부정의 사회였다면 성과사회는 '할 수 있다'는 것이 최상의 가치가 된 긍정의 사회다. 이 사회에서는 성공하라는 것이 남아 있는 유일한 규율이며, 성공을 위해 가장 강조되는 것이 바로 긍정의 정신이다.

그러나 부정성에 의해 제약받지 않는 긍정성은 결국 긍정성의 과잉으로 귀결되며 타자의 위협이나 억압과는 다른 의미에서 자아를 짓누른다고 한다. 오직 자신의 능력과 성과를 통해 주체로서의 존재감을 확인하려는 자아는 피로해지고, 스스로 설정한 요구에 부응하지 못하는 좌절감은 우울증을 낳는다는 것이다.

이런 사회적 변화를 그는 한마디로 "규율사회의 부정성은 광인과 범죄자를 낳고 성과사회는 우울증 환자와 낙오자를 만들어낸다"고 요약한다. 우울증 발병률과 자살률이 높은 이유도 이 같은 사회의 긍정 과잉에 따른 부작용이라고 분석한다.

"21세기의 시작은 병리학적으로 볼 때 박테리아적이지도 바이러스적이지도 않으며, 오히려 신경증적이라고 규정할 수 있다. 신경성 질환들, 이를테면 우울증, 주의력결핍 과잉행동장애, 경계성 성격장애, 소진증후군 등이 21세기 초의 병리학적 상황을 지배하고 있는 것이다. 이들은 전염성 질병이 아니라 경색성 질병이며 면역학적 타자의 부정성이 아니라 긍정성의 과잉으로 인한 질병이다."

그는 성과사회를 자본주의 시스템의 진화에 따른 결과로 파악한다. 더 큰 성과를 올려서 더 큰 성공을 거두고자 하는 개개인의 욕망을 부추김으로써 자본주의는 전체적인 생산성을 극대화해간다는 것이다. 자본주의의 착취는 이렇게 해서 자발적인 착취의 양상을 띠는데 성과주체인 자기 자신을 착취한다는 게 가장 큰 문제다. 즉 스스로 가해자인 동시에 피해자라는 얘기다. 성과주체는 자신의 노동수용소를 짊어지고 있다고 그는 지적한다.

"자기 착취는 자유롭다는 느낌을 동반하기 때문에 타자의 착취보다 더 효율적이다. 착취자는 동시에 피착취자다. 가해자와 피해자는 더 이상 분리되지 않는다. 이러한 자기 관계적 상태는 어떤 역설적 자유, 자체 내에 존재하는 강제구조로 인해 폭력으로 돌변하는 자유를 낳는다. 성과사회의 심리적 질병은 바로 이러한 역설적 자유의 병리적 표출인 것이다."

그는 특히 개인 사이의 경쟁이 아니라 '경쟁의 자기 관계적 성격'에 주목한다. 이른바 절대적 경쟁 속의 성과주체는 자기 자신과 경쟁하면서 끝없이 자기를 뛰어넘어야 한다는 강박, 자기 자신의 그림자를 추월해야 한다는 파괴적 강박 속에 빠지게 된다는 지적이다.

피로한 현대인, 휴식과 사색의 가치를 재탐색해야

그러면 어떻게 해야 하는가. 그는 성과사회의 과잉활동이나 과잉자극에 맞서 사색적 삶, 영감을 주는 무위와 심심함, 휴식의 가치를 찾아야 한다고 역설한다. '피로'의 개념도 이런 관점에서 새로운 의미로 재해석한다. 성과사회에서 피로란 할 수 있는 능력의 감소이자 그저 극복해야 할 대상일 뿐이지만 무위의 가치에서 출발하는 피로는 과잉활동의 욕망을 억제하고 긍정적 정신으로 충만한 자아의 성과주의적 집착을 완화해준다는 것이다.

피로한 자아가 자신의 성공을 위해 자신을 채찍질하는 유아론적 세계에서 벗어나 타자와의 관계를 회복하고 새로운 영감을 얻을 수 있게 해준다고 그는 강조한다.

그가 말하는 성과사회는 우리 현실과 많이 일치한다. 번역자도 지적했듯이 우리가 바라는 이상적인 사회는 아마도 능력과 성공의 일치일 것이다. 불우한 환경을 딛고 노래 실력 하나만으로 오디션 프로그램의 우승자가 된 주인공에게서 사람들이 본 것도 그러한 이상이다.

하지만 '능력(업적)=성공'이라는 이상이 능력을 최상의 가치로 만드는 성과사회의 패러다임에서 나온 것이라는 점도 부인할 수 없다. '할 수 있어야만 존재할 수 있다'는 명제가 지상 과제가 되면 그 사회가 우울증 환자와 낙오자를 양산할 것이라는 경고가 결코 남의 일이 아니기 때문이다.

새해 초부터 '골치 아픈 책'을 펼쳐 보는 이유도 여기에 있다. '성과주체가 완전히 타버릴burnout(소진) 때까지 자기를 소모한 나머지 우리 모두를 파멸로 몰아가지 않도록' 서로 돕고 배려하면서 새로운 사회로 나아갈 길을 함께 찾는 역할 또한 우리 모두의 몫이다.

당신도 모르는 당신의 폭력본능
《전쟁 유전자》

말콤 포츠·토머스 헤이든 지음, 박경선 옮김, 개마고원 펴냄

전쟁의 생물학적 기원을 추적

2003년 각국의 유전학자로 구성된 연구팀이 중앙아시아인들의 DNA를 분석했다. 놀랍게도 중앙아시아 남성의 8%가 사실상 동일한 Y염색체를 갖고 있는 것으로 드러났다. Y염색체는 부계로만 전해지기 때문에 이 연구 결과는 이들이 한 명의 후손이라는 것을 의미한다.

연구팀은 이 한 명이 800년 전 몽골에 살았던 것으로 보이며, 수많은 나라를 정복한 칭기즈칸이 그 유력한 후보라고 추정했다. 이들의 연구에 따르면 칭기즈칸의 후손은 전 세계적으로 1600만 명에 달하는 것으로 추산된다. 남성이 전쟁을 통해 얼마나 대단한 '진화적 이익'을 거둘 수 있는지 보여주는 극단적인 사례다.

남성이 여성에 비해 훨씬 더 공격적인 이유

《전쟁 유전자》의 저자인 말콤 포츠 UC버클리 교수와 언론인 토머스 헤이든은 이 같은 사례를 분석하며 "인류 진화의 역사에서 전쟁을 통해 가장 이득을 본 것은 젊은 남성들이었다"고 말한다. 남성 집단의 입장에서는 상대 부족을 죽이고 여성을 약탈하면 더 많은 자원과 함께 성교의 기회를 얻을 수 있고 더 많은 자손을 낳을 수 있다. 이는 곧 진화에서의 승리로 이어진다. 그렇게 해서 인간의 호전적인 성향은 점차 강화됐다.

이들에 따르면 자발적으로 뭉쳐서 상대를 잔혹하게 공격하려는 기질은 거의 젊은 남성에게서 나타난다. 여성들도 전쟁에 직간접적으로 참여하긴 하지만 열정적으로 전선에 뛰어드는 것은 거의가 남성이며, 여성은 생래적으로 남성보다 덜 공격적이라는 것이다.

왜 그럴까. 저자들은 상대에 대한 집단공격이 젊은 남성들에게 유리하게 작용했기 때문이라고 설명한다. 승리자의 유전자는 유전자 풀에서 늘어나고 패배자의 유전자는 사라진다. 반면 여성은 집단공격을 통해 상대를 제거한다 해서 더 많은 자손을 낳을 수 있는 게 아니다.

역사상 전쟁이 없었던 기간은 268년에 불과하다는 분석도 있다. 그만큼 인간은 전쟁을 한시도 그만두지 못했다. 그렇다면 '안전과 평화를 위한 방법'은 무엇인가. 답은 의외로 간단한 '피임약과 여성의 지위향상'이다. 남성성의 공격 본능을 여성성의 평화 본능으로 치유할 수 있다는 것이다. 저자들의 표현대로 마치 '전쟁 유전자'가 있는 것만 같다. 그동안 사회학은 인간의 본성이 평화적이라 가정하고 전쟁의 원인을 환경적인 것에서 찾으려 했지만 이는 오류라는 게 드러났다. 결국 인간 본성에 대한 그릇된 견해에 기반해서 전쟁과 테러를 막으려 해서는 안 된다는 것이다.

"우리는 누구나 전쟁과 테러가 없는 세상에서 살기를 원한다. 그러나 현실을 무시하는 것은 그러한 목적에 다가서는 데 하등 도움이 되지 않을 것이다. 우리가 진정으로 평화를 얻고자 한다면 전쟁을 구성하는 기본적 행동 요소가 인간 본성에 실제로 자리 잡고 있다는 사실을 먼저 인정해야 한다. 징병 및 신병 훈련의 역사에서 보듯 젊은 남성이라면 누구나 전투원이 될 가능성이 있다는 것을 알 수 있다. 특정한 환경에 처한다면 남성은 대부분 테러 분자가 될 수도 있는 것이다."

인구통계학적으로 봐도 젊은 남성의 비율이 높은 나라가 상대적으로 불안정하다고 한다. 물론 인구만이 절대적인 요소는 아니다. 통치체제와 경제, 인종 갈등 등 여러 요소가 사회 안정에 영향을 미친다. 오늘날 경제적으로 소외되고 미래의 가능성이 봉쇄된 제3세계 젊은이들이 테러에 적극적으로 가담하는 것도 같은 맥락이다.

여성 권력이 확대될수록 전쟁 위험은 줄어들어

그러면 어떻게 해야 하는가. 저자들이 제시하는 '안전과 평화를 위한 방법'은 의외로 간단하다. 가족계획을 통해 인구증가를 억제하고 정치사회적 권력을 여성에게 더 많이 부여하는 것이다.

저자들이 인구구조를 강조하는 것은 '우리가 조절할 수 있는 문제'이기 때문이다. 다른 문제와 달리 인구는 상대적으로 간단한 변화와 적은 노력만으로도 변화할 수 있다는 것이다.

"이를 위한 최우선 과제는 아이를 낳을지 말지 결정하는 생식적 자율권을 여성에게 주는 것이다. 막대한 비용을 들여 아프가니스탄과 이라크를 침공하는 것보다 그 나라의 가족계획과 제도 변화를 돕는 것이 테러를 막는 데 더욱 효과적이다. 여성의 자율권을 확립하고 가족계획의 선택권을 부여하려는 노력만으로 세상이 저절로 평화로워질 것이라 말한다면 과장일 것이다. 그러나 여성이 좀 더 평등해지고 자녀 출산을 조절할 권한을 지니게 되지 않는 한 분쟁과 테러의 다른 많은 요인을 해결하려는 노력은 성공하기 힘들 것이다."

한마디로 '피임약은 칼보다 강하며, 여성의 지위가 올라가면 전쟁 위험은 줄어든다'는 얘기다. 남성성의 공격 본능을 여성성의 평화 본능으로 치유할 수 있다는 얘기도 곁들인다.

1970년에 결성된 팔레스타인 과격 단체 '검은 9월단'의 사례가 흥미롭다. 이들은 1972 뮌헨 올림픽에서 이스라엘 선수들을 인질로 붙잡고 일부를 살해하면서 세계의 이목을 집중시켰다. 그러나 몇 년 후 유엔 참관국 자격을 얻은 팔레스타인 지도층은 이 단체를 억제할 필요성을 느꼈다.

고민 끝에 젊은 미혼 여성 100여 명을 모집해 검은 9월단 단원을 소개시켜주고 결혼하면 3000달러와 아파트를 제공하며 아이를 낳으면 5000달러를 추가로 지급하기로 했다. 그 결과 단원은 모두 '얌전'해졌다. 결혼한 테러리스트들에게 여권을 주며 유럽 도시들을 방문하라고 해도 해외에서 체포되거나 새로 꾸린 가정을 잃을까 봐 아무도 이 요청을 수락하지 않았다. 저자들은 이처럼 인간의 본성 속에는 '석기시대식' 공격 성향과 이성적인 안정 성향이 동시에 자리 잡고 있다며 "핵무기와 생물학적 무기 등 대량살상병기가 인류의 생존을 위협하고 있는 지금 우리에게는 어느 때보다 인간의 폭력 본능에 대한 올바른 이해가 필요하다"고 강조한다. 그래야 폭력을 제어할 방법도 찾을 수 있다는 것이다.

그런 점에서 이 책은 전쟁의 생물학적 기원뿐만 아니라 안전하고 평화로운 세계를 위한 통찰을 동시에 보여준다.

함께 읽으면 좋은 책
- 《문명과 전쟁》 아자 가트 지음 | 오숙은, 이재만 옮김 | 교유서가
- 《이기적 유전자》
  리처드 도킨스 지음 | 홍영남, 이상임 옮김 | 을유문화사

복잡한 현대사회에 울리는
'11가지 긴급 재난경보'
《X이벤트》

존 L. 캐스티 지음, 이현주 옮김, 반비 펴냄

2011년 1월 28일, 이집트의 인터넷망이 갑자기 '올스톱'됐다. 무바라크 대통령의 독재에 항의하는 시위가 거세지자 정부가 한밤중에 인터넷망을 끊어버린 것이다. 2009년 10월엔 스웨덴 인터넷이 마비됐다. 국가 도메인 보수 중 모든 사이트가 '먹통'이 돼버린 것이다. 시스템 오류 하나로 국가 전체가 혼란에 빠진 사고였다. 우리나라도 자고 나면 터지는 해킹 때문에 골머리를 앓고 있다. 재난은 예측할 수 없기 때문에 더 무섭다. 2001년 9·11 테러와 2007년 서브프라임 모기지 사태, 2010년 아랍의 봄, 2012년 유로존 위기 등도 예고 없이 터졌다.

미국 과학자 존 캐스티는 이처럼 엄청난 파장을 끼치는 예측 불가능 사건들을 'X이벤트'라고 부른다. X는 '극도의', '미지의'라는 의미다. 복잡하고 기술의존적인 사회에 닥치는 치명적인 재난을 말한다. 발생 가능성이 너무 낮아서 위험을 관리하는 과학자나 보험 회사의 확률, 통계에도 들어가 있지 않지만 일단 일어나면 파장은 걷잡을 수 없다. 극단적인 0.1%의 가능성이 모든 것을 바꾼다는 '블랙 스완'의 공포와도 통한다.

복잡성의 과부하로 생긴 11가지 'X이벤트'

그는 자신의 저서 《X이벤트》에서 이 같은 재난의 공통 원인을 '복잡성의 과부하'라고 진단한다. 한 시스템 내의 복잡성이 통제할 수 없을 정도로 높아지거나 상호작용하는 두 시스템 사이에 복잡성 격차가 심해지면 그 격차를 메우기 위해 X이벤트가 발생한다는 것이다.

더 곤혹스러운 것은 복잡한 시스템들이 서로 뒤얽혀 돌아간다는 점이다. 그의 지적대로 인터넷은 전력망에 의존하고, 전력망은 석유와 석탄 등에 의존하고, 이는 또 전기를 필요로 하는 제조기술에 의존한다. 인터넷 금융거래 금액만 하루 10조 달러 이상인 세상이다. 대규모 정전으로 인터넷이 다운되고 금융거래가 중단되는 사태를 상상하면 등골이 오싹해진다.

2003년 8월 14일 미국 오하이오주의 발전소 고장으로 미국 중서부부터 북동부까지 전기가 끊겼을 때는 5000만 명 이상이 공포에 떨었다. 의료기기와 항공기, 행정력까지 마비되면 그야말로 '디지털 암흑'이 따로 없다.

그가 이 책에서 보여주는 'X이벤트의 시뮬레이션'은 11가지나 된다. 식량위기-세계 식량공급 시스템의 붕괴, 전자기기의 파괴-EMP 폭탄에 의한 전자기기 상실, 물리학적 재난-신종 물리학 입자의 지구 파괴, 핵폭발-핵무기의 불안한 전망, 석유 소진-세계 석유공급 고갈, 전염병의 창궐-전 세계적인 전염병 확산, 로봇의 재앙-인류를 위협하는 지능로봇, 금융의 몰락-글로벌 디플레이션과 금융시장의 붕괴….

전자기기의 파괴 부분을 읽어보자.

"핵폭탄보다 훨씬 만들기 쉬우면서 폭발력은 그에 버금가는 EMP 폭탄이 있다. EMP란 대기에서 매우 높은 에너지를 방출하는 폭발에 의해 생긴 전자기 충격파인데 이 충격파는 보호용 차단이 안 된 휴대전화나 컴퓨터, TV 수상기, 자동차 등의 회로에 순간적으로 전류를 급상승시켜 전자기기를 고장 낸다. 문제는 이를 이용한 폭탄 만들기가 매우 쉬워서 테러리스트들이 이 폭탄을 제조하지 않으리라는 보장이 없다는 것이다."

핵폭발 문제도 그렇다. 그는 "핵무기를 사용한 국가가 8개국이고 핵실험을 한 국가가 3개국이 넘는데, 핵무기를 소유한 것으로 보이거나 한때 소유했다가 소련 해체 후 포기한 것으로 보이는 국가도 3~7개국"이라며 "여기에는 반체제 조직이나 핵폭탄 한두 개를 구매했다고 알려진 테러 집단은 포함되지 않았기 때문에 누가 핵무기를 소유했는지 갈수록 불분명해진다"고 지적했다.

"이는 수십 년 전에 비해 핵을 둘러싼 세계가 엄청나게 복잡해졌다는 것을 의미한다. 게다가 핵무기 보유국과 관련된 지역 분쟁이 점점 늘고 있고, 핵무기를 소유하거나 소유하려고 애쓰는 국가에서 핵무기 사고가 발생할 가능성이 커지고 있다. 또 테러 집단이나 사라진 미사일을 확보한 집단들의 위협이 계속되고 있기 때문에 가까운 미래에 핵 관련 사고가 발생할 수 있는 위험 수위는 매우 높다."

현대사회는 살짝 건드려도 무너지는 '카드집'

아랍의 봄도 마찬가지다. 그는 "이집트 등 여러 아랍의 독재정권과 시민들 사이에 복잡성의 격차가 심하게 벌어졌고 이 차이를 메우기 위해 정권의 붕괴라는 X이벤트가 일어났다"고 설명한다. 독재정권들이 극도의 국가 통제경제와 부패, 정실자본주의 등으로 지극히 낮은 복잡성을 유지한 반면 시민들은 고등교육과 구글과 트위터 등의 폭넓은 소셜 네트워크를 통해 복잡성을 높여왔다는 것이다. 결국 정체된 정부와 일반 국민 사이에 복잡성의 격차가 너무 커져서 유지할 수 없게 되자 '튀니지, 리비아, 이집트에서 정권 교체'라는 X이벤트가 일어났다고 그는 분석한다.

이 같은 현대사회는 '카드집'과 같다고 한다. 카드로 지은 방대한 건축물은 살짝만 건드려도 구조 전체가 무너진다는 것이다.

그는 또 "전기공학을 전공하지 않은 사람도 고장난 쉐보레 자동차를 어느 정도 수리할 수 있었던 과거와 강아지에게 먹일 사료를 사느라 큰 의미도 없는 차이를 알아내기 위해 슈퍼마켓에서 17가지 사료의 성분을 분석해야 하는 오늘날을 비교해보라"며 "아주 작은 편리나 경쟁을 위해 복잡성을 불필요한 수준까지 높이는 게 문제"라고 얘기한다. 그런 다음 아주 엄숙하게 경고한다. "X이벤트는 일어난다. 그리고 '또' 일어난다. 특히 현대사회에서는."

재난에 취약한 사회… 복잡성을 낮추자

그러면 어떻게 해야 하는가. 그에 따르면 X이벤트가 복잡성의 격차 때문에 생기는 만큼 복잡성을 낮추는 게 해법이다. 하지만 그는 "역사상 자발적으로 복잡성의 수준을 낮춘 국가는 비잔틴 제국밖에 없었다"고 단언한다. 그만큼 자발적으로 복잡성을 낮추는 게 쉽지 않다는 말이다. 그렇지만 우리는 준비해야 한다. 그가 제시한 몇 가지 방법 중 금융의 경우를 보면, 아무도 이해하지 못하는 신종 파생상품들을 확 줄이거나 없애는 것이 그것들의 통제규정을 강화하는 것보다 훨씬 낫다고 한다.

그는 "현대화된 산업사회에서 우리 인생에는 위험이 따르기 마련이라는 사실을 수용할 준비가 되지 않은 것 같다"는 충고도 곁들인다. 지나친 보살핌과 보호를 받아온 탓에 우리가 아무런 희생이나 위험을 감수하지 않아도 정부를 비롯한 공공기관들이 모든 문제를 해결하고 처리해줄 거라고 기대하게 됐다는 것이다.

"어느새 우리 모두는 평균수명 이상으로 살고, 위험 없는 삶을 생득권으로 여기며, 모든 오판과 불운은 남의 몫이라는 잘못된 믿음에 빠진 것은 아닌지 돌아보고 유토피아에 대한 이런 망상을 버리는 것이 중요하다."

이쯤 되면 현대사회가 '역사상 가장 편리한 사회이자 재난에 가장 취약한 사회'라는 것을 새삼 깨닫게 된다. 그러니 세계적인 복잡성 과학자가 울리는 긴급 재난경보에 귀를 기울일 수밖에.

함께 읽으면 좋은 책

- 《슈퍼 예측, 그들은 어떻게 미래를 보았는가》

  필립 E. 테틀록 외 지음 | 이경남 옮김 | 최윤식 감수 | 알키

- 《당신의 선택은? 글로벌 이슈》

  제임스 E. 하프 외 지음 | 강미경 옮김 | 양철북

플라스틱, 구원인가… 재앙인가
《플라스틱 사회》

수전 프라인켈 지음, 김승진 옮김, 을유문화사 펴냄

멸종위기의 코끼리를 살린 플라스틱

1863년 미국 뉴욕의 당구공 제작회사가 희한한 신문광고를 냈다. 당구공 원료로 쓰이는 코끼리 상아의 대체물질을 개발하는 사람에게 금화 1만 달러의 보수를 주겠다는 내용이었다. 당시 당구공은 머리빗, 피아노 건반과 함께 부자들의 전유물이었다. 귀한 만큼 값이 비쌌기 때문에 상아를 구하려는 사람이 늘어났고, 아프리카 코끼리는 멸종위기에 처하게 됐다. 이것이 사회적으로 문제가 되고 상아 공급이 줄어들자 제작업체가 대용물 공모 아이디어를 낸 것이었다.

이 소식을 들은 미국의 인쇄공 존 하이엇(1837~1920년)이 팔을 걷고 나섰다. 그는 질산섬유소를 잘 용해시킬 수 있는 물질을 찾으려고 애를 쓰던 중이었다. 어느 날 그는 피부약인 캠퍼팅크를 질산섬유소에 넣었다가 질산섬유소가 녹는 현상을 발견했다. 캠퍼팅크는 장뇌를 알코올에 녹인 의약품인데, 그 장뇌가 질산섬유소를 녹인다는 것을 알아낸 것이다. 이렇게 해서 합성수지 플라스틱인 셀룰로이드가 처음 탄생했다. 1869년이었다.

플라스틱에 관한 모든 것

미국 과학저널리스트 수전 프라인켈이 《플라스틱 사회》에서 들려주는 이야기다. 그는 당구공치럼 우리 주변에서 흔히 볼 수 있는 8가지 물건을 통해 플라스틱과 관련한 역사와 과학, 정치, 문화, 경제 이슈를 다각도로 다룬다.

머리빗을 통해서는 플라스틱이 가져다준 소비의 대중화를 이야기하고, 의자를 매개로 플라스틱의 미학을 분석한다. 프리스비 원반은 플라스틱의 글로벌 생산 시스템, 링거백은 플라스틱과 건강, 일회용 라이터는 '쉽게 버리는 문화'의 문제, 비닐봉지는 이를 둘러싼 정치적 논쟁, 페트병은 재활용의 성과와 한계, 신용카드는 차세대 친환경 플라스틱의 가능성과 접목해서 살핀다.

그가 이 책의 들머리에서 밝힌 것처럼 우리는 단 몇 분도 플라스틱 없이 살아갈 수 없다. 스마트폰과 PC, 마우스, 자판, 펜, 페트병, 냉장고, 약통, 전화기 등 눈에 보이는 것만 해도 다 헤아리기 어렵다. 우리가 석기시대와 청동기시대, 철기시대를 거쳐 플라스틱 시대에 살고 있다는 표현이 실감난다.

인류, 물질적·문화적 한계를 넘다

하이엇이 개발한 플라스틱은 열을 가하면 어떤 모양으로도 변했고, 열이 식으면 단단한 물건으로 거듭났다. 실론산 최고급 엄니로 만든 것처럼 당구공 모조품도 많이 만들 수 있었다. 당시까지 부자만 하던 당구 게임을 서민도 즐길 수 있게 해줬다. 그야말로 소비의 대중화를 이끈 일등공신이었다. 1920~1930년대 들어서는 석유화학 업체들의 대량생산 시스템을 타고 전 세계로 퍼졌다. 제2차 세계대전 때 낙하산과 항공기 부품, 군모 등의 수요가 폭발하자 소비는 더욱 급증했다.

플라스틱 머리빗도 대중의 열광적인 환영을 받았다. 당시 부잣집 여인들만 꽂던 장식용 머리빗이 싼값에 대량생산됐으니 그럴 만도 하다. 오 헨리 단편소설 〈크리스마스 선물〉의 주인공처럼 금시계를 팔지 않아도 예쁜 머리빗을 누구나 살 수 있게 된 것이다. 플라스틱은 이렇게 평등하고 민주적인 사회의 상징이 됐다. 역설적이지만 코끼리를 구한 것도 플라스틱이었다. 합성수지가 자연의 수호자가 된 셈이다.

"플라스틱은 우리를 자연 세계의 제약에서 벗어나게 해주었다. 오래도록 인간 활동에 한계를 지우던 물질 특성상의 제약과 물질 공급상의 제약이 풀린 것이다. 그러한 탄력성은 사회계층 간 경계도 허물었다. 다루기 쉽고 용도가 많은 물질이 도래하면서 생산자들은 새롭고 진기한 물건을 대량으로 선보일 수 있게 되었고, 소득이 많지 않은 사람도 소비자가 될 수 있는 기회가 열렸다. 플라스틱은 물질적·문화적 민주주의라는 새로운 희망을 약속했다. 그리고 가장 오랜 장신구인 빗은 그 희망을 누구나 가까이 둘 수 있게 해주었다."

떼려야 뗄 수 없는 위험성 논란

그러나 어디에나 양면이 있는 법이다. 아이들이 갖고 노는 프리스비 원반을 보자. 이렇게 가벼운 장난감은 값이 싸야 한다고들 생각한다. 그런데 아무리 싼 플라스틱으로도 사람들이 원하는 만큼 싸게 만드는 데에는 한계가 있다. 중국처럼 낮은 임금으로 물건을 만들 수 있는 곳에 공장을 세우거나 하청을 맡기는 방식이 등장한 이유가 여기에 있다. 이렇게 해서 글로벌 생산이 시작됐고, 플라스틱만큼이나 싼 임금을 받으며 열악한 환경에서 일하는 노동자도 생겨났다.

플라스틱은 생산자뿐만 아니라 사용자들의 건강에도 큰 영향을 미친다. "미숙아의 생명 유지에 꼭 필요한 영양분과 산소를 공급하는 PVC 의료장비가 나중에 갑상선 기능 이상이나 간질환 등을 야기할 위험물질도 나르고 있는지 모른다"라는 대목이 눈길을 붙잡는다.

저자는 1955년 미국 유명 화보잡지 〈라이프〉에 실린 일회용품 사진들을 언급하면서 이렇게 얘기한다.

"그 편리성에 대한 찬사와 함께 실린 사진 속의 일회용품들은 마법처럼 공중에 정지되어 있었다. 독자들은 이 사진의 다음 장면을 보지 못했다. 다음 장면은 그 물건들이 땅에 떨어져 쌓여 있는 모습일 것이다. 수십 년 동안 사람들은 첫 번째 사진의 환상을 받아들였다. 아무런 비용이나 안 좋은 결과를 낳지 않고도 편리함이 올 수 있다고 말이다. 하지만 우리는 이제 우리가 버리는 플라스틱들이 사라져 없어지는 게 아니라는 사실을 깨닫기 시작했다. 사라지는 것이 아니라 어디론가 가는 것이고, 최악의 경우에는 '제자리를 벗어난 것들'이 되어서 바다로 간다."

그는 또 "플라스틱이 코끼리를 살린 측면도 있지만 다른 생명들을 멸종위기로 몰아넣기도 했다"고 지적한다. 하와이 북부 섬들에 있는 몽크바다표범들은 이미 수가 1200여 마리로 줄었는데 버려진 그물에 걸려 익사하는 사례가 더 늘고 있다는 것이다. 공룡이 멸종할 때도 살아남은 장수거북 또한 멸종위기에 처했다고 한다. 비닐봉지를 해파리인 줄 알고 삼킨 게 원인이다. 멸종위기인 혹등고래도 남극에서 열대지방까지 철 따라 이동하다 희생되는 사례가 많다고 한다.

친환경 신용카드에 대해서는 기대 반 우려 반의 시선을 보낸다. 대두와 옥수수를 기반으로 한 바이오 플라스틱은 생분해되는 장점과 함께 이산화탄소 발생량도 훨씬 적지만 석유 플라스틱보다 값이 두세 배나 비싸기 때문이다. 미국 뉴저지 주의 퓰리카 강에 놓인 길이 17m짜리 플라스틱 다리에서는 친환경 소재의 미래를 발견하기도 한다.

그는 이런 플라스틱의 모든 것을 수많은 인터뷰와 취재를 통해 생생하고 설득력 있게 전달한다. 관련 전문가들은 물론 멕시코와 중국의 하청공장 노동자들, 재활용품을 수거하는 노숙자들까지 만나 현장성과 객관성을 높인 점이 돋보인다. 2001년 보스턴글로브의 '올해 베스트 북'에 뽑힌 것도 이런 노력 덕분이었을 것이다.

함께 읽으면 좋은 책

• 《낭비 사회를 넘어서》

세르주 라투슈 지음 | 정기헌 옮김 | 민음사

5장

혀와 뇌를 사로잡는
음식의 인문학

'슬로푸드'가 음식의 미래다
《음식의 제국》

에번 D.G. 프레이저 외 지음, 알에이치코리아 펴냄

메콩삼각주 새우잡이 배가 빈 그물을 끌어올리면 카리브 해에서 식량폭동이 일어난다고?

미국 농경학자 에번 프레이저는 저널리스트 앤드루 리마스와 함께《음식의 제국》에서 음식이 지배하는 제국의 노예로 살아온 인류 문명사를 되살려낸다. 두 사람은 16세기 피렌체 상인 프란체스코 카를레티의 15년에 걸친 세계 일주를 따라가면서 음식이 인간의 운명을 지배해온 과정을 살핀다. 고대 메소포타미아의 도시국가와 근대 영국, 현대 미국과 중국의 곡창지대 등을 넘나들며 하나의 문화권이나 국가에 식량이 떨어졌을 때 어떤 일이 벌어지는지도 보여준다.

건전한 식품 생산과 교역의 이상향은 작고 다양한 농장과 식품을 공급받는 자가 멀리 있지 않아야 한다는 '생물지역주의'이다. 이런 원초적이고 순수한 형태의 소비가 애그플레이션과 식량난의 재앙에서 벗어나는 길이다. 식품을 생산·구입·섭취하는 것이 정치적인 행위인 만큼 사람이 슬로푸드 개념을 받아들여 이를 수용해야 한다. 이 책은 우리 모두가 음식 제국의 노예에서 벗어나는 길을 제시해준다.

음식, 미학적인 문명의 인문학

이 책은 얘기는 '우리가 먹는 것이 곧 우리 자신'이라는 명제에서 출발한다. 음식은 단순히 생존에 필요한 최소 단위가 아니라 경제적이고 정치적이며 사회적이고 미학적인 매체인 문명의 필요충분조건이라는 것이다. "음식에 관한 연구는 어쩌면 인문학일지 모른다"는 표현도 그래서 가능하다.

음식을 중심으로 한 문명사 재정립을 통해 이들이 궁극적으로 해결하고자 하는 문제는 현재의 식량난이다. 모두가 알다시피 고대 이후 인류 문명은 '잉여식품, 잉여식품의 보관과 운송, 잉여식품의 교환'이라는 토대 위에 이뤄졌다. 그런데 '잉여'가 없어지면 어떻게 될까.

저자들은 지금 식탁이 풍족하다고 해서 마음을 놓아서는 안 된다며 '4가지 낙관'을 조심하라고 말한다.

첫째, 지구의 토양이 비옥하다는 낙관을 경계하라. 최근 1세기 동안 인류는 어느 때보다 많은 수확량을 기록했다.

이는 곧 '자연자산'을 모두 끌어내 지력을 고갈시키는 것과 같다. 땅이 메말라 생산물을 낼 수 없을 때 성마른 인심은 국가와 문명을 공격한다.

"아리스토텔레스는 다른 시대를 산 사람이었다. 하지만 그는 식품 제국은 오직 자신의 가장 약한 연결고리만큼만 강성할 수 있다는 사실을 이해하고 있었다. 수입과 수출의 상호 의존적 연결망으로 이어져 있을 때 농장의 흉작은 도시의 폭동을 부를 수 있다. 속주에서 발생한 이른 서리로 인해 농부들이 굶주리는 것은 물론 왕도 쫓겨날 수 있다는 얘기다. 환경과 사회적 세계는 동일한 연약한 체계의 일부이다."

둘째, 기후가 온화한 것이라는 낙관도 문제다. 누구나 온화한 날씨가 계속될 거라는 일기예보를 기대하지만 역사적으로 보면 지금이 오히려 특수한 시절이다. 지구의 기후는 결코 안정적이지 않다. 고대 로마와 중세의 '음식의 제국'은 악천후 속에서 몰락했다. 기후가 건조해지며 나타난 가뭄이 토양을 괴롭히고 계속된 비는 병충해와 전염병을 일으켜 땅과 인류를 죽음으로 내몰았다.

"20세기에 도시가 거대하게 성장한 밑바탕에는 역시 거대하게 자라난 국제 식품 생산 및 교역망이 있었다. 그런데 우리가 간과한 사실이 있다. 기후가 오랫동안 호의를 보여서 따뜻했던 기간 동안에 이 엄청난 팽창이 일어났다는 것이다. '먼지폭풍' 이후로 1990년대 전까지 가뭄 발생은 거의 없었다. 지난 20세기의 대부분 기간에 평균기온은 중세 및 로마 식품제국이 정점에 있었을 때와 흡사했다. 이들 두 문명은 모두 날씨가 나빠지면서 몰락했다. 수도승과 로마인들은 한랭화를 경험했지만 우리에게 닥치고 있는 것은 온난화이다.

온도계의 어느 쪽 끝이건 간에 농부들로서는 암울한 온도이다."

셋째, 단일작물 재배와 특성화에 대한 낙관을 버려라. 단일작물 재배는 경제적으로 설득력이 있을지 모르지만 생태적으로는 나쁘다. 단일재배는 가뭄과 홍수, 해충의 공격에 치명적이다. 16세기 스페인 모험가들이 퍼뜨린 플랜테이션과 대농장에서는 식물군의 다양성을 확보하지 않고 단일작물만 길렀기 때문에 사실상 사상누각이었다. 아일랜드 대기근도 마찬가지다. 단일작물 재배는 토양의 유기물을 없애고 습기를 말리는 결과를 가져와 문명을 파국으로 치닫게 했다.

넷째, 값싼 화석연료가 영구히 제공될 것이라는 낙관도 금물이다. 화석연료가 합리적인 가격에 안정적으로 공급되지 않으면 식료품을 안정적으로 보관하는 것 역시 어렵다. 값싼 에너지는 식료품 공급에 중추 역할을 해왔다. 새의 배설물이자 놀라운 화석연료인 구아노를 차지하기 위한 19세기의 거대한 전쟁과 윤작의 비밀병기인 질소 고정을 향한 인류의 시행착오를 되새겨보라.

식량재앙에서 벗어나는 길은 생태공동체

그렇다면 어떻게 해야 하는가. 실마리는 '지속가능한 농업'에 있다. 저자 에번 프레이저는 자기 할아버지의 농업 방식을 예로 들며 문명을 되살리는 농업이 우리 가까이에 있다고 강조한다. 지속가능한 농업이란 무엇인가. 그것은 다년생 작물을 심는 것으로 자연 상태의 다양성을 보장하는 것이고, 기계 대신 사람의 근력을 사용함으로써 한정된 석유자원에서 자유로워지는 것이며, 생산물의 지역 판매를 이루는 것이다.

남태평양 발리 섬의 사례가 흥미롭다. 이곳에 새로운 산업문명과 농업기술이 들어와서 땅을 망쳐놓기 전까지 주민들은 오랫동안 계단식 논을 잘 경작하며 조밀한 인구를 먹여 살렸다고 한다. 자연환경을 파괴하거나 군대를 앞세워 새로운 땅을 점령하거나 지평선 끝까지 단일작물 재배를 하지 않고도 충분한 식량을 공급할 수 있었다는 것이다.

"21세기의 핵심적 질문 가운데 하나는 '전통적' 농법을 쓰는 작은 농장들만으로 과연 도시 인구를 먹일 수 있겠느냐는 것이다. 다시 말해 지속가능한 방법으로 도시와 문명을 유지할 수 있느냐는 얘기다. 여기에 대한 대답은 우리의 도시, 경제, 식생활, 건강 그리고 산다는 것과 먹는다는 것의 의미에 대한 우리의 생각에 달려 있다."

땅의 환경 수용력 넘지 않는 자족 필요

이들은 건전한 식품 생산과 교역의 이상향을 '일정 범위 안의 생태공동체'로 제시한다. 그 조건은 작고 다양한 농장이 많고, 식품을 공급받는 소비자가 너무 멀리 있지 않아야 한다는 것이다. 이것을 '생물지역주의'라고 한다. 이런 생물지역주의가 원초적이고 순수한 형태의 소비를 퇴색시키지 않는 보루이자 머지않은 애그플레이션과 식량난의 재앙에서 벗어나는 길이라고 이들은 강조한다.

"지역 식품, 이것은 슬로푸드가 꿈꾸는 '새로운 시골'의 핵심이다. 소비자는 유기농 제철 청과물과 생태 농장의 고기를 구매한다. 그럼으로써 땅의 환경 수용력을 넘지 않고 자족할 수 있다. 이러한 이상은 인류가 길게 꼬아온 식품 교역 역사에 대한 포기 선언이나 다름없다."

'유기농'과 '자연산'의 법적 기준은 아직 만족스럽지 않다. 그러나 식품을 생산하고 구입하고 먹는 것이 정치적인 행위인 만큼 많은 사람이 슬로푸드의 개념을 받아들여서 소비생활에 반영하면 현대의 식품 제국도 이를 수용할 수밖에 없을 것이라고 저자들은 말한다.

우리 모두가 음식 제국의 노예라는 것을 일깨우면서 그 굴레에서 벗어날 공동체 문명의 입구를 찾고, 많은 사람을 '새로운 시골'의 슬로푸드 세계로 이끄는 책이다.

함께 읽으면 좋은 책

- 《식량의 미래》
  사이언티픽 아메리칸 편집부 지음 | 김진용 옮김 | 한림출판사
- 《식량의 제국》
  제니퍼 클랩 지음 | 정서진 옮김 | 이상북스

소믈리에도 모르는 와인의 15가지 비밀
《와인에 담긴 과학》

강호정 지음, 사이언스북스 펴냄

DNA 분석으로 찾은 레드 와인의 족보

와인이 지구에서 영원히 사라질 뻔한 사건이 있었다. 1860년대 초부터 약 20년간 유럽 전역의 포도밭이 뿌리가 썩어 말라죽는 병 때문에 쑥대밭으로 변했다.

주범은 토양 속에 있는 '필록세라'라는 진드기였다. 유럽 포도나무들은 다른 대륙에서 온 이 작은 진드기에 대해 내성이 전혀 없었다. 아메리카 북부에만 있던 필록세라가 묘목 수입 과정에서 뿌리에 붙어 건너왔던 것이다. 온갖 시도 끝에 내성을 지닌 미국산 묘목과 접을 붙이는 방식으로 포도나무 멸종 위기를 가까스로 넘겼지만, 이전의 오리지널 품종은 찾아보기 어렵게 되고 말았다.

그런데 놀랍게도 과학자들은 원조 품종의 족보를 만드는 데 성공했다. 또한 레드 와인의 대표 품종인 카베르네 소비뇽의 조상에 해당하는 포도도 발견했다. 17세기 보르도 지방에서 재배되기 시작했다는 것만 알려져 있을 뿐 그 기원에 대해서는 의견이 분분했는데, 놀랍게도 카베르네 프랑과 소비뇽 블랑이 조상이었다. 생테밀리옹 지역 외에서는 단독으로 와인을 만들 수도 없는 지질한 카베르네 프랑과 화이트 와인 품종인 소비뇽 블랑 사이에서 가장 남성적이고 무거운 레드 와인이 탄생했던 것이다.

이들의 족보를 어떻게 찾을 수 있었을까. 해답은 분자유전학적 분석에 있었다. 일반적인 DNA뿐만 아니라 그 중간중간에 반복되는 염기 서열까지 규명하는 '부수체 DNA' 분석법으로 조상을 추적한 결과였다. 프랑스 북동부에서 널리 재배되는 화이트 와인 포도들이 사촌지간이라는 사실도 유전자 분석으로 확인할 수 있었다. 화이트 와인의 대표 품종인 샤르도네, 가메이 누아르, 알리고테, 플롱의 끝맛이 비슷한 것도 중세의 피노와 구에 블랑에서 나왔기 때문이라는 게 밝혀졌다.

와인 애호가인 강호정 연세대학교 사회환경시스템공학부 교수는 《와인에 담긴 과학》에서 이 같은 얘기를 들려주며 포도밭의 토양과 기후, 와인의 발포와 숙성에 영향을 미치는 미생물, 각종 첨가물 등 와인 속에 감춰진 15가지 비밀을 과학적으로 풀어낸다. 아리스토텔레스의 5원소설을 인용하며 흙, 물, 공기, 불, 에테르를 기본 틀로 전개하는 것도 이채롭다.

앞부분의 '와인에 얽힌 다양한 생물의 세계'에서는 와인 품질을 좌우하는 미생물의 세계를 영화 〈착한 놈, 나쁜 놈, 이상한 놈〉에 빗대어 설명한다. 포도를 발효시켜 와인을 만드는 미생물은 좋은 놈, 와인을 산패시키는 주범은 나쁜 놈이라는 것이다. 포도알을 부패시키면서도 특이한 기후조건에서 유익한 방향으로 작용함으로써 아이스 와인이나 토카이 같은 고급 후식 와인을 만들어내는 미생물은 이상한 놈이라고 이름 붙인다. 이 대목에서 영화 속 장면을 패러디한 홍승우 화백의 유쾌한 삽화가 곁들여져 흥미를 더한다.

연구 실패로 탄생한 샴페인

와인의 가장 많은 부분을 차지하는 '물'에서는 샴페인이 거품을 뿜어내는 원리, 레드 와인이 진짜 건강에 좋은 것인지, 유기농 와인에 담긴 유전공학의 최신 결과는 무엇인지 등을 얘기한다.

발포성 와인인 샴페인 중에서도 가장 널리 알려진 동 페리뇽 이야기도 재미있다. 샹파뉴의 작은 마을 수도사이던 동 페리뇽의 애초 관심은 와인에서 거품을 일으키는 게 아니라 없애려는 것이었다. 와인 병 속에 남아 있던 당류를 재료로 미생물이 자라 2차 발효가 일어나는 경우가 잦았는데, 이산화탄소가 기포 상태로 와인 병 안에 쌓이면 맛이 이상해질뿐더러 병이 폭발하기도 했다.

결국 와인의 거품을 없애려고 연구하다 아름답게 발포가 일어나는 고품질 샴페인을 만들어내게 됐다고 한다. 페니실린의 발견처럼 애초의 연구 목적과 다른 결과가 나와 행운을 잡은 것이다.

여기서 팁 한 가지. 발포성 와인을 마실 때 주의할 점은 립스틱을 바른 채로 마시거나 감자튀김 같은 것과 함께 먹으면 안 된다는 것이다. 지방 성분이 거품을 터뜨려버리기 때문에 발포성 와인의 효과를 낮추는 역할을 한다는 말이다.

태양계의 다른 행성에서 샴페인을 마실 기회가 있다면 목성이 가장 좋을 것이라는 얘기도 덧붙인다. 엄청난 중력 때문에 거품의 개수는 많아지고 크기는 더 작아지기 때문이라고 한다.

생물학 발전에 기여한 코르크

와인이 보약이라는 말에 대해서는 다양한 관점을 제시한다. 먼저 '프렌치 패러독스(프랑스인의 역설)'부터 보자. 프랑스인은 미국 사람들보다 훨씬 많은 포화지방을 섭취한다. 치즈 등에 많이 함유된 포화지방은 녹는점이 높기 때문에 자칫 혈액을 탁하게 만들고 혈관을 막히게 하기도 한다. 그런데 이상하게도 프랑스인에게는 심혈관 질환이 다른 나라보다 많이 생기지 않는다. 레드 와인에 많이 들어 있는 폴리페놀 덕분이라고 한다.

그는 이런 이론에 "대체로 동의한다"면서도 심혈관 계통에 뚜렷한 영향을 줄 정도의 항산화 효과를 보려면 엄청난 양의 포도주를 마셔야 하고, 그럴 경우 간에 무리가 올 수 있다는 충고도 빠뜨리지 않는다. 물론 와인이 건강에 좋다는 한 측면만 보고 약처럼 마시는 어리석은 사람은 없겠지만, 고유의 맛을 음미하면서 적당한 양을 즐기는 지혜가 필요하다는 것이다.

코르크가 생물학 발전에 기여했다는 내용도 나온다. 17세기 영국 학자 로버트 훅은 당시 개발된 현미경으로 코르크 조직을 살피다 속이 빈 방이 규칙적으로 배열돼 있는 걸 보고 '작은 방'이라는 뜻의 '세포cell'라는 이름을 붙였다고 한다. 생물체를 구성하는 기본 단위인 세포가 코르크를 통해 처음 발견됐으니 이후 식물세포와 동물 세포설 등으로 이어지는 근대 생물학의 발전이 와인에서 비롯됐다고 해도 과언이 아니다.

기후변화로 와인 생산지 바뀔 수 있어

기후변화에 따른 와인 경작지와 시장의 변화도 살펴본다. 지난 50여 년간은 지구 온도가 점차 상승하면서 유럽 와인의 경우 좋은 빈티지 수가 급증했고 연도별 품질 차이도 많이 줄어드는 등 와인에 최적화된 기후변화였지만, 앞으로 온도가 지나치게 오르면 와인 생산 경계선은 극지를 향해 이동하게 되고 최적의 와인 생산지들이 최대 포도 경작지를 빼앗길지 모른다는 것이다.

미국 캘리포니아 주에서 프리미엄 와인으로 초고가에 팔리는 '오퍼스 원' 등은 기후변화에 따라 80% 이상 감소할 수도 있다고 한다. 반대로 습도가 높아 와인 생산에 어려움을 겪고 있는 미국 서부 해안 일부와 북동·북서부가 와인 생산의 적지로 바뀔 것이라는 예측도 덧붙인다.

그는 이제 지구촌 어디에서나 인공위성 등 지리정보 시스템을 이용해 포도 품종에 맞는 최적의 재배 장소를 찾아낼 수 있고, 화학 분석을 통해 가짜 와인을 감별할 수 있다는 얘기까지 들려주면서 독자를 와인 속의 무궁무진한 과학세계로 유혹한다. 읽는 도중 한 모금씩 와인을 마셔가며 책을 음미하면 한 맛이 더 난다.

함께 읽으면 좋은 책

- 《맛있는 와인의 비밀》 최해욱 지음 | 광문각
- 《하리하라의 음식 과학》 이은희 지음 | 살림Friends

아메리칸 테루아… 문화를 맛보다
《지상 최고의 맛》

로완 제이콥슨 지음, 이은주 옮김, 청림출판 펴냄

"고요한 참선의 삶과 밤새 신 나게 즐기는 생활 중 하나를 고르라고 하면 우리 대부분이 어느 쪽을 택할지 뻔하다. 어째서 커피가 5세기 동안 모든 전선에서 저 훌륭한 라이벌을 제압해왔으며 현재 오일에 이은 세계 제2의 교역품이 되었는지 어느 정도 설명이 된다. 무대에서 스승의 빛을 가리는 천진한 신인 여배우처럼 커피는 아무리 마셔도 질리지 않는 젊고 신선한 음료다. (…) 커피의 품질은 해발 고도와 연관성이 있다. 예를 들어 과테말라에서 분류하는 8가지 등급은 해발 2300피트(약 701m)의 굿 워시드에서 시작해 해발 5250피트(약 1600m)의 스트릭틀리 하드 빈으로 올라간다."(커피)

"나는 굴을 해당 만의 육수가 농축된 고형수프라고 생각한다. 그것에서는 바다 같은—또는 프랑스의 시인 레옹 폴 파르그가 남긴 불멸의 시어처럼 '바다의 입술에 키스하는 것 같은'—맛이 난다. 하지만 그 바다는 연안을 따라 끊임없이 변화한다. 그게 바로 내가 테루아 탐구에서 굴을 너무나도 흥미로운 주제라고 생각하는 이유다."(굴)

"강을 살아 있는 존재라고 생각하면 연어는 스스로 새로워지는 과정을 밟는다. 중력을 극복하여 처음으로 돌아가 다시 시작하는 묘기를 부리는 것이다. 오메가3 지방산이 줄줄 흐르고 티크와 장미 향기와 마카다미아 너트 냄새가 물씬 풍기는 살집 단단한 연어의 맛, 그것은 계속 나아가려는 투지의 맛이다. 강물의 활기에서 우러나는 맛이다."(연어)

맛을 결정하는 모든 요소 '테루아'

음식과 환경을 탐구하는 작가이자 환경 전문가인 로완 제이콥슨. 그는 미국 도서관저널에 의해 '2010 올해의 10대 필독서'로 뽑힌 책 《지상 최고의 맛》에서 이처럼 아메리카 대륙 곳곳의 '자연이 만들어내는 맛' 이야기를 들려준다.

파나마의 신선한 게이샤 커피부터 알래스카의 연어, 멕시코의 초콜릿, 버몬트의 치즈 등 우리에게도 친숙한 식재료의 맛이 각 지형의 특성과 기후에 따라 어떤 맛을 내는지를 살핀다. 그에 얽힌 문화와 역사, 사람들의 삶까지 담아낸다. 책에 등장하는 테루아 관련 음식은 커피, 초콜릿, 메이플시럽, 벌꿀, 와인, 치즈, 홍합과 감자, 굴, 연어, 아보카도 등 10가지다.

그는 맛을 결정하는 모든 요소를 '테루아'terroir(라틴어로 땅을 뜻하는 'terra'에서 유래)라고 말한다. 테루아는 토양과 기후에 따라 와인의 맛이 달라지는 것을 의미하는 프랑스어이지만, 이 책에서는 자연조건과 재배자의 열성 등 식재료의 맛을 결정하는 요소를 통틀어 표현한다. 지리적인 위치와 땅, 일조량, 강수량, 풍량, 고도 등에 따라 각기 다른 맛을 내는 테루아의 비밀….

그가 테루아에 주목하는 이유는 간단하다. 테루아라는 렌즈로 보면 음식이 더 다채롭고 의미 있어지며, 더 맛있어지기 때문이다. 테루아는 우리가 누구인지, 왜 그 음식물을 좋아하는지, 이 땅에서 어떻게 살아갈 것인지에 대해 많은 가르침을 준다고 그는 강조한다.

"자연은 장소마다 서로 다른 거래를 한다. 한 지역을 규정하는 바람과 파도와 빛과 생명의 패턴이 거기서 자라는 동식물 안으로 흘러든다. 그것이 테루아다. (…) 우리는 삶의 터전인 땅과 붙박이 관계를 맺지 않은, 그래서 땅의 진리들로부터 위안과 즐거움을 얻을 수 없는 역사상 첫 세대에 속한다. 테루아에 관심을 갖는 건 그 관계를 복구하는 가장 재미있고 바람직한 방법들 중 하나다."

자, 그와 함께 맛의 비밀 통로를 하나씩 따라가보자. 유콘 강의 연어는 왜 오메가3 지방산이 풍부하고 살집이 단단할까. 토튼 만의 굴에서는 왜 피클의 아삭함과 생우유의 풋풋함이 감돌까. 아팔라치콜라 강 주변 미국니사나무의 벌꿀에서는 왜 계피향이 코끝을 찌를까.

그의 설명을 듣다 보면 연어의 회귀 본능과 북미의 가장 험난한 지역을 흐르는 유콘 강의 활기가 만나 단단한 살집이 만들어진다는 사실을 알게 된다. 토튼 만에 빙하작용으로 축적된 영양분과 햇빛이 다른 지역과 달리 피클처럼 아삭하고 생우유처럼 풋풋한 굴 맛을 만들어낸다는 사실도 발견하게 된다. 아팔라치콜라 강이 관통하는 조지아 주와 플로리다 주 늪지대에서만 자라는 미국니사나무의 특성이 이 지역 벌꿀의 독특한 향을 만들어내는 점 역시 알게 된다.

인류 역사의 이면을 보여주는 '초콜릿과 커피'

캘리포니아 와인에 관한 대목도 흥미롭다. "삶의 약간 미스터리한 면을 좋아하는 사람들, 첫 만남에서 와인을 당최 어떻게 해야 할지 모르는 게 너무 재미있는 사람들은 아직 희망을 버려선 안 된다. 캘리포니아는 본모습을 용케 지켜온 기묘하고도 멋진 와인들로 가득하니까. 캘리포니아 주에는 지구상 그 어떤 곳보다도 다양한 지형이 존재한다. 그런 장소들 중 일부는 독특한 얘깃거리를 가진, 아프도록 아름다운 와인을 빚어낸다."

그는 뱅 드 테루아(테루아 와인)의 중요성을 강조하면서 캘리포니아 와인산업을 키운 랜달 그램의 편지 한 구절을 소개한다.

"내 생각에는 이것이 와인의 가장 숭고한 가능성을 나타낸다. 포도 재배업자(와인 제조자가 아닌!)한테 포도의 필수적인 환경조건들-물, 햇빛, 열, 비옥함, 배기(중력으로 인해 만들어지는 비교적 차가운 공기의 내리바람)- 이 명쾌하게 해결될 부지를 알아보는 눈이 있다면 그 사람은 진정으로 독창적인 와인 창조에 참여할 기회를 갖게 될지도 모른다. 뱅 드 테루아는 주어진 포도 재배지의 절대적 고유성과 빈티지의 고유한 특성을 담아낸 와인이다."

인류와 역사의 이면을 들추어 보여주기도 한다. 우리가 흔히 먹는 초콜릿이 수천 년 전 고대 아스텍인들이 번제의 제물이 된 희생자들의 심장을 도려내기 전에 준 일종의 마약과 같은 진정제였다는 것을 아는 순간 초콜릿은 그저 달콤한 간식이 아니라 '죽음 앞에서 위안을 준 맛'으로 변한다.

또 대부분의 커피농장이 산업화되는 중에도 야생 커피를 고집한 한 농부의 집념이 세상에서 가장 비싼 '에스메릴다 거피'를 만들어 냈다는 사연을 알고 나면 그냥 즐기던 커피의 향도 새로워진다.

더 중요한 것은 '최고의 맛은 레시피가 아니라 태양의 미소, 바다의 향기, 땅의 손길에서 나온다'는 가르침을 이 책 전체를 통해 일깨워준다는 점이다. 한 장이 끝날 때마다 그 재료로 만들수 있는 요리까지 소개해줘 더 고맙다.

이번 주말에는 캘리포니아 와인에 버몬트의 치즈나 프린스에드워드 섬의 홍합을 곁들인 만찬으로 사랑하는 사람과 함께 둘만의 미식 여행을 떠나보는 것도 좋을 듯하다.

당장 오늘 점심부터 바꿔라
《내 몸의 자생력을 깨워라》

조엘 펄먼 지음, 이문영 옮김, 쌤앤파커스 펴냄

미국 코넬대학 대학원 교수이자 가정의학 전문의인 조엘 펄먼. '의사들의 의사'로 불리는 그는 자연치유 분야의 세계적 권위자다.

의대에 입학하기 전에는 세계 정상급 스케이팅 선수였다. 그런데 국가대표로 활동하던 중 부상을 입고 다리를 절단할 수밖에 없다는 선고를 받았다. 그는 수술을 거부하고 단식으로 자신을 치유하여 1년 후에는 세계 피겨스케이팅 선수권대회에 나가 동메달을 따냈다. 이를 계기로 식생활과 건강에 대한 관심을 갖게 됐고, 필라델피아 의과대학에 들어가서는 영양과 자연치료법을 집중적으로 공부했다. 이후 프로페셔널 스포츠의학 위원으로 활동하면서 올림픽 국가대표 선수들의 건강을 책임졌다. 그는 또 비만, 당뇨, 고혈압 등 만성질환을 겪는 미국인 수만 명을 음식으로 치료해 화제를 모았다.

그는 《내 몸의 자생력을 깨워라》에서 이 같은 성공의 비결이 바로

'자생력'이라면서 우리 몸의 자생력을 키우고 병을 몰아내는 방법을 식습관, 생활습관, 질병 대처법 등으로 나눠 안내한다. 자신이 주창한 미량영양소 혁명과 초강력 면역계를 만드는 식품 섭취, 질병이 발붙일 수 없는 몸을 만드는 비결, 다양한 독성물질로부터 몸을 구하는 법 등 현대인의 생존에 필요한 필수 지침도 알려준다.

그의 말대로 우리 몸은 원래부터 충만한 자생력을 타고났다. 바깥 병균으로부터 몸을 보호하고, 몸에 들어온 균과 싸워 이기고, 허약해진 몸을 다시 재생시키는 능력도 여기에서 나온다. 자생력을 한마디로 말하면 저항력과 면역력, 회복력을 합친 것이다. 이것이 서서히 약해지면 어느 순간 크고 작은 바이러스와 병균을 물리치지 못해 암이나 당뇨, 심근경색 등에 속수무책으로 당하게 된다.

면역계 약화, 항생제 과용으로 암 발병률 높아져

2002년 사스(중증급성호흡기증후군) 감염자가 8000명에 이르렀고 그중 약 800명이 사망한 것도 자생력이 약했기 때문이라고 한다. 지난 30년간 세계적으로 35종 이상의 새로운 전염병이 생겨났고 미국의 전염병 사망자 수가 연간 17만 명으로 늘어난 것도 마찬가지다. 대수롭지 않게 생각해온 감기가 미국 경제에 미치는 손실이 400억 달러나 된다는 통계도 있다.

그는 "항공 여행자가 연간 20억 명에 이르는 지금 심각한 바이러스성 질병이 발생할 가능성은 더 커졌다. 전 세계를 떠도는 신종 세

균들로부터 자신을 보호하기 위해서는 각자의 자생력을 높이는 수밖에 없다'고 강조한다.

"웨스트 나일 바이러스West Nile Virus는 진원지인 중동 지방으로부터 배나 비행기를 통해 운송된 새 한 마리 때문에 뉴욕에 상륙한 것으로 추측된다. 사스는 2002년 11월에 처음 발견된 후 스스로도 감염 사실을 알지 못한 여행객들에 의해 6주 만에 전 세계로 퍼져나갔다. (…) 사스가 지구촌 여기저기를 넘나들며 인구밀집 지역에서 급속히 확산되는 바이러스성 질병의 마지막 사례가 될 리는 없지만 다른 대륙으로 전파된 속도에 있어서는 전무후무한 기록을 세웠다."

이처럼 위험한 '면역력 제로 시대'에는 현대 의학의 도움도 별로 소용없다고 한다. 그는 의대에서 처음 들은 약리학 강의시간을 떠올리며 '모든 약에는 독성이 있어서 최악의 경우 죽음을 재촉할 수도 있다'는 사실을 새삼 일깨운다. 지난 70년 동안 암 발병률이 폭발적으로 높아진 것도 면역계 약화와 항생제 등 약물 과용이 더해진 탓이라고 분석한다.

미량영양소 식단으로 건강한 식사 필요

그러면 어떻게 해야 할까. 비결은 바로 '미량영양소 식단'에 있다. 현대인이 생각하는 '건강한 식사'는 탄수화물이나 지방 등 다량영양소를 골고루 섭취하는 것이겠지만, 그는 "우리의 건강 상태는 다량영양소가 아니라 미량영양소의 양과 다양함에 의해 결정된다"고 말한다. 그중에서도 피토케미컬에는 일반 비타민과 무기질에 없는 방어 기능이 있다고 한다.

원래 피토케미컬은 식물 속에 들어 있는 화학물질로 경쟁 식물의 생장을 방해하거나 각종 미생물, 해충 등으로부터 자신을 보호하는 역할을 한다. 그 효능 중 몇 가지를 소개하면 다음과 같다.

"해독 효소를 유도한다. 발암물질의 활동을 정지하고 해독한다. 세포 구조가 독소에 손상되는 것을 막는다. 라디칼radical 생성을 조절한다. 손상된 DNA 배열의 복구를 돕는다. 손상되거나 유전자가 변이된 DNA의 기능을 억제한다. DNA가 손상된 세포의 복제를 방해한다. 진균, 세균, 바이러스에 대한 저항 작용을 유도한다. 면역세포의 파괴력, 즉 미생물과 암세포를 제거하는 힘을 키운다."

이 같은 피토케미컬은 인체의 항암 능력을 키워준다. 그러니 피토케미컬이 풍부한 식단이야말로 암과의 전쟁에서 사용할 수 있는 최고의 무기라는 것이다. 피토케미컬이 풍부한 음식은 무엇일까. 채소, 버섯, 양파, 마늘, 석류, 견과 등이다. 특히 브로콜리와 배추 같은 녹색 십자화과 채소에는 면역증강물질ITC이 함유돼 있어 자생력 강화와 항암 효과까지 뛰어나다고 한다.

전체 열량의 30~60% 채소로 채워야 자생력 강해져

건강한 자생력을 키우기 위해 그가 제안하는 식품 피라미드에는 생채소와 익힌 채소가 가장 넓은 밑면을 차지하고 있다. 전체 열량의 30~60%를 이런 먹거리로 채우라는 것이다. 그 위로는 과일과 콩류, 견과, 씨앗, 통곡물이 있고 육류와 달걀 등은 맨 꼭대기에 있다. 건강에 좋은 생채소류를 많이 먹고 해로운 고기는 적게 먹자는 것이다.

이 식품 피라미드를 활용하면 매년 수백만 명의 목숨을 구하고 엄청난 의료비용까지 줄일 수 있다고 그는 얘기한다.

지난 20년 동안 그는 미량영양소 밀도가 높은 식단으로 1만 명이 넘는 환자를 치료했다고 한다. 천식과 알레르기, 심장병, 암으로 고통받던 환자 수천 명이 건강을 회복하고 더 오래 사는 모습을 본 그는 이 책 말미에서 "강력히 권고하건대 지금 당장 시작하라!"고 거듭 권한다. 미량영양소 혁명이야말로 질병 치유뿐만 아니라 장수까지 보장해준다는 사례를 수없이 확인했기 때문에 자신 있게 하는 소리다.

그동안 병에 걸린 것도 아닌데 갑자기 비실거리지는 않았는지, 사소한 상처나 감기도 잘 낫지 않고 걸핏하면 컨디션이 다운되는 일은 없었는지 자신을 돌아보면 금방 답이 나온다. 자, 지금 바로 시작해보자. 몸에 좋은 음식들로 짠 '슈퍼 면역력 식단'도 부록에 실려 있으니 일단 그것부터 활용해보자.

공복의 즐거움… 굶어야 오래 산다
《1일 1식》

나구모 요시노리 지음, 양영철 옮김, 위즈덤스타일 펴냄

"오래 살려면 하루에 한 끼만 먹어라!"

일본 의사 나구모 요시노리(62세)가 《1일 1식》에서 강조하는 얘기다. 그는 예순을 넘긴 나이에도 40대처럼 보인다. 이른바 '나구모식 건강법' 덕분이다. 이 건강법의 핵심은 '공복'이다. "공복으로 아픈 곳을 치유한다. 여성들에겐 건강한 다이어트가 된다. 피부 나이가 점점 젊어지는 재생효과도 나타난다." 공복이 몸에 좋지 않다는 고정관념을 깨는 주장이다.

저자가 10년 동안 체험한 1일 1식의 결과는 '식사량을 40% 줄이면 수명이 1.5배 늘어난다'는 영국 노화연구진의 분석과도 같다. 밥을 적게 먹으면 장수 유전자인 '시르투인 유전자'의 활동이 늘어나기 때문이다.

"배 속에서 꼬르륵 소리가 날 때는 한층 더 강력한 생명력이 용

솟음친다. (…) 시르투인 유전자는 통칭 연명 유전자, 또 다른 명칭으로는 장수 유전자라고도 불린다. 배 속이 꼬르륵 울리지 않는 한 이 유전자는 활동하지 않기 때문에 평소에는 보물을 갖고도 썩히고 있는 상태인 것이다. 하루 한 끼 식생활로 배에서 꼬르륵 소리가 나도록 해보라. 그러면 이 시르투인 유전자가 체내의 유전자를 순식간에 스캔하여 손상 입은 곳을 회복시켜준다."

건강에 대한 상식을 깨는 1일 1식 습관

그는 단순히 공복을 권하지는 않는다. 공복 속에 있는 올바른 생활습관을 스스로 발견하라고 조언한다. 건강에 대한 일반 상식을 깨고 새로운 건강관리법과 생활습관을 가질 수 있는 '하루 한 끼' 식사법. 우리가 미처 몰랐던 자연의 순리와 자기관리, 건강을 한꺼번에 되찾는 방법이 여기에 있다는 얘기다.

"공복에는 뭐든지 맛있고 뭐든 먹고 싶을 거라고 생각하기 쉽지만 하루 한 끼 식생활을 그렇게 단순하게 생각해서는 안 된다. 모처럼의 소중한 한 끼를 컵라면이나 편의점 도시락으로 때우기는 너무 아깝다. 우리 몸도 정말로 필요한 것을 요구한다. 그것은 바로 몸에 꼭 필요한 영양소다. 누군가 내게 뭘 먹고 싶은지 물어본다면 '현미와 건더기가 많은 된장국, 나물 무침, 하룻밤 말린 생선 또는 청국장'이라고 답할 것이다. 채소 중심의 식단이므로 크게 한 접시를 먹는다고 해도 칼로리를 초과하지는 않는다. 또 이런 식단으로 식사를 하면 신기하게도 피로가 가신다."

그의 얘기를 3가지로 요약하면 이렇다. 첫째, 1일 1식 또는 1즙 1채를 하라. 둘째, 채소는 잎, 껍질, 뿌리 등 통째로 먹고, 생선은 껍질과 뼈째, 그리고 머리도 먹는 게 좋으며 곡물은 무도정 상태로 먹는 게 좋다. 셋째, 밤 10시부터 새벽 2시까지는 반드시 수면을 취하라.

통째로 먹는 일물전체一物全體의 완전식품을 섭취하는 '하루 한 끼' 식생활을 하고, 일찍 자고 일찍 일어나는 것을 52일간 실천하면 적정 체중으로 전환되고 건강도 증진된다는 것이다. 왜 52일인가. 우리 몸이 세포가 새로 생기는 데 필요한 기간이 52일이기 때문이다.

그러면 언제 한 끼를 먹는 게 좋을까. 그는 저녁식사를 권장한다. 아침식사를 거르면 뇌가 피곤하다는 일부 의견이 있지만 뇌는 죽는 순간까지 쉬는 법이 없기 때문에 해당되지 않는다고 한다. 기본적으로 아침엔 아무것도 먹지 않는 게 좋다는 것이다. 만약 먹고 싶다면 수분이나 과일 정도로 끝내라고 권한다. 점심을 먹는다면 가능한 한 소량만 섭취하고 오후에 졸릴 경우 과일 한 개 또는 통밀 쿠키로 잠을 쫓아내라고 한다.

하루 한 끼 식사이니만큼 절대로 라면이나 정크 푸드는 피하는 게 좋다. 그의 식단인 현미밥, 건더기 많은 된장국, 나물 무침, 하룻밤 말린 생선, 청국장으로 누구나 매끄러운 피부와 잘록한 허리를 가질 수 있다고 그는 강조한다.

육식을 피하고 생선을 많이 섭취해야 하는 이유도 알려준다.

"소나 돼지 등의 동물은 37℃ 전후로 일정한 체온을 유지하는 항온동물이다. 이 항온동물의 지방은 실온에서는 라드lard가 되어 굳는다. 이러한 굳기 쉬운 지방을 섭취하면 체내 혈관 속에서 덩어리가 되어 동맥경화를 일으키는 원인이 되는 것이다. 한편 변온동물인 생선은 차가운 해수 속에서도 지방이 굳는 일이 없다. 당연히 실온에서나 인간의 혈관 속에서나 지방이 굳지 않는다. 그뿐 아니라 생선 지방은 혈관을 막히게 하는 나쁜 콜레스테롤을 대체해 혈액이 원활하게 흐르게 하는 효과도 있다. 생선껍질 밑에 있는 미끌미끌한 지방 부분에는 동맥경화를 개선하는 데 매우 탁월한 EPA(에이코사펜타에노산,), DHA(도코사헥사엔산)가 풍부하게 함유되어 있다."

건강하려면 운동이 필수? 자주 걷기만 해도 충분

그는 "특별히 운동을 하지 않아도 좋다"면서 평소에 자주 걸으면 칼슘 보충효과가 있다고 설명한다.

"우리의 몸은 심장에서 전신으로 혈액을 흘려보낸다. 하지만 심장의 기능은 혈액을 흘려보내기만 할 뿐 되돌아오게 할 힘은 없다. 혈액을 다시 심장까지 돌아오게 하기 위해서는 제2의 심장이라고 불리는 종아리나 등 근육을 사용해야만 한다. 이 근육들이 수축됨으로써 일어나는 펌프 작용으로 혈액이 되돌아오는 것이다. 이를 위해 특별한 운동을 할 필요는 없다. 평소에 자주 걷기만 해도 된다. 그러면 심장박동 수가 크게 늘어나지도 않고 심장에 부담이 되지 않으면서도 종아리의 펌프 작용을 작동시킬 수 있게 된다."

술에 관한 얘기도 있다. 그는 "우리는 술로 복잡한 마음을 달래려고 하지만 이는 문제를 미루는 일에 지나지 않는다"며 "차라리 일찍 잠자리에 들어 하루쯤 머리를 식힌 다음 문제해결책을 찾는 것이 좋다"고 말한다.

"평생 섭취할 수 있는 알코올의 상한선은 남성의 경우 500kg, 여성의 경우 250kg이라고 한다. 와인 한 병(알코올 도수 12%, 한 병을 720ml로 환산)을 매일 마시면 연간 31.5kg에 상당한다. 청주 네 잔 정도를 매일 마시면 대략 연간 36.5kg이 된다. 즉 남성은 14~15년 정도면 총량에 도달하게 되고 여성은 7~8년이면 도달한다. 와인 한 병이 대략 여섯 잔이라고 했을 때, 하루 주량을 두 잔으로 자제하면 40년 정도는 매일 와인을 즐겨도 된다. 청주로 치면 한 잔 조금 넘는 정도가 될 것이다."

저자의 다른 책

• 《공복으로 리셋하라》

　나구모 요시노리 지음 | 황소연 옮김 | 북폴리오

• 《건강연습》

　나구모 요시노리 지음 | 나지윤 옮김 | 넥서스BOOKS

'행복 호르몬 95%' 뇌 아닌 장에서 나온다고?
《매력적인 장 여행》

기울리아 엔더스 지음, 배명자 옮김, 질 엔더스 그림, 와이즈베리 펴냄

우리가 몰랐던 장의 숨은 기능과 장 건강법

면역세포의 80%를 관할하면서 체내 건강감시국 역할을 하는 기관, 행복 호르몬 세로토닌 등 20여 종의 호르몬을 생산하는 곳, 뇌 다음으로 신경체계가 발달한 곳, 총 2kg 분량에 달하는 미생물 100조 마리가 영양소와 호르몬을 주고받는 곳…. 바로 우리의 장腸이다.

독일에서 나온 책《매력적인 장 여행》은 1년 이상 종합 베스트셀러에 오르면서 100만 부 판매를 돌파했다. 한국을 비롯한 23개국에도 소개됐다. 왜 하필 장일까.

저자인 젊은 의학도 기울리아 엔더스는 '우리가 등한시하고 오해했던 놀라운 신대륙이 곧 장'이라며 장의 숨은 기능과 생활 속의 장

건강법을 알려준다. 젊은 의학도답게 재기 넘치는 말투와 참신한 비유로 의학지식을 쉽게 풀어주기 때문에 읽는 재미가 쏠쏠하다. 과학 정보 커뮤니케이션 디자인을 전공한 질 엔더스(저자의 여동생)가 그린 삽화들도 유머러스하다.

장이 아프면 우울증까지 생긴다

그에 따르면 장에는 우리 몸에 사는 박테리아의 99%가 모여 있다. 장내 미생물 생태계의 균형이 깨지면 소화불량이나 변비 같은 장 질환만이 아니라 우울증이나 불안장애 같은 정서 질환, 과체중과 알레르기 등 만성 질환까지 따르게 된다. 몸과 마음 건강의 바로미터인 핵심기관인데 우리는 여전히 장을 홀대하고 있다. 장이 소화불량, 변비, 가스, 피부 트러블 등으로 온갖 신호를 보내고 있는데도 말이다.

그래서 저자는 "미생물 생태계의 비율이 중요하다"고 말한다. 다수의 좋은 박테리아와 일정 수의 나쁜 박테리아가 적절한 비율을 유지하는 게 좋다는 것이다. 나쁜 박테리아라도 면역체계를 일깨워 우리 몸을 단련시킨다고 한다.

대장은 왜 100조 마리나 되는 미생물에게 자리를 내줄까. 대장은 위나 소장도 소화하지 못한 찌꺼기들을 상대한다. 그런데 혼자 일하지 않고 각종 미생물에게 아웃소싱을 한다. 미생물들이 소화효소를 분비하고 음식물을 쪼개며 에너지를 만들어 장을 돌보고 비타민을 만들면서 독성분이나 약을 분쇄하도록 하는 것이다.

우리가 섭취하는 영양소의 10%는 이런 미생물들이 만들어준다고 한다. 그러고 보니 우리는 미생물과 밥상, 영양제, 약물을 함께 먹고 소화하는 공생관계에 있다.

요즘 한창 화제를 모으고 있는 프로바이오틱스(우리 몸에 좋은 역할을 하는 살아 있는 균)와 프리바이오틱스(프로바이오틱스의 먹잇감) 관련 얘기도 나온다.

그에 따르면 건강한 장에는 프로바이오틱스 박테리아가 많이 산다. 이들의 업무는 소화나 에너지 생산 말고도 다양하다. 낙산酪酸 같은 지방산을 생산하고 이를 장융모에 발라 융모를 건강하게 한다. 그러면 융모가 영양소를 더 잘 흡수하고 찌꺼기도 덜 남긴다. 결과적으로 좋은 영양소는 얻고 해로운 물질은 덜 내놓게 해준다.

프로바이오틱스는 장의 파수꾼 역할도 한다. 나쁜 박테리아가 정착하는 곳을 선점하거나 이들의 먹이를 빼앗아 굶주리게 만드는 방식이다. 소량의 항생물질과 산酸 같은 방어물질을 생산해 나쁜 박테리아를 쫓아내기도 한다.

프로바이오틱스가 장염이나 항생제 복용으로 인한 설사·염증, 면역체계 강화에 효과가 크다는 점은 이미 입증됐다. 그러나 항생제와 나쁜 식습관, 질병, 스트레스 등은 프로바이오틱스를 비롯한 미생물 생태계를 엉망으로 만든다.

따라서 거대한 장 미생물 생태계를 살리려면 적어도 10억 마리의 프로바이오틱스가 활동하게 섭취해야 한다고 그는 조언한다.

"프로바이오틱스는 면역체계에 좋다. 잔병이 많고 특히 감기에 잘 걸리는 사람이라면 다양한 프로바이오틱스를 시험해보기를 권한다. 돈이 많이 들어 부담스럽다면 매일 요구르트를 한 컵씩 먹어도 된다. 가벼운 증상이라면 꼭 살아 있는 박테리아여야만 하는 건 아니기 때문이다. 노인들과 지친 운동선수들이 정기적으로 프로바이오틱스를 섭취하면 감기에 걸리지 않거나 걸리더라도 가볍게 지나간다는 것이 몇몇 연구에서 증명되었다."

프로바이오틱스를 먹는 것뿐만 아니라 그들의 먹이인 프리바이오틱스를 챙겨주는 것도 중요하다. 프리바이오틱스는 몸에 좋은 박테리아들만 먹을 수 있는 식이섬유소다. 나쁜 박테리아는 먹을 수 없다. 하루 권장 식이섬유소는 30g이지만 대부분의 유럽인은 절반인 15g 정도만 섭취한다.

서구화된 한국인들의 식생활에서도 식이섬유소는 부족하다. 우엉과 양파, 삶아서 식혀 소화 저항성을 키운 감자 등이 좋다고 한다.

비만을 키우는 박테리아도 있어서 비만자들의 장에는 '뚱보 박테리아'가 많다. 뚱보 박테리아들은 탄수화물을 쪼개는데 필요 이상으로 알뜰하게 에너지를 뽑아 우리에게 전해준다. 박테리아가 콜레스테롤 같은 혈액 속의 지방에 관여한다는 것도 알려진 사실이다.

이처럼 장은 우리 몸속 '감시와 면역'의 중추다. 장은 어마어마한 면적과 거대한 신경망으로 우리 내부 세계의 정보를 수집하고 감시한다. "우리가 먹은 음식의 모든 분자를 알고, 여기저기 돌아다니는 호르몬들을 호기심 있게 살피고 피에 잡아두며, 면역세포의 안부를 묻고, 장 박테리아들의 숙덕거림을 의심스럽게 엿듣는다."

장이 면역세포의 80%를 관할하면서 장내 미생물들을 상대로 면역세포를 훈련시킨다는 얘기는 무슨 뜻일까. 면역세포는 방어 본능을 누른 채 박테리아들이 장에 살도록 내버려두고 100조 마리의 온갖 미생물을 관찰하면서 위험한 박테리아를 색출해내야 한다. 이는 생각보다 어려운 훈련이다. 어떤 박테리아들은 겉모습이 우리 체세포와 비슷하기 때문이다. 따라서 장 면역세포의 호전성과 분별력이 더욱 중요해진다.

장은 '제2의 뇌'

장의 기능 중 놀라운 게 또 있다. 뇌와 긴밀하게 협조하면서도 독립적으로 움직이는 장 신경체계의 역할이 그것이다. 뇌와 장 신경계의 연결을 끊어도 모든 것이 멀쩡하게 소화 절차에 따라 움직인다. 외부로부터 철저하게 격리되고 보호받는 뇌는 장을 통해 내부 세계의 소식을 듣는데, 이때 뇌와 장을 연결하는 핫라인을 미주신경이라고 한다.

뇌와 장의 상관관계를 다룬 실험 결과가 흥미롭다. 쥐를 작은 수조에 넣어두고 봤더니 우울한 쥐들은 오래 헤엄치지 못했고 스트레스에 취약했다. 장에 좋은 유산균(락토바실러스 람노서스 JB-1)을 먹인 결과 더 오래 의욕적으로 헤엄치고 혈액 속의 스트레스 호르몬도 적었다. 기억력과 학습 능력 테스트에서도 높은 점수를 받았다.

그러나 쥐의 미주신경을 자르자 이런 변화가 없어졌다. 사람도 특정 박테리아 혼합물을 4주간 복용했더니 감정과 통증을 담당하는 뇌 영역이 변했다고 한다.

항우울제(프로작)를 오래 복용하면 구역질, 설사, 변비 같은 부작용이 생긴다. 장 신경망이 뇌와 똑같은 신경 수용체를 갖고 있기 때문이다. 항우울제가 장과 뇌에 모두 작용한다는 얘기다.

그렇다면 장에만 작용하고 뇌에는 전달되지 않는 항우울제를 복용해도 기분이 좋아질까. 그렇다. 행복 호르몬으로 불리는 세로토닌의 95%를 장 세포가 생산한다. 세로토닌은 힘들게 근육을 움직이는 신경의 짐을 가볍게 덜어주고 뇌에 중요한 신호분자로 일한다. 그런 신호분자 생산에 급격한 변화가 생기면 뇌에 전혀 다른 메시지를 보낼 수 있다. 삶에 아무 문제가 없는데도 심한 우울증에 빠질 수 있는 것이다. 이럴 때는 머리가 아닌 장을 치료해야 한다고 그는 말한다.

장 미생물과 항생제의 관계 또한 주목할 만하다. 한 연구 보고서에 따르면 샌프란시스코 전 지역과 그 주변에서 지난 2년간 항생제를 먹지 않은 사람이 단 2명뿐이었다. 독일도 넷 중 한 명이 1년에 한 번은 항생제를 복용한다. 가장 빈번한 이유는 감기다.

그런데 모든 미생물학자는 이 얘기를 듣고 '총 맞은 것처럼' 아파한다고 한다. 무슨 말인가. 감기의 원인은 대개 박테리아가 아니라 바이러스이기 때문이다. 항생제는 박테리아만 공격한다. 그러니 감기에 걸렸을 때 항생제를 먹는 건 바보짓이다. 그럼에도 복용 후 차도가 있다면 그건 플라시보 효과이거나 면역체계의 업적이라고 한다.

그는 이처럼 우리가 몰랐던 '놀라운 장의 세계'를 유쾌하게 가르쳐준다. 불안장애나 우울증이 뇌가 아니라 배에서 오는 까닭, 알레르기를 치료하려면 소장부터 들여다봐야 하는 이유도 일깨워준다. '제2의 뇌'라는 장에 대한 '아래로부터의 혁명'을 체득하게 하면서 지적 호기심까지 충족시켜주는 책이다.

함께 읽으면 좋은 책

• 《매력적인 피부 여행》

　엘 아들러 지음 | 배명자 옮김 | 와이즈베리

• 《매력적인 심장 여행》

　요하네스 폰 보르스텔 지음 | 배명자 옮김 | 와이즈베리

외모보다 뇌 관리가 먼저다
《뇌미인》

나덕렬 지음, 위즈덤스타일 펴냄

65세 이상 노인의 9% 정도가 치매 환자라고 한다. 곧 치매로 발전할 수 있는 경도인지장애자까지 합치면 20%나 된다. '치매는 일종의 노화 과정'이고 유전적 요인이 크다고들 생각하지만, 이는 치매에 걸리는 수많은 이유 중 극히 일부일 뿐이라고 전문가들은 지적한다. 치매가 노년기에 갑자기 발병하는 게 아니라 20~30대부터 뇌 변화를 일으켜온 결과라는 얘기다.

20여 년 치매 환자 치료하며 연구한 결과 집대성

수많은 습관으로 인해 생긴 후천적 질병이 곧 치매이기 때문에 평소에 어떻게 생활하는가가 매우 중요하다고 한다. 그중에서도 뇌 관리를 잘하는 게 첫 번째라는데, 이를 통해 치매 자체를 예방하거나 극복할 수도 있다고 한다.

《뇌미인》은 20여 년간 치매 환자를 치료하며 연구해온 나덕렬 삼성서울병원 신경과장의 연구 결과를 집대성한 치매 예방 지침서다. 대한치매학회장을 지낸 그는 이 책에서 치매 예방법뿐만 아니라 치매에 걸렸더라도 덜 나빠지는 방법, 중증 치매에도 불구하고 남을 배려하는 마음으로 보호자를 힘들게 하지 않는 '예쁜 치매'가 될 수 있는 길까지 소개한다.

그가 말하는 치매 예방 솔루션의 첫 번째 조건은 뇌가 아름다운 '뇌미인'이 되는 것이다. 뇌미인은 얼굴 관리하듯 뇌를 관리해 뇌혈관에 기름때와 노폐물이 쌓이지 않도록 뇌를 깨끗하게 한 사람, 몸의 근육을 단련하듯 뇌 근육을 단련해 뇌를 튼튼하게 만든 사람을 말한다. 뇌미인이 되면 치매뿐만 아니라 뇌경색, 뇌졸중 등도 예방할 수 있다고 한다.

그에 따르면 치매는 크게 알츠하이머병과 혈관치매 2가지로 나뉜다. 그런데 알츠하이머병과 혈관치매의 위험요소를 다 갖춘 게 너무나 많다. 잘못된 식습관과 영양 부족, 운동 부족, 비만, 담배, 술, 당뇨, 고혈압, 심장병, 고지혈증, 만성 스트레스, 화병, 우울증, 사회활동 부족, 수면 부족, 수면 무호흡증, 저학력, 두뇌활동 부족, TV 시청, 반복되는 뇌 외상 등이 그렇다.

"얼굴이나 피부 관리, 옷 관리, 인맥 관리는 열심히 하면서 뇌 관리에는 신경을 못 쓰고 있어요. 얼굴이나 피부는 눈에 보이기 때문에 나빠지거나 상하면 바로 티가 나지만 뇌는 보이지 않기 때문에 관리할 생각을 못 하는 거죠. 뇌 관리법을 잘 모르니 더 큰 문제입니다."

뇌미인이 되기 위한 6가지 건강 수칙

그러면 어떻게 해야 할까. 그는 일상생활에서 쉽게 실행할 수 있는 뇌 관리법을 6개로 정리한다. 진땀 나게 운동하고, 인정사정없이 담배 끊고, 사회활동과 긍정적인 사고를 많이 하고, 대뇌활동을 적극적으로 하고, 천박하게 술 마시지 말고, 명을 연장하는 식사를 하라는 것이다. 그 머리글자를 딴 것이 곧 '진인사대천명盡人事待天命(노력을 다한 후에 천명을 기다린다)'이다. 이것을 하나씩 살펴보자.

• 진땀나게 운동하라

운동의 최대 수혜자는 뇌다. 뇌의 무게는 몸 전체의 2%밖에 되지 않지만 심장에서 나오는 피의 20%를 공급받기 때문이다. 운동을 하면 근육, 뼈, 심장뿐만 아니라 뇌 역시 튼튼해진다. 따라서 매일 운동하는 사람은 알츠하이머병에 걸릴 확률이 80%나 낮다.

• 인정사정없이 담배 끊으라

담배의 일산화탄소는 적혈구가 산소를 실어 나르는 효율을 떨어뜨리므로 우리 몸은 이를 보상하기 위해 적혈구를 많이 만들어낸다. 적혈구가 많아지면 핏속의 건더기가 많아져 피가 끈적끈적해지고 그 결과 혈관이 막힌다. 현재 흡연 중인 사람이 비흡연자에 비해

2년 후 알츠하이머병에 걸릴 확률이 3배 높고, 혈관치매에 걸릴 위험도 2배나 높다.

• 사회활동과 긍정적인 사고를 많이 하라

사람을 만나는 작은 행위 하나에도 후두엽의 시각피질, 감정센터의 편도체, 두정엽과 전두엽 등 뇌의 여러 부분이 바쁘게 움직인다. 사람들과 더불어 사회활동을 하면 뇌의 기능이 촉진되고 신경세포 간 연결이 활발하게 이루어진다. 또 사회활동이 활발한 사람은 뇌 손상이나 기능 저하에 대한 저항력이 커져 치매에 걸릴 위험이 낮아진다.

• 대뇌활동을 적극적으로 하라

텔레비전 시청 등 수동적인 정신활동만 하게 되면 인지장애에 걸릴 확률이 10%나 증가한다. 따라서 사고 집중력, 정확성과 기한을 요구하는 일 등 대뇌가 적극적이고 활발하게 움직일 수 있는 활동을 해야 한다. 좌뇌와 우뇌, 앞쪽 뇌, 뒤쪽 뇌의 활성법을 통해 대뇌활동을 활발하게 하는 게 좋다.

• 천박하게 술 마시지 말라

알코올은 뇌를 전반적으로 위축시키기 때문에 과음과 폭음은 인지장애에 걸릴 확률을 1.7배 높인다. 뇌의 대들보인 뇌량을 얇게 만들고 기억장애를 일으키는 베르니케뇌증에 걸릴 위험도 증가시킨다. 평생 마신 술의 양과 노년의 인지 기능은 비례한다. 같은 양의 술을 마신 경우라도 남성보다 여성에게 인지 저하 현상이 더 강하게 나타난다.

- 명을 연장하는 식사를 하라

비만인 사람이 3년 후 치매에 걸릴 확률은 정상 체중인 사람보다 1.8배 높다. 뇌 관리와 치매 예방을 위해서는 체지방 관리부터 해야 한다. 하지만 무리한 체지방 감량은 오히려 좋지 않다. 규칙적인 식사, 천천히 먹기, 고섬유 식단, 후식 줄이기 등이 명을 연장하는 식사법이다.

이 같은 방법을 통해 치매를 예방하고 치료도 얼마든지 할 수 있다고 한다. 화투를 치면 치매 예방에 좋다는 얘기도 일리가 있다고 한다. 뇌는 반복할수록 유연성이 커지기 때문이다. 그는 "뇌의 유연성을 기르기 위해 앞쪽 뇌를 키우라"며 SWAP를 권한다. 'Speaking(말하기), Writing(글쓰기), Active Discussion(토론), Presentation(발표)'을 적극 활용하라는 것이다.

외국어 공부, 선공부 후놀이 등 앞뇌 키우는 습관

앞쪽 뇌를 키우는 좋은 습관 10가지도 눈여겨볼 만하다. 먼저 5가지부터 보자. '외국어 공부-9년을 목표로 잡아라', '꿈과 목표 갖기-마음속 깊은 곳에서 간절히 원하는 것을 찾아라', '작은 일을 반드시 마무리한다-작은 목표를 세워 성취감을 맛보라', '선先공부 후後놀이 규칙을 지킨다-금요일 저녁 영화를 보기 전에 각자 밀린 일 마무리하기', '남의 답을 보기 전에 나의 답부터 찾자-답을 보지 않고 생각할 때 전두엽이 발달한다'가 그것이다.

　나머지 5가지는 '짧은 시간이나마 운동을 매일 반복한다 – 운동은 미친 실행력을 부른다', '뒤쪽 뇌를 자주 닫고 명상이나 사색을 즐겨라 – 눈감기, 명상, 사색, 기도, 조용한 곳 찾기, 명상은 액티브한 활동이다', '위아래 방식으로 살아라 – 돈이 있어야 한다는 조건은 아래위 방식이다. 조건에 상관없이 행복하다는 위아래 방식으로 화평의 근원을 만들어라', '사람을 소중히 여겨라 – 일상생활에서 만나는 사람들에게 집중하라', '흔들리지 않는 나무가 돼라 – 절제, 조절, 인내는 전두엽에서 나온다'로 요약된다.

　이런 제언들을 통해 그는 겉만 가꾸는 성형미인보다 두뇌를 가꾸는 뇌미인이 진짜 아름다운 사람이라는 진리를 일깨워준다.

'진인사대천명' 뇌 관리법

- 진-진땀나게 운동하라
- 인-인정사정 없이 담배 끊으라
- 사-사회활동과 긍정적 사고를 하라
- 대-대뇌활동을 적극적으로 하라
- 천-천박하게 술 마시지 말라
- 명-명을 연장하는 식사를 하라

6장

새들은 바람이 가장 센 날 집을 짓는다

당신을 살아가게 하는 힘은 누구입니까
《당신이 없으면 내가 없습니다》

정호승 지음, 해냄 펴냄

우리시대 대표 서정시인이 전하는 가슴 따뜻한 이야기

"완도의 찐빵은 맛이 있었다. 저녁을 먹었으니까 맛이 있어도 하나만 먹어야지 하고 생각했으나 너무 맛있어서 한 개 더 집어 들었다.

그때 건너편 자리에서 남편하고 저녁을 먹고 있던 주인아주머니가 '찐빵만 먹지 말고 저녁 같이 먹어요' 하고 말했다. 순간, 나도 모르게 가슴이 뭉클했다. 이해관계가 전혀 없는, 모르는 사람한테 '밥을 같이 먹자'는 말을 들은 것은 군 복무를 하던 20대 때 부대 인근 마을 사람한테서 들어보고 처음이었다.

주인아주머니는 그냥 빈말이 아니라 내가 먹겠다고 하면 정말 같이 먹겠다는 듯 와서 의자에 앉으라는 눈짓을 했다. 아마 내가 객지 사람인 듯한데 찐빵으로 저녁을 때운다 싶었던 모양이다."

6장 새들은 바람이 가장 센 날 집을 짓는다

정호승 시인의 산문집 《당신이 없으면 내가 없습니다》에 나오는 얘기다. 첫머리에서 이 일화를 들려주며 그는 "누구하고 같이 나눠 먹을 사람도 없는데 찐빵을 열 개나 사서 가게를 나왔다"고 했다.

그러면서 까맣게 잊고 있던, 경북 영주에서 안동 가는 시외버스를 같이 탔던 한 아주머니를 떠올린다. 버스가 도착했을 때 옆자리 아주머니가 그를 보고 "아이고, 커튼을 계속 잡고 있었더니 팔이 아파 죽겠네" 하며 활짝 웃었다.

한 시간 이상을 계속 졸기만 하던 그는 아주머니가 자기 얼굴에 내리쬐는 햇빛을 커튼으로 내내 가려준 줄 몰랐던 것이다.

아무 조건 없는 모성적 사랑의 기억은 중학생 때 찾아갔던 외할머니 집으로 이어진다. 반기는 기색이 없어 못내 섭섭하던 그는 새벽에 자다 일어나 예상치 못한 장면과 마주한다. 손자가 자는 방구들이 식었을까 봐 첫새벽에 일어나 말없이 군불을 때는 외할머니를 보게 된 것이다.

삶의 가치는 가장 가까운 곳에 있어

이런 얘기들 끝에 그는 톨스토이의 명언을 되새긴다. "세상에서 가장 중요한 때는 지금이고, 가장 중요한 사람은 지금 함께 있는 사람이며, 가장 중요한 일은 지금 곁에 있는 사람을 위해 좋은 일을 하는 것이다."

그리고 한마디 덧붙인다. "인생은 단 한 사람을 위해서도 살아갈 가치가 있다는데, 내게 살아갈 가치를 주는 사람을 내가 어떻게 사랑하고 있는지 깊어가는 이 봄밤에 생각해본다."이렇게 가슴 뭉클하면서도 담백한 이야기를 따라가다 보면 일상의 희로애락에 깃든 삶의 의미를 하나씩 발견하게 된다.

우리 시대 대표 서정시인답게 글맛도 좋고 시선도 부드럽다. 2년간 동아일보에 연재한 '정호승의 새벽편지' 30편에 새로 쓴 산문 41편을 더한 것이다. 박항률 화백의 따뜻한 그림 29점이 함께 실려 있다.

문인들과 관련된 이야기도 제법 많다. 신촌 '문하의 거리'에서 고故 최인호 작가 사후의 핸드프린팅 동판을 쓰다듬으며 고인과 나눈 대화에서는 "원고지 위에서 죽고 싶다"던 최인호 작가의 마음이 아프게 전해져온다.

"다른 작가의 글귀는 다 자필이었으나 최인호 선생의 글귀만은 자필이 아닌 활자체 글씨로 새겨져 있었다. 자필 글귀를 받아야 할 시점에 그만 최인호 선생께서 작고하시는 바람에 미처 받지 못했다. 그의 두 손 또한 유족의 허락을 받아 영안실에서 핸드프린팅 작업을 한 거였다. 한동안 가슴이 먹먹해졌다.

문학의 거리 동판에 새겨진 손은 다들 생존 작가의 손이었지만 최인호 선생의 손만은 사후의 손이었다. 그러고 보니 그의 손가락 끝은 유달리 잔주름이 많이 있고 왼손이 조금 휘어져 있어 사후에 프린팅한 손임을 짐작하게 해주었다."

예순이 넘은 김용택 시인의 여전한 동심을 부러워하는 것도 재미

있다. 그보다 두 살 아래인 그 역시 어릴 적 동심을 그대로 간직한 '만년 소년'이다. 그래서인지 틈만 나면 어린 시절 이야기로 돌아간다. '검정 고무신의 추억'도 그중 하나다.

"섬돌 위에 흰 고무신과 검정 고무신 한 짝이 나란히 놓여 있는 것을 보고 방 안에 누가 와 있는 줄 대뜸 알아차리던 시절은 이미 다 지나갔다.

모내기철에 시골에 갔다가 논둑 위에 막걸리 주전자와 김치보시기와 고무신 몇 켤레가 한데 어우러져 있는 모습을 보면 왠지 가슴이 찡해지곤 했는데 이젠 그런 풍경도 만나기 어렵다. 일상에서 발견할 수 있는 한국적 아름다움이 점차 사라지고 있는 것이다."

그러면서 '신발은 인간 삶의 도정을 나타내는 상징적 의미를 지닌다'는 성찰을 보탠다. 누가 "그 사람 신발 벗었어" 하고 말하면 이미 이 세상 사람이 아니라는 걸 나타내는데, 그는 외할머니를 화장하고 돌아와 쪽담 위에 고이 놓여 있는 코고무신을 발견하고 눈물 쏟던 시절을 오버랩시킨다.

2013년 돌아가신 아버지와의 추억도 짠하게 다가온다.

"'밖에 눈 오나?' 약간 떨리는 아버지의 목소리에는 첫눈 내리는 바깥 풍경을 보고 싶어 하는 느낌이 담겨 있었다. 얼른 밖에 나가 일부러 눈을 잔뜩 맞고 와서 '아버지, 눈 온 거 한 번 보세요' 하고 말했다. 그리고 다시 밖에 나가 한 움큼 눈을 뭉쳐 와 아버지 손에 놓아드렸다. '참다!' 말씀은 그렇게 하셨지만 아버지는 싫어하는 기색이 아니었다. 그날 나는 아버지와 눈사람을 만들고 싶었다. 아버지의 손을 잡고 눈 내리는 골목길을 걷고 싶었다.”

'부모는 활이고 자식은 화살이다'에서는 어른으로서 감당해야 할 것들에 대한 얘기, 군에 간 아들에게 쓴 편지 '너는 네 인생의 주인이 되라'에서는 부모로서 해주고 싶은 얘기가 담겨 있다.

'삶은 이기는 게 아니라 견디는 것이다'에서는 그저 잊어버리고 싶은 일들도 완성을 향해 가는 인생의 소중한 일부가 된다는 것을 알려준다. 홀로 삭여야 할 실패도, 함께 겪어야 할 슬픔도 사람으로 태어났다면 누구나 한 번쯤 겪는 일이며 그 가운데에서 삶을 담담하게 완성해가야 한다는 것을 일깨운다.

“새들은 바람이 가장 강하게 부는 날 집을 짓는다. 강한 바람에도 견딜 수 있는 튼튼한 집을 짓기 위해서다. 태풍이 불어와도 나뭇가지가 꺾였으면 꺾였지 새들의 집이 부서지지 않는 것은 바로 그런 까닭이다. 그런데 바람이 강하게 부는 날 집을 지으려면 새들이 얼마나 힘들겠는가. 바람이 고요히 그치기를 기다려 집을 지으면 집짓기가 훨씬 수월할 것이다. 나뭇가지를 물어오는 일도, 부리로 흙을 이기는 일도 훨씬 쉬울 것이다. 그러나 그 결과는 좋지 않을 것이다.”

'작가의 말'에 들어 있는 마지막 문장도 긴 여운을 남긴다. “내가 있기 때문에 당신이 있는 게 아니라 당신이 있기 때문에 내가 있습니다. 이 책을 어둠의 가치를 소중하게 생각하며 인생의 새벽을 기다리는 당신에게 바칩니다.”

사막을 헤매는 우리 시대의 수많은 그대에게
《그대 언제 이 숲에 오시렵니까》

|

도종환 지음, 좋은생각 펴냄

"그대 혹시 사막에 계시지 않는지요? 한 손에 경전을 들고 일사
불란하게 지도자를 따라가면서도 불안함을 떨칠 수 없어 다른 손
에 무기를 숨겨둔 채 살고 있진 않는지요? 지켜야 할 수많은 계율이
있고 도처에 원수가 숨어 있으며 경쟁과 싸움을 피할 수 없어서 불
안하다면 그대는 사막에 있는 것입니다. 숲에는 원수가 없습니다.
그대 언제 이 숲에 오시렵니까?"

도종환 시인은 산문집 《그대 언제 이 숲에 오시렵니까》에서 '경
전'과 '무기'를 들고 사막을 헤매는 우리 시대의 수많은 '그대'에게
이렇게 속삭인다. '살아남아야 한다는 강박관념과 일사불란한 지휘
통제를 따라 경전과 무기를 든 채 잠시도 긴장을 늦추어서는 안 되
는 삶'에 쫓기지 말고 '숲의 원융을 발견하라'고.

숲에는 '서로 하나가 되어 함께 공존하는 일체감과 원융합일의

세계'가 있고 '원수 대신 내 안의 어둠을 걷어내고 찾아내야 할 신성'과 '내 안에도 있고 나무에게도 있고 병아리를 품고 있는 어미닭에게도 있는 아트만(참 자아), 저마다의 하느님'이 있다는 것이다.

그것은 '내 삶의 주체가 바뀌고 있는 것을 알게' 해주는 가르침이기에 더욱 값지고 소중하다. 시인은 이를 '숲이 가르쳐주는 청안한 삶'이라고 말한다.

이쯤 되면 세상에서 가장 가까이 있는 꽃의 의미도 알게 된다.

"꽃 한 송이 사람 하나가 소중하게 여겨지지 않으면 잠시 삶의 걸음을 멈추어야 합니다. 가까운 곳에 아름답고 소중한 것이 있는데 그걸 못 보고 끝없이 다른 곳을 찾아다니는 게 우리 삶이기 때문입니다."

숲에서 쓴 시인의 산방일기

그의 산문집은 천천히 읽어야 맛이 난다. 행간마다 나뭇잎의 움직임과 숲의 향기가 배어 있기 때문이다. 시적인 문장에 은유와 상징의 함축미까지 듬뿍 담겨 있어 책갈피를 함부로 넘길 수 없다.

숲에서 쓴 시인의 산방일기. 아무 페이지나 읽어도 마음이 청량해진다. 58꼭지의 글이 모두 시 같다. 이는 '흔들리며 피는 꽃'의 의미를 누구보다 잘 아는 시인의 내공 덕분이다.

그는 1980년대 초 동인지 〈분단시대〉에 〈고두미 마을에서〉 등을 발표하며 등단해 교사와 시인의 길을 함께 걸었다. 1989년 전교조

활동으로 해직되고 감옥에 갇혔다가 10년 만에 복직했는데, 그만 자율신경실조증으로 쓰러져 다시 교단을 떠났다.

이 같은 슬픔과 절망을 안고 그가 찾아든 곳이 바로 숲이다. 그는 아픈 몸을 이끌고 숲에 들어갔던 5년 전의 상태를 "몸과 마음은 거덜 나 있었다"고 썼다. 몸은 병들었고 마음도 황폐한 사막처럼 모래먼지가 날렸다고 했다.

숲은 지칠 대로 지쳐 있었던 그를 내치지 않고 받아주었으며 '마음속에 있는 것들을 하나하나 꺼내게 하여 골짜기 물로 닦아주었고 나뭇잎의 숨결로 말려'주었다. 그 숲이 '바람의 손길로 병든 몸과 마음을 다스리며 들려준 이야기'를 옮겨 적은 것이 이 산문집이다.

"잔이 되지 말고 호수가 되게나"

매사에 불만이 많아 늘 투덜거리는 스님이 있었답니다. 어느 날 큰 스님이 그를 불러 소금을 한 줌 가져오라고 일렀습니다. 그러고는 소금을 물잔에 넣게 하더니 그 물을 마시게 했습니다. 큰 스님이 물었습니다. "맛이 어떠냐?"

"짭니다." 제자가 얼굴을 찡그리며 대답하였습니다. 큰 스님은 다시 소금을 한 줌 가져오라 하시더니 근처 호숫가로 데리고 갔습니다. 소금을 호수에 넣고 휘휘 저은 뒤 호수의 물을 한잔 떠서 마시게 했습니다.

"맛이 어떠냐?" "시원합니다." "소금맛이 느껴지느냐?" "아니요."

그러자 큰스님은 말하였습니다. "인생의 고통은 소금과 같다네. 하지만 짠맛의 정도는 고통을 담는 그릇에 따라 달라지지. 잔이 되는 걸 멈추고 스스로 호수가 되게나."

시인이 들려주는 이야기에 천천히 귀가 열린다. 그의 목소리는 나지막하고 부드럽다. 그래서 여운이 더 길다.

위의 큰스님 얘기도 그의 음성으로 들으면 훨씬 울림이 크다. 그가 덧붙이는 단상 또한 웅숭깊다.

"큰스님이 말씀처럼 고통도 담는 그릇에 따리 달리 질 수 있습니다. 내 마음이 물잔만 하면 늘 얼굴을 찡그리고 살게 됩니다. 그러나 그 고통을 녹일 수 있는 크고 넓은 수량을 지니고 있으면 내게 오는 고통은 오면서 서서히 녹아 흔적 없이 사라집니다. 마음의 크기는 내가 마음을 어떻게 쓰느냐에 따라 커지기도 하고 작아지기도 합니다. 마음을 크게 쓰는 훈련이 수양이며 극기입니다. 배움이나 기도나 성찰이라는 것이 다 물빛을 다스리는 일입니다. '저 사람은 그릇이 큰 사람이야'라는 말이 바로 이런 경우를 두고 하는 말이 아닌가 싶습니다."

'~구나, ~겠지, ~감사'의 마음

산방생활은 시인에게 '전속력으로 질주하던 삶의 태도를 늦추고' 홀로 고요하게 내면을 바라볼 기회를 주었고, 먼지 쌓인 세상의 삶을 맑은 거울로 비춰보게 해주었다.

그가 들려주는 용타 스님의 말씀에도 밑줄을 긋고 싶다. '~구나, ~겠지, ~감사'의 마음 자세. 뒷마당에서 손도끼로 참나무 잔가지를 치다가 잘못해서 장갑 끝이 찢어진 순간 저도 모르게 "에이!" 할 때 떠올렸다는 그 말씀이다.

그 덕분에 이제는 앞에 가는 차가 꾸물댈 때 '앞차가 천천히 가는구나', '무슨 사정이 있겠지', '덕분에 안전하게 갈 수 있으니 감사해야 할 일 아닌가' 하고 생각할 줄 알게 됐다. 아울러 '덜 어리석고 덜 분노하고 덜 추한 모습으로 살아가는' 지혜도 얻게 됐다.

더구나 시인은 손도끼에 찢어진 장갑을 버리지 않고 그 장갑으로 지금도 나무를 하며 도리어 고맙게 여긴다고 하지 않는가.

요즘처럼 고단하고 힘들 때, 자꾸 생각이 성글어지거나 남을 배려하는 마음이 줄어들 때 숲에서 배운 시인의 인사말처럼 "청안淸安하십니까?" 하고 따뜻한 안부 인사를 더 자주 건네야겠다.

함께 읽으면 좋은 책

• 《섬진강, 들꽃에게 말을 걸다》 송만규 지음 | 비앤씨월드

시의 행간에 숨겨진 위로의 손
《국민의사 이시형 박사의 위로》

이시형 지음, 생각속의집

《국민의사 이시형 박사의 위로》에는 49편의 시가 실려 있다. 그중 한 편을 들춰본다.

근심에 가득 차, 가던 길 멈춰 서서
잠시 주위를 바라볼 틈도 없다면 얼마나 슬픈 인생일까?

나무 아래 서 있는 양이나 젖소처럼
한가로이 오랫동안 바라볼 틈도 없다면

숲을 지날 때 다람쥐가 풀숲에
개암 감추는 것을 바라볼 틈도 없다면

햇빛 눈부신 한낮, 밤하늘처럼

별들 반짝이는 강물을 바라볼 틈도 없다면

아름다운 여인의 눈길과 발

또 그 발이 춤추는 맵시 바라볼 틈도 없다면

눈가에서 시작한 그녀의 미소가

입술로 번지는 것을 기다릴 틈도 없다면

그런 인생은 불쌍한 인생, 근심으로 가득 차

가던 길 멈춰 서서 잠시 주위를 바라볼 틈도 없다면.

(윌리엄 헨리 데이비스의 〈가던 길 멈춰 서서〉)

이 시를 쓴 윌리엄 헨리 데이비스는 누구보다 고생을 많이 한 영국의 '걸인 시인'이다. 어릴 때 부모를 여의고 할머니 밑에서 가난하게 살았다. 열세 살 때 물건을 훔치다 들켜 퇴학당하고 공장에서 일했다.

할머니가 돌아가신 뒤에는 고향을 떠나 걸인 생활을 했다. 스물여덟 살 때에는 금맥이 터졌다는 소문을 듣고 미국 서부로 가는 화물열차에 뛰어오르다 떨어지는 바람에 한쪽 다리를 절단했다. 영국으로 돌아온 뒤에는 외다리로 거리를 떠돌며 종이 한 장에 몇 편의 시를 인쇄해 집집마다 다니며 팔았다.

그런 그가 인생의 쉼표와 여유를 노래한 것이다. 그의 시에는 뾰족한 직선의 세상을 둥글게 보듬어 안는 곡선의 힘이 담겨 있다. 그는 일에 쫓겨 허덕거릴 때마다 가던 길을 멈추고 잠시 주위를 둘러보자고 말한다.

사실 "나무 아래 서 있는 양이나 젖소처럼 / 한가로이 오랫동안 바라볼 틈"만 있어도 충분하다. "다람쥐가 풀숲에 / 개암나무를 감추는 것"이나 "별들 반짝이는 강물"까지 바라볼 수 있다면 더욱 좋다. 그 여유가 아름다운 여인의 눈과 발, 춤추는 맵시, 입술에 번지는 미소를 발견하게 하고 신정한 인생의 의미도 깨닫게 해준다.

세로토닌 포엠으로 마음을 건강하게

이시형 박사는 모든 것이 풍족해졌는데도 우리가 불안한 것은 마음이 허하기 때문이라고 지적한다. 건강한 몸을 위해서는 시간과 돈을 펑펑 쓰면서도 마음의 문제는 방치한다는 것이다. 언제부터인가 우리는 자신의 마음뿐만 아니라 가까운 사람들의 마음도 들여다볼 여유 없이 살아간다. 이렇게 소통하지 못한 마음이 어느 날 불쑥 고개를 들고 상처로 다가온다.

그래서 그는 "몸이 아프면 약을 먹듯 마음의 상처도 정성껏 다독여줘야 잘 아문다"며 '위로'라는 마음의 처방전을 건넨다. 그 처방의 첫 항목이 좋은 시다. 건강한 시를 읽으면 뇌 속의 세로토닌 분비를 촉진시켜 평온한 마음을 유지할 수 있다고 한다. 이런 의미에서 그는 건강한 시를 세로토닌 포엠serotonin poem이라 하고, 시를 읽고 얻는 마음의 평온을 세로토닌 마인드serotonin mind라고 부른다.

이 책에 실린 시와 저자의 산문은 '마음건강'을 챙기는 '영혼의 알약'이기도 하다. 그는 '외롭고 쓸쓸한 마음'에는 김재진 시인의 〈누구나 혼자이지 않은 사람은 없다〉를 들려주며 마이너스 감정인 고독감孤獨感이 아니라 플러스의 힘인 고독력孤獨力을 키워보라고 조언한다. 고독감이 수동적이고 감상적인 마이너스의 감정이라면 고독력은 능동적인 마음 상태로 혼자 설 수 있는 플러스의 힘을 의미한다는 것이다.

"누구나 자다 깨어 문득 세상에 혼자 버려진 것 같은 외로움에 몸서리쳐질 때가 있을 겁니다. 그럴 때면 서늘한 가슴을 쓰다듬으며 창가에 서보십시오. 깊고 푸른 어둠의 순간을 즐기며 더없이 또렷하고 밝게 빛나는 별 하나가 보일 겁니다. 그 하나의 별을 아름답게 빛나게 하는 힘, 그게 바로 고독력입니다."

마음의 진통을 치유하는 '위로'의 힘

습관적으로 찾아오는 불안한 마음에는 이해인 수녀의 시 〈어떤 결심〉을 읽어주며 자신을 망가뜨리는 나쁜 불안과 자신을 보호하는 좋은 불안을 분별하라고 말한다.

"불안은 가족과도 같아서 싸워 이길 수도, 싫다고 헤어질 수도 없습니다. 그러니 평생을 함께 살아가려면 차라리 잘 지낼 수 있는 방법을 찾을 수밖에요. 뿐만 아니라 불안은 상처와도 같아서 건드리면 더욱 성을 냅니다. 그러니 있는 그대로를 받아들일 수밖에 없습니다."

삶과 죽음 문제에 관해서는 천상병의 〈귀천〉을 인용하며 꿈과 열정의 순간이 얼마나 소중한지를 일깨운다.

"누구에게나 반드시 찾아오는 죽음 앞에 우리가 할 수 있는 일은 오늘이 생의 마지막인 것처럼 온몸을 불태워 살아가는 일뿐입니다. 그리고 꿈을 버리지 않는 것입니다. 나의 꿈은 백 살을 맞아 코엑스에서 건강을 주제로 강연을 하는 것입니다. 그 꿈을 이루기 위해 꾸준히 건강도 관리하고 공부도 게을리 하지 않습니다. 그 생각만 하면 가슴이 벅차고, 엄청난 에너지가 몸속에서 꿈틀거려 기분까지 좋아집니다."

그는 일상생활뿐만 아니라 연애와 결혼, 가족관계, 대인관계, 직장생활 등 다양한 상황에서 겪는 마음의 진통에 대해서도 부드러운 처방약을 제시한다.

사무엘 울만의 〈청춘〉을 통해서는 긍정의 힘을 이야기한다.

"누군가 노인력老人力이라는 매력적인 말을 한 기억이 납니다. 건망증이 오거든 '나쁜 것, 싫은 것들을 잊을 수 있는 능력'이 생긴 거라고 믿고, 정력이 떨어지거든 '세속적 욕구에 집착하지 않을 능력'이 생긴 거라고 받아들이라고 합니다. 생각을 바꾸면 새로운 능력이 생깁니다. 바로 긍정의 힘이지요."

행복도 불행도 자신의 마음 안에서 보였다가 사라진다는 것. 특히 자기위로의 힘이 강한 사람은 인생의 어려움에 직면했을 때 쉽게 절망하지 않는다고 한다. 위로는 마음의 친구이기 때문이다. 이 같은 위로의 힘은 상처에서도 꽃향기를 발견하는 원숙의 세계로 우리를 이끈다.

함께 읽으면 좋은 책

• 《픽스 유》 정현주, 윤대현 지음 | 오픈하우스
• 《늘 괜찮다 말하는 당신에게》 정여울 지음 | 민음사

슬픔을 치유하는 방법
《이별한다는 것에 대하여》

채정호 지음, 생각속의집 펴냄

독일의 한 주부가 교통사고로 하루아침에 딸을 잃었다. 등교하다 그만 사고를 당한 것이다. 갑자기 자식을 잃은 엄마의 마음은 얼마나 아플까. 견디기 힘든 날들과 불면의 밤이 이어졌다. 예기치 못한 상실의 아픔은 이루 말할 수 없이 컸다. 이대로 삶을 포기하고 싶을 정도였다.

어느 날 그녀는 정신을 차렸다. 어떻게 해서든 슬픔에서 벗어나는 방법을 찾아야 했다. 그래서 자신처럼 소중한 이를 잃은 사람들과 함께 '슬픔을 나누는 모임'을 만들었다. 그녀는 남편을 먼저 보낸 사람과 이혼한 사람, 부모님을 여읜 사람, 자녀를 잃은 부모 등 아픈 사연을 가진 사람들과 함께 서로의 상실을 이야기하는 시간을 가졌다. 조용한 음악을 들으며 떠난 이를 애도하거나 이별의 편지를 낭독하면서 상실의 슬픔을 달랬다.

"이제야 좀 살 것 같습니다. 마음껏 이야기하며 슬퍼할 수 있는 이 시간이 너무 감사합니다." 이들은 비슷한 슬픔을 가진 사람들을 만나 이야기를 나누면서 스스로 심리적인 안정을 찾았다. 이른바 말의 힘이 주는 치유의 비밀이었다.

가톨릭대학교 정신과 교수인 채정호 서울성모병원 정신건강의학과장은 애도 심리 에세이 《이별한다는 것에 대하여》에서 이런 사례를 들려주며 "상실의 슬픔을 억누르지 말고 솔직하게 드러내면서 스스로 회복하는 힘을 얻는 게 중요하다"고 말한다.

그렇지 않고 상실감이 지나쳐 병적 애도에 빠지면 분노, 우울, 망각, 불안, 중독, 충동, 냉소와 불신 등 7가지 병을 앓게 된다는 것이다. 상실 이후 사소한 일에도 자주 화를 내는 화증, 수시로 기분이 가라앉고 무기력한 상태에 빠지는 우울증, 가끔씩 호흡이 가쁘거나 식은땀이 나면서 신체적 이상까지 동반하는 불안증, 괴로움을 잊고자 술이나 쇼핑, 도박 등에 빠지는 중독증 등이 그렇다. 충격적인 상실을 겪으면 일시적으로 기억을 잃어버리는 망각 증세까지 보일 수 있는데, 이를 방치하면 외상 후 스트레스 장애로 악화된다고 한다.

상실의 아픔을 이겨내려면 충분히 슬퍼하라

저자는 상실 후에 밀려드는 후회와 자책, 분노 등의 슬픈 감정들을 떠나보내기 위해 '실컷 울기', '힘들다고 말하기', '충분히 슬퍼하기'의 3가지 방법을 제안한다.

첫째, 실컷 울어라. 울 수 있는 사람이 건강하다. 눈물을 흘리면서 슬픔의 감정도 덜어내야 마음의 응어리가 남지 않는다.

"마더 테레사 수녀는 '상처받지 않을 만큼만 사랑한다면 당신이 받은 상처는 결코 치유되지 않을 것입니다. 오직 더 크게 사랑할 때에만 상처는 치유될 것'이라고 말했다. 그렇다. 세상의 어떤 일도 피하는 것으로 해결되지 않는다. 자신의 상처가 드러나는 게 두려워서 피하기만 하면 그 상처는 평생 그림자처럼 나를 따라다닐 것이다. 중요한 순간마다 나의 생각과 선택을 흔들어대며 나의 발목을 잡을 것이다."

둘째, 힘들다고 말하라. 상실 앞에서 강한 사람은 없다. 힘들다고 말하고 주위에 도움을 청하라. 되도록 생각은 적게 하고 대화를 많이 하는 것이 어지러운 감정을 정화하는 데 도움이 된다. 딸을 잃은 독일 주부가 주변 사람들과 함께 '슬픔을 나누는 모임'을 만든 것도 이 때문이다.

셋째, 충분히 슬퍼하라. 밥을 지을 때 뜸 들이는 시간이 필요하듯 슬픔의 감정도 하루아침에 정리할 수 없다. 충분히 슬퍼할 수 있는 시간을 갖는 게 좋다. 서두르지 말고 천천히 떠나보내라.

설문조사에 의하면 아내와 사별 후 홀로 된 남편에게서 발병률과 사망률이 평균보다 더 높게 나왔다. 55세 이상의 상처한 남자 5500명을 조사한 결과 부인이 사망한 지 6개월 이내에 213명이 사망했는데, 이는 같은 연령 집단의 사망률보다 40%나 높은 것이다. 그리고 6개월 후에야 이들의 발병률과 사망률이 평균을 회복했다.

중대한 상실을 겪었다면 6개월 이후에도 충분히 애도의 시간을 가져야 한다.

저자는 이처럼 "어서 빨리 마음을 추스르는 것보다 충분히 슬퍼할 수 있는 시간을 갖는 게 좋다. 생리적으로 드러내야 빨리 낫는다"고 조언한다. 그가 만난 사람 중에도 상실 후 상처가 깊어진 경우가 있는가 하면 오히려 마음이 더 단단해진 경우도 있었다.

그는 상실 후 6개월에서 1년 동안 여러 감정의 기복을 잘 견디면 심리적으로 안정을 찾는 것으로 본다. 그러나 1년이 지나도 여전히 고통스럽다면 이는 병적인 애도에 가까운 것이어서 전문가의 도움을 받는 게 좋다고 한다.

《나니아 연대기》를 쓴 C. S. 루이스도 아내가 세상을 떠난 뒤 "속이 울렁거리고 안절부절못하며 입이 벌어지고 연신 침을 삼킨다"고 고백했다. 상실의 급성기急性期에는 먹을 수도, 잠을 잘 수도, 일을 할 수도 없고 심지어 숨 쉬는 것조차 버겁다. 그러나 이럴 때일수록 감정의 출구가 필요하다. 밀려드는 후회와 자책, 분노 등을 감정의 출구로 잘 떠나보내야 한다. 슬픔의 감정을 잘 떠나보내기 위해서는 그만큼의 애도 시간이 필요하다.

이별을 잘 극복하면 삶을 재정비하는 기회가 되기도

바닷가재 이야기도 이런 관점에서 공감을 준다.

"바닷가재는 1년에 한 번씩 자신의 껍질을 벗어버린다. 자신의 몸이 그대로 노출되어 위험할 수 있는데도 과감히 껍질을 벗는 것이다. 껍질을 상실해야만 재생산이 유리하기 때문이다. 나의 상처도 때가 되면 떠나보내야 한다. 미련 때문에, 상처 때문에, 분노 때문에 아직 마음속에서 그 누군가를 보내지 못하고 있다면 이제는 잘 떠나보내자. 그리고 새로운 나의 삶을 이어가자."

저자의 말처럼 상실은 2개의 문을 선사한다. 하나는 슬픔으로 잠겨 있는 닫힌 문이고, 다른 하나는 새로운 삶으로 향하는 열린 문이다. 상실의 강을 건너온 사람이라면 이제 미지의 바다로 향하는 새 삶의 문을 두드려야 마땅할 것이다. 잃어버린 새싹의 움이 그곳에서 뿌리를 내릴 것이기 때문이다.

"가슴 아픈 이별을 경험했다고 해서 내 안의 사랑이 모두 없어져 버리는 것은 아니다. 이별을 겪기 전에는 결코 이해하지 못했던 삶의 지혜도 보이기 시작한다. 이별은 내 삶을 새롭게 재정비하는 기회가 될 수 있다."

함께 읽으면 좋은 책

• 《좋은 이별》 김형경 지음 | 사람풍경
• 《애도 일기》
　롤랑 바르트 지음 | 김진영 옮김 | 이순(웅진)

진정한 사랑을 구하는 순간 찾아오는 기적
《피에트라 강가에서 나는 울었네》

파울로 코엘료 지음, 이수은 옮김, 문학동네 펴냄

한 여자가 있다. 지극히 평범한 삶을 꿈꾸는 스물아홉 살 처녀. 고향에서 공무원 시험을 준비하던 그녀에게 어느 날 한 남자의 편지가 도착한다. 오래전 더 넓은 세상을 찾아 고향을 떠났던 동갑내기 친구의 편지였다. 그는 마드리드에서 열리는 자기 강연회에 꼭 와달라고 부탁했다.

그녀는 꼬박 네 시간을 달려 그곳에 도착했다. 그러나 그는 11년 전의 '소년'이 아니었다. 많은 사람에게 존경받는 '남자'가 되어 있었다. 처음에는 그냥 커피나 한잔하면서 지난 시절을 추억하려 했지만 "내일 강연에 함께 가달라"는 부탁 때문에 그녀는 돌아오는 일정을 늦추기로 했다.

이렇게 해서 둘은 일주일간의 짧은 여행을 함께 떠나게 된다. 그러나 어린 시절의 추억밖에 없는 그녀와 이미 신성에 눈뜬 신학생이 서로에게 마음을 열기란 쉽지 않다. 그런데 이틀째 되는 날 그가 작은 주머니 하나를 꺼냈다. 그 속에는 녹슨 메달이 들어 있었다.

"네 거야."

세상에…. 어린 시절 그 메달을 예배당에서 잃어버린 기억이 났다. 그는 "언젠가 완전한 문장으로 네게 그 말을 할 수 있을 때 돌려주기로 마음먹었다"면서 그녀에게 어렵게 사랑을 고백한다.

그런데 맙소사! 이 남자는 이미 사제의 길로 들어선 신학생이 아닌가. 남에게 치유의 기적을 베풀 만큼 신의 선택까지 받은 이 남자를 이렇게 받아들여야 할까.

《피에트라 강가에서 나는 울었네》는 이 같은 이야기를 바탕으로 진정한 사랑의 의미를 되묻는 작품이다. 《연금술사》로 우리에게 잘 알려진 브라질 작가의 장편소설이다.

새 신발을 신으면 발이 아픈 법

그는 스페인 여행 중 피에트라의 한 수도원에서 영감을 받고 바르셀로나의 한 호텔에서 곧장 쓰기 시작했다고 한다. 시적 표현에 반짝이는 잠언들, 오랜 여운을 주는 문구들이 많다.

갑작스런 사랑 고백 앞에서 그녀는 자꾸만 자신을 동여맨다. 그러나 그는 천천히, 아주 부드러운 물결이 강변을 적시듯 그렇게 내면으로 밀려들어 온다. 그럴수록 그녀의 갈등도 커진다.

"사랑은 덫으로 가득하다. 오직 밝은 면만을 우리에게 보여 줄 뿐,

그 빛이 만든 그림자는 볼 수 없게 한다."

그렇다. 사랑에 빠지면 '처음엔 2분 동안 그 사람을 생각하고 세 시간 동안 잊고 지내지만 나중엔 세 시간 생각하고 2분 동안 잊는' 중독 상태가 된다.

그녀가 '사랑의 길'과 '구도의 길' 사이에서 고민하고 있을 때 다음과 같은 문장이 솟아오른다.

"새 신발을 신으면 발이 좀 아픈 법이다. 삶도 다르지 않다. 우리가 원치 않을 때, 그리고 필요치 않을 때도 삶은 우리를 의외의 무언가로 사로잡아 미지의 세계를 향하도록 한다."

피레네 산맥을 넘어 프랑스의 생사뱅 마을에 도착했을 때, 그곳 샘가에서 나눈 오랜 '침묵의 시간'이 그들의 마음을 겹쳐준다. 사랑하는 사람들이 서로를 발견하는 곳이 샘 근처라던가. 그녀는 신께 기도한다. '이 남자의 사랑을 위해 당신과 경쟁하는 저를 용서하소서.'

피레네를 넘어 다시 스페인으로 돌아오는 동안 둘은 어느 마을의 식당에 들어간다. 그 자리에서 그녀는 그가 겪고 있는 내면의 갈등과 그 갈등을 헤쳐 나오는 과정을 보며 그를 진심으로 돕고 싶어 한다.

그녀는 포도주잔을 테이블 끝에 놓고 그에게 잔을 아래로 떨어뜨려 깨버리라고 말한다. 잔을 깬다는 것, 그것은 스스로 껍질을 깨고 나오는 것을 의미한다. 그 순간 두 사람의 입맞춤에는 오랜 방황과 환멸 그리고 불가능한 꿈들의 세월이 고스란히 들어 있다.

"어제까지만 해도 세계는 사랑 없이도 존재했다. 하지만 이젠 사물의 다양한 빛을 발견하기 위해 사랑이 필요하다."

그리고 둘은 어린 시절의 추억이 있는 피에트라 강변의 수도원으로 향한다. 그 강의 가장 큰 폭포에서 마지막 반전이 일어난다.

그가 "이제 내게 필요한 건 너뿐"이라며 "더 이상 신의 은사는 필요 없다"고 단언한 것이다. 둘 중 하나를 택하겠다는 것. '사랑'을 위해 '신성'을 버리겠다는 남자 앞에서 그녀는 마지막 고통을 겪는다. 그리고 어두운 폭포 안의 터널을 거슬러 올라갔고, 정신없이 헤매다 추위 속에서 의식을 잃고 만다.

사랑에 빠지면 기적이 일어난다

수도원 사람에게 발견돼 목숨을 건진 그녀는 혼자 피에트라 강변에 나가 그동안의 추억을 글로 쓴다. 그러던 어느 날 그가 등 뒤에 나타났다.

"널 찾아 사방을 헤맸어. 네가 강가에 서 있으면 나는 네 곁에 서 있을 거야. 네가 잠들면 나는 네 문 앞에서 잠들 거야. 그리고… 신은 내게 또 다른 기회를 주셨지. 네 사랑이 날 구하고 내 꿈을 돌려줬어."

이 구절에는 사랑의 길에 양자택일만 있는 게 아니라 모든 걸 아우르는 제3의 길도 있다는 것이 암시되어 있다. 사랑의 길은 단순한 행로가 아니라 그 길 위의 여정이며, 남들이 가지 않은 새로운 길을 만드는 것이라는 깨우침.

"휘청거리고 휘어지고 슬프고 또 슬픈, 그러나 견디고 또 견뎌 계속 살아내야 하는, 그렇게 또 살아야 하는 이 사랑은 얼마나 아름다운가. 이렇게 자신을 잃어가는 법을 배우고 또다시 자신을 되찾는 법을 배울 수 있다는 사실. 우리가 신이 아니라 사람이라는 사실은 거의 감동적이다."(역자 후기)

우리의 삶과 행복의 여정 또한 그렇지 않을까. 강변에 앉아 마지막 책장을 덮고 난 뒤 강의 건너편을 바라보았다. 잘브락거리는 수면 위로 '처음부터 내 것이었으나 내 것인 줄 몰랐던 사랑'의 물길이 새로 열리는 모습. 폭풍우 속에서 미친 듯이 사랑을 찾아 헤매던 자화상이 그 풍경 위에 오버랩되어 얹혔다.

이 작품 속에서 작가가 들려주고 싶었던 얘기도 바로 이런 것이다. 우리가 완전한 사랑에 빠졌을 때 비로소 '기적'이 일어난다. 자기 안의 타인을 밀어내고, 진정한 자아를 발견하고, 강물처럼 밀려드는 사랑 앞에 모든 걸 내주고, 자신마저 버렸을 때 마법 같은 합일의 순간은 찾아온다.

그리고 마침내 깨닫게 된다. 우리가 사랑을 구하는 순간, 사랑 역시 우리를 찾아 나선다는 것을.

들꽃이 보낸 편지 보실래요?
《들꽃편지》

백승훈 지음, 김정란 그림, 여성신문사 펴냄

"자연이 위대한 도서관이라면 꽃은 자연이라는 책 속의 빛나는 문장과도 같습니다. 꽃을 보는 것은 자신을 돌아보는 일이자, 거울을 통해 자신을 살피듯 스스로의 마음 안섶을 살피는 일입니다. 눈 속에 핀 한 떨기 매화를 보고 그 꽃을 피우기까지 매화나무가 견뎌냈을 인고의 시간을 헤아리고, 저무는 꽃들을 보며 열매의 시간을 예감하다 보면 어렴풋이 인생이 보이기도 합니다."

시인 백승훈 씨의 별명은 '꽃에게 말을 거는 남자'다. 그는 어느 날 배나무밭에 무리 지어 핀 흰 냉이꽃을 보고 들꽃의 아름다움에 빠졌다고 한다. 시골에서 나고 자라며 들꽃을 무수히 보고도 아무런 느낌도 받을 수 없었는데 계시처럼 들꽃과 통(通)했다는 것이다.

그 뒤로 그는 수많은 들꽃을 만나고, 공부하고, 사유하며 지냈다. 들꽃을 사랑하는 사람들의 모임에도 나가고, '꽃에게 말을 거는 남자'란 블로그를 운영하며 수많은 사람에게 들꽃 이야기를 들려줬다. 첫 들꽃 에세이 《꽃에게 말을 걸다》로 독자들에게서 큰 사랑을 받았다.

들꽃에서 읽어낸 인생의 의미

두 번째 들꽃 에세이 《들꽃 편지》에서도 그는 한 송이 들꽃으로부터 인생을 읽어내며 우리 마음을 어루만져준다. 희망의 메시지도 건넨다. 사유의 깊이와 통찰의 넓이도 더해졌다. 그의 말마따나 꽃을 알면 알수록 그 꽃에서 인생을 보게 된다.

그는 이른 봄의 변산바람꽃부터 한겨울의 동백까지, 강원도의 한계령풀에서 제주도의 수선화까지 온갖 꽃과 나눈 이야기를 세밀화와 함께 펼쳐 보인다. 들꽃의 생태, 나물과 약초의 쓰임새, 꽃에 얽힌 전설도 곁들인다. 또 보잘것없는 식물도 꽃을 지극정성으로 피우는 모습을 보고는 우리 삶 역시 지극하고 간절해야 한다는 것을 일깨워준다. 꽃받침 하나 허투루 달고 있지 않은 모습에서는 별 소용없는 것에 집착하는 우리 마음의 허깨비를 되비춘다.

"꽃들에게 말을 걸면서 깨달은 것 중 하나는 세상엔 허투루 피는 꽃이 없다는 겁니다. 인간만이 오늘 일을 내일로 미루며 게으름을 피울 뿐 제아무리 작고 보잘것없어 보이는 식물도 지극정성으로 꽃을 피웁니다. 삶은 항상 지극하고 간절해야 한다는 것을 작은 들꽃에게 배웁니다."(한계령풀)

"키를 낮추면 낮춘 만큼 다른 세상이 보이게 마련이라는 듯, 찾아주는 이 없어도 해맑게 피어 있는 키 작은 각시붓꽃. 나도 이제 각시붓꽃처럼 외로워져도 좋을 것 같다는 생각이 듭니다."(각시붓꽃)

세밀화와 함께 보는 들꽃 이야기

문장도 글자 그대로 편지투다. 70편의 글과 세밀화를 통해 그는 들꽃들의 향기롭고 아름다운 세계로 우리를 이끈다. 꽃에 어울리는 시 얘기도 맛깔스럽게 곁들인다. 한계령풀에서는 문정희 시인의 '한계령을 위한 연가'를 인용한다. 오색약수터 근처에서 처음 발견돼 한계령풀이라는 이름을 얻었다는 이 꽃은 멸종위기 야생식물 2급으로 지정된 매우 귀하신 몸이라는 정보도 귀띔해준다.

그는 사막의 선인장처럼 다육질의 두꺼운 잎 속에 많은 물을 저장하고서 메마른 악조건 속에서도 씩씩하게 노란 별꽃을 피워내는 기린초에 대해서는 "작은 어려움에도 쉽게 좌절하며 힘들다고 엄살 피우는 사람들에게 꼭 보여주고 싶은 야생화"라는 표현을 쓴다.

차나무 얘기도 의미 있다. 지난해 핀 꽃이 맺은 열매와 올해 새로 피어난 꽃이 서로 만나서 실화상봉수實花相逢樹로도 불리는 차나무. 열매와 꽃이 서로 만나 어우러지는 차나무를 볼 때마다 그는 예전에 만났던 사람은 다시 만나 반갑고 처음 만나는 사람은 새로운 인연이어서 반가웠으면 좋겠다는 생각을 한다.

스스로 광합성을 하지만 혼자서는 살아갈 수 없는 며느리밥풀꽃 얘기도 신선하다. 다른 식물의 뿌리에서 양분을 흡수하는 이른바 반기생식물인데, 다른 생물에게 도움을 주고 또 다른 생물에게선 도움을 받으며 살아가는 꽃의 일생을 우리 인생살이와 결부시켰다. 여인의 입술 같은 진분홍 꽃잎 위에 흰 밥알 2개가 도드라져 보이는 게 여간 예쁘지 않다. 그런데 정작 이토록 아름다운 꽃을 슬프게 하는 것은 사람이란다. 하긴 세상에 슬픈 꽃이 어디 있겠는가.

수수꽃다리는 라일락과 너무나 닮아서 구분하는 사람이 별로 없다고 한다. 어떻게 구분할까. 우리 꽃나무인 수수꽃다리는 잎이 서양의 라일락보다 훨씬 크고 탐스럽다. 넓고 길쭉하면서 완만한 주름이 있다. 이에 비해 라일락 잎은 하트에 가까운 둥근 모양으로 주름이 거의 없다. 특히 수수꽃다리는 향이 좋아 옛사람들도 꽃을 말려 향갑에 넣어두고 집 안에서 향기를 즐겼고 향낭에 넣어 지니고 다니기도 했다.

비단주머니를 닮았다는 금낭화는 어떤가. 소녀의 갈래머리처럼 양쪽으로 갈라져 살짝 올라간 분홍 꽃잎 사이로 희고 붉은 꽃잎이 늘어진 모습의 독특한 꽃이다. 이슬 머금은 진분홍 꽃송이를 조롱조롱 매단 채 아침 햇살을 받고 있는 자태는 너무나 아름답다. 모란처럼 예쁜 꽃에 줄기가 등처럼 휘어져 등모란 혹은 덩굴모란, 며느리가 치마 속에 넣고 다니는 주머니와 닮았다 해서 며느리주머니, 며늘치로도 불린다니 더욱 정답게 느껴진다.

가을볕에 눈부시게 빛나는 구절초 얘기도 흥미롭다. 구절초란 5월 단오에 줄기가 다섯 마디가 되고 음력 9월 9일이 되면 아홉 마디가 된다 하여 붙은 이름이다.

변신의 천재인 변산바람꽃은 제 몸의 일부를 꽃잎처럼 바꾼다고 한다. "그 화려한 변신은 외모 지상주의에 빠진 사람들의 성형과는 엄청난 차이가 있습니다. 키 큰 나무들이 잎을 내기 전에 서둘러 꽃가루받이를 해야 하는 변산바람꽃에겐 자신을 도와줄 곤충들의 눈에 잘 띄기 위한 눈물겨운 생존전략이기 때문입니다."

그의 표현처럼 화려한 것은 화려한 대로, 소박한 것은 소박한 대로 꽃은 저마다 아름답다. 배꽃과 냉이꽃도 지극정성으로 피어난다. 맞다. 세상에 목숨 지닌 것치고 귀하지 않은 게 없다.

"비록 짧은 순간 피었다가 진다고 해도 꽃들에게는 나비와 벌을 불러 모으기 위해 치장하는 눈물겨움이 있고 환경에 적응해 변신하는 치열함이 있습니다. 거기에 비하면 우리네 삶은 얼마나 허술한지요."(산수국)

그의 발길을 따라가다 보면 인동꽃 하나에도 문화와 역사가 담겨 있는 것을 알게 된다. 꽃을 보는 일이 단순히 꽃의 아름다움만을 탐하는 일이 아니라는 것도 깨닫게 된다. "초록의 목숨은 저마다 최선을 다해 아름다운 꽃을 피우고, 지혜로운 사람은 그 꽃을 통해 희망을 보고 살아갈 용기를 얻습니다."

그는 냉이꽃이나 꽃마리 같은 아주 작고 하찮아 보이는 들꽃부터 흔한 찔레꽃이나 억새꽃까지 모두 좋아한다고 했다. 하긴 꽃에게 말을 거는 남자라고 하지 않았던가. 우리가 무심코 지나친 꽃들도 그의 시선을 받으면 새롭게 피어난다.

옥수수 하나로 식량난 해결,
친환경 에너지 개발
《하루하루가 기적이다》

김순권 지음, 상상나무 펴냄

대한민국이 낳은 세계적인 육종학자育種學者, 노벨상 후보에 5번이나 오른 '옥수수 박사', 종자 한 알로 세상을 바꾸는 녹색혁명가….

국제옥수수재단 이사장이자 한동대학교 국제개발협력대학원 석좌교수인 김순권 박사를 수식하는 말은 끝이 없다. '검은 대륙의 옥수수 추장'이라는 별명도 있다. 칠순이 넘은 지금도 벤처회사 닥터콘의 회장으로 각국 식량난 해결을 위해 밤낮없이 뛰어다니고 있다.

그가 개발한 옥수수 품종은 전 세계 옥수수밭의 18%에서 자라고 있다. 포스코의 지원으로 옥수숫대에서 뽑아내는 바이오 에탄올을 통해 친환경 미래 에너지를 개발하는 일에도 매진하고 있다.

자전적 에세이《하루하루가 기적이다》에서 그는 "날마다 기적 같은 삶을 일굴 수 있는 힘은 좌절의 늪에서 뽑아 올린 희망 한 줄기 덕분"이라고 말한다. 농업부문의 노벨상이라는 벨기에 국왕의 국제

농업연구대상을 받고 노벨평화상 후보에 3번, 노벨생리의학상 후보에 2번이나 오른 그가 어떤 좌절의 늪에서 허우적거렸던 것일까.

빈농의 아들로 태어나… 옥수수와 운명적으로 만나다

그는 광복 3개월을 앞둔 1945년 5월 울산에서 빈농의 7남매 중 막내로 태어났다. 위로 누나만 여섯인 외동아들이었다. 아버지는 농부이자 어부였다. 가난 속에서도 상위권 성적을 유지했지만 진학하고 싶었던 부산상고 입시에 낙방했다. 1년간 아버지의 농사를 도운 뒤 이듬해 울산농업고등학교에 들어갔다.

졸업 후 농협에 취직해서 살림에 보탬이 되려고 했으나 입사 시험에 떨어졌다. 아버지가 교통사고를 당해 치료비를 벌어야 하는 절박한 상황이었는데 낙방하고 말았다. 우여곡절 끝에 경북대학 농대에 진학해 미친 듯이 공부했으나 서울대학교 대학원 시험에 또 떨어졌다. 그렇게 세 번의 고배를 마시고 농촌진흥청에 취직했다.

한 인터뷰에서 그는 "이 세 차례의 좌절이 나를 훨씬 투지 있고 적극적인 사람으로 만들어줬다"며 "이후 내 부족함을 극복하려 끊임없이 더 노력하게 됐다"고 회고했다.

넘어야 할 산도 많았다. 당시 농촌진흥청 분위기는 연구기관이라기보다 그냥 일반 관공서였다. 평가도 연구성과보다는 입사 연도에 좌우됐다. 게다가 옥수수는 벼의 위세에 눌려 제대로 연구할 환경도 갖추어지지 않았다. 그의 생각에는 알이 굵고 생산량이 두세 배

많은 하이브리드 옥수수를 개발하기만 하면 농가소득을 훨씬 올릴 수 있을 것 같았지만 현실은 만만하지 않았다.

"미국은 1950년대부터 모든 옥수수 농가가 하이브리드 옥수수를 심었고, 이때부터 미국 농촌이 잘살게 된 농업의 산업화가 시작됐다. 이런 농업 대혁명을 우리나라라고 못할 게 없다고 생각했다. 그런데 반대가 심했다. 한국 같은 개발도상국에서는 절대로 안 된다는 것이었다. 특히 세계에서 가장 큰 옥수수 연구소인 국제옥수수밀연구소의 반대가 극심했다. 매년 새로 종자를 생산해야 하기 때문에 대규모 종자회사가 없는 한국에서는 재배가 불가능하다며 연구를 방해한 것이다. 우리나라 학자들도 그 주장을 받아들여 반대하니 기가 막혔다."

농촌진흥청에서도 가장 인기 없는 옥수수과에 배정받게 됐지만, 이것이 오히려 옥수수와의 인연을 깊게 해준 절호의 기회가 됐다. 1971년 고려대학교 대학원에 다니던 그는 미국 유학 장학생으로 선발돼 하와이대 대학원에 입학했다. 미친 듯 연구에 몰두한 결과 '옥수수 내병성 육종에 관한 연구'로 농학 박사학위를 받고 새로운 품종을 개발하는 데에도 성공했다.

1974년 귀국 이후 '수원 19호 시리즈'로 불리는 한국형 슈퍼 옥수수 종자 개발에 성공한 것이 1976년의 일이다. 하와이로 건너가 한국 하이브리드 잡종종자 16톤을 생산해 1977년 4월 개선장군처럼 벅찬 마음으로 공항에 도착했지만, 기자들은 보이지 않았고 농촌진흥청 관계자만 나와 있었다.

"미안하네. 미국과 국제기구에서 자네가 개발한 수원 시리즈는 한국 땅에서 성공할 수 없다고 했는데 그 의견을 받아들이기로 했다네. 그러니 수고했지만 그 종자는 창고에 쌓아두고 연구를 더 해보게나."

옥수수 종자를 팔기 위한 미국의 로비가 뻔한데 그걸 인정하다니 어처구니가 없었다. 그는 강경하게 나갔다. "만약 이 종자가 실패하면 저는 10년 동안 감옥에 있겠습니다. 이미 검증된 것을 왜 못 심게 합니까? 힘들게 하와이에서 만들어온 것을 사장한다는 것은 국가적 낭비입니다."

여기저기 호소한 끝에 절반인 8톤만 강원도 농가에 나눠 주기로 했지만, 이번엔 농민들이 움직이지 않았다. 무료로 주는데도 자기 땅에서 시험재배한다는 위험부담을 안고 싶지 않았던 것이다. 이런 난관을 차례차례 극복하며 그는 개발도상국에서는 불가능하다는 하이브리드 옥수수 재배에 성공했다. 한국형 슈퍼 옥수수의 탄생 순간이었다.

옥수수 한 알로 지구촌에 희망을 심다

1979년에는 국제열대농업연구소IITA의 초청으로 나이지리아로 날아가 17년간 아프리카 토양에 맞는 옥수수를 개발해 또 한 번 세계를 놀라게 했다. 말라리아와 9번의 사투를 벌이면서 척박한 환경에서 공생하는 옥수수를 개발했다. 그 과정은 한 편의 드라마다. 이후

'검은 대륙의 옥수수 추장'이라는 별명이 그를 따라다녔다.

1998년에는 북한의 거듭된 초청 끝에 방북해 굶주린 주민들을 위한 북한형 옥수수 종자를 개발했다. 세계적인 영문 인명사전《브리태니커 2000년판 인물 연감》은 김순권Kim Soon Kwon을 이렇게 표현했다.

"북한에서 발생한 끔찍한 기아는 약 10만 명에서 300만 명의 생명을 앗아간 것으로 추정된다. 국제사회가 북한의 식량 부족을 해결하기 위해 애쓰고 있는 가운데 해결책은 뜻밖에 다른 곳에서 제시됐다. 바로 김순권이라는 남한의 한 농학자다. 김순권 박사는 1998년부터 북한 토양과 기후에 관한 데이터를 수집하기 위해 북한을 10여 차례 방문했으며 그의 옥수수 번식기술은 북한 협동농장 1000여 곳에서 실험되고 있다. 그의 옥수수 품종개량 프로젝트가 성공하면 북한 옥수수 생산량을 연간 200만 톤 이상 올릴 수 있을 것으로 전망된다."

이후에는 몽골, 미얀마, 캄보디아, 중국 등을 누비며 각국 토양과 기후에 맞는 옥수수 종자를 만들었다.

그는 옥수수 증산 혁명에 그치지 않고 바이오 에너지 분야에도 심혈을 기울이고 있다. 2015년 5월에는 하얼빈에서 열린 한·중 FTA 협력 세미나에서 포스코가 지원하는 바이오 에너지를 주제로 발표했다. 헤이룽장(흑룡강) 농업시험원장이 '포스코 바이오 연구와 슈퍼콘 개발 기술'을 알려달라고 요청하는 등 각 지역의 반응은 아주 뜨거웠다.

영문판 저서《Each Day is A Miracle》에는 포스코의 지원으로 이룩한 미래 환경 에너지 개발 과정이 자세하게 소개돼 있다.

그의 고백처럼 자신의 유전자에 옥수수가 새겨져 있지 않고서야 이렇게 뛰어난 결실을 이룰 수 있었을까. 눈물겨운 노력과 지칠 줄 모르는 열정, 한없는 인류애를 온몸으로 아우른 한 육종학자의 인간승리 기록이 감동적이다.

그는 유학 가기 전에 들었던 고^故 한경직 목사의 설교를 아직도 잊지 않는다고 말한다. 당시 성경 구절은 '인자야, 내가 너를 이스라엘 족속의 파수꾼으로 세웠으니 너는 내 입의 말을 듣고 나를 대신하여 그들을 깨우쳐라'(에스겔 3장 17절)였다. 이스라엘을 한국으로 바꿔서 듣고, 어려울 때마다 이를 되새기며 옥수수 연구에 진력할 수 있었다고 한다.

함께 읽으면 좋은 책

• 《검은 대륙의 옥수수추장》 김순권 지음 | 한송

교양의 품격

1판 1쇄 인쇄 | 2017년 12월 11일
1판 1쇄 발행 | 2017년 12월 18일

지은이 고두현
펴낸이 김기옥

사업1팀장 모민원 편집 변호이
커뮤니케이션 플래너 박진모
경영지원 고광현, 임민진, 김주현
제작 김형식

디자인 제이알컴
인쇄·제본 민언프린텍

펴낸곳 한스미디어(한즈미디어(주))
주소 121-839 서울특별시 마포구 양화로 11길 13(서교동, 강원빌딩 5층)
전화 02-707-0337 | 팩스 02-707-0198 | 홈페이지 www.hansmedia.com
출판신고번호 제 313-2003-227호 | 신고일자 2003년 6월 25일

ISBN 979-11-6007-211-2 14320
ISBN 979-11-6007-208-2 (세트)